秦前红 男，1964年11月出生于湖北仙桃市。1981年就读于武汉大学法律系，1988年获武汉大学法学硕士学位，1997年获武汉大学法学博士学位。现为武汉大学法学院教授、博士生导师。

宦吉娥 女，湖北保康人。在武汉大学法学院先后获得学士学位、硕士学位和博士学位。现在中国地质大学（武汉）政法学院教师，国土资源法律评价工程实验室研究人员。

周　伟 男，湖北仙桃人。2001年获华中师范大学法学学士学位，2006年获武汉大学法学硕士学位，现为武汉大学法学院宪法学与行政法学博士研究生。

吕红波 男，湖北随州人。先后毕业于天津商学院和武汉大学，分别取得法学学士学位、法学硕士学位。现为华中师范大学汉口分校教师。

作者简介

本书为湖北省人民检察院2008年重点资助理论研究课题，项目编号106—237162

武汉大学学术丛书

Wuhan University

Academic Library

人民监督员制度的立法研究

秦前红
宣吉娥
周红伟
吕红波
著

武汉大学出版社
WUHAN UNIVERSITY PRESS

图书在版编目（CIP）数据

人民监督员制度的立法研究/秦前红等著. —武汉：武汉大学出版社，2010.10
武汉大学学术丛书
ISBN 978-7-307-07780-5

Ⅰ.人… Ⅱ.秦…［等］ Ⅲ.法律监督—立法—研究—中国
Ⅳ.D926.34

中国版本图书馆 CIP 数据核字(2010)第 089377 号

责任编辑:胡　荣　　责任校对:刘　欣　　版式设计:支　笛

出版发行:**武汉大学出版社**　（430072　武昌　珞珈山）
　　　　（电子邮件：cbs22@whu.edu.cn　网址：www.wdp.com.cn）
印刷:武汉中远印务有限公司
开本:720×980　1/16　印张:15.5　字数:218 千字　插页:3
版次:2010 年 10 月第 1 版　　2010 年 10 月第 1 次印刷
ISBN 978-7-307-07780-5/D·1004　　定价:34.00 元

序

　　司法领域通常被认为是法律精英阶层专控的领域。许多法律人可能都熟悉 400 多年前英国柯克法官顶撞国王的故事：英王要参与审理案件，可是遭到了首席大法官柯克的拒绝，国王甚为震怒，并说朕贵为一国之君，天下土地与人民尽归属于我，岂有朕尚不能管之事？柯克说：不是国王您权威不够，也不是您智商有限，更不是您知识不丰富，只是因为国王陛下对英格兰王国的法律并不精通。法官要处理的案件动辄涉及臣民的生命、财产和自由，只有自然理性是不可能处理好的，更需要人工理性。法律是一门艺术，在一个人能够熟谙和掌握它之前，需要长期的学习与实践。对这个故事或许可以进行不同的解读，但有一点意思是肯定的，法律方面的事需要专才来干。那么为什么在英美普通法系国家存在陪审团制度？在我国也建立了人民陪审员和人民监督员制度？这不是让外行审案，乱用糊涂判官吗？其实不然，上述制度的建立尽管各有其历史背景，比如 1215 年的《英国大宪章》就规定人民享有接受同等人审判的权利（所谓同等人审判就是指由当事人的邻居组成的陪审团的审判），我国 1951 年颁布的《中华人民共和国人民法院暂行组织条例》规定，"为便于人民参与审判，人民法院应该视案件性质，实行人民陪审制。陪审员对于陪审的案件，有协助调查、参与审理和提出意见之权"；但让外行人参与司法程序的一个共同基本理念是，把陪审员和人民监督员制度等当作国家民主制度的一个重要组成部分。因为近现代国家都以人民主权的理念来证成国家权力来源和行使的合法性和正当性，司法权力也被视为一种当然的国家权力，所以应由作为主权者的人民来分享。上述制度建立的合理性因素还有：在许多艰难的法律案件中，证据不能还原或者确证案件事实时，由与当事人有大致相同生活背景的人来进行判断，可能更接近事理和情理本身；普通公民经常参与司法过程，于耳濡目染之中会潜移默化地受到法律专业人士分析问题的思路、方法以及语言表达的影响，从而实现法治精神向社会的渗透；陪审员和监督员的确立过程在一定程度上体现了当事人的自由选择，正如一句流行的西方法谚所说，"每个人都必须服从自己选择的法官所作出的裁决"，因此有陪审员、监督员参加的司法过程一旦结束并形成决定，尽管当事人一方无论多么不喜欢，但只要程序是正当的，当事人就得老老实实地执行。在中国当下人民陪审员和人民监督员制度之建立，有一层更直接的动因就是回应社会对司法腐败的不满。应该说中国目前的司法体制改革已陷入一种悖谬的境地：一部分人士主张种种司法问题与困境的根源在于司法不独立，司法面临太多来自内外部因素的掣肘；另一部分人士则主张现有司法人员的素质较低和司法队伍的不良表现，需要用千百只眼睛警惕地盯着他们，尤其要完善各种监督体制和措施。其中究竟谁为问题之本，却是众说纷纭，莫衷一是。目前主流的意见似乎是监督论者占了上风。但随之而来的问题是：第一，人民陪审员和人民监督员制度实施的成本如何消解。过去很长一段时间人民陪审员基本沦为摆设，自20世纪80年代中期以后，人民陪审员制度一度在某些地方已名存实亡。如果要真正发挥人民陪审员和人民监督员的作用，就要建立一套常规的可操作的选任和参与司法活动的制度，这些都要花费大量的人力、物力成本，现有拮据的法院和检察院财政能堪支付吗？第二，尽管《全国人大常委会关于完善人民陪审员制度的决定》规定了人民陪审员的产生程序与条件，即由基层人民法院提请同级人大常委会确定，但每一基层人民法院应储备多少人民陪审员？人大常委会如何确定？人民法院院长提请人大常委会任命之前的自行审查是否合理？这些问题在该决定中并没有得到合理解决，在实践中依然可能出现几张"听话的老面孔"在法庭上转悠的景象。人民监督员则更存在定位不清、共识缺乏的困扰，人民检察院作为监督员制度的发起者、被监督者，监督程序的启动、引导与协助者，经费的保障者，某些地方还成为监督者的选任者，或多或少有着身份的混乱和不能理直气壮的尴尬。第三，我国的陪审员、监督员制度并不像英、美的陪审团制度那样，对其与法官、检察官的职能进行了明确的划分，即陪审团管事实的判断，法官、检察官管法律的适用或执行。我国人民陪审员参加合议庭审理案件，对事实认定和法律适用独立行使表决权。这种制度的实行是否既超出了陪审员的经验和知识认知能力，又有损法律判断的专业性？人民监督员是仅仅行使民主监督权利，还是实质介入检察权运作过程，分享部分检察权力？选任人民监督员是注重其民主性、参与性，还是为了其监督结果的正确性而更加注重其专业性、知识水平与能力？第四，陪审员、监督员参与司法过程要求有一系列制度的配套。比如，当庭质证制度、当庭宣判制度等，监督评议与表决制度等，否则陪审员、监督员恐怕也只能继续充当摆设，所谓的司法民主、司法文明也只是一种梦想。

对人民监督员、人民陪审员理论与实践问题的探讨，过去很长一段时间宪法学者处于缺席的地位，但这两项制度本身的性质和现实状况又迫切需要宪法理论的引入，来突破一些理论与现实的瓶颈，从而推动相关制度的不断创新。本书几位作者对人民监督员立法问题的研究，在主观上有志于秉持新的问题意识，运用新的研究视角，从而为达致上述目标贡献绵薄之力。至于其客观效果如何，则只能率由广大读者批评指正了。

目　录

第一章

人民监督员制度的性质定位

第一节 人民监督员制度概念界定

人民监督员制度作为最高人民检察院的一项制度创新，不论是实践领域还是学术界对其都没有形成统一的概念。我们可以从实践层面、规范层面、学理层面来了解该项制度运行、规范设定以及学理研究的状态，并对从这三个视角界定人民监督员制度的观点加以反思，在此基础上找到界定人民监督员制度的方法，以此明确本书的研究对象，为后文的探讨奠定基础。

就实践层面而言，人民监督员制度作为一项改革措施是不断变化发展的，必须通过历时态的考察才能看见制度的全貌。最高人民检察院根据宪法和法律关于一切机关必须倾听人民的意见、接受人民监督的规定，在报告全国人大常委会并经中央同意的前提下，决定于 2003 年 10 月开展人民监督员制度试点工作，其制度设计的初衷是"为了加强外部监督，切实防止和纠正检察机关查办职务犯

罪工作中执法不公的问题"①。从最初的天津、河北、内蒙古等 10
个省、自治区、直辖市检察机关试点开始，到 2007 年底，全国 86%
的检察机关开展了人民监督员制度的试点，人民监督员制度的宏观
架构和微观制度设计在实践探索中都在不断改进并走向相对成熟和
完善。其宏观架构的变化主要体现在以下几个方面，如从最初的对
"三类案件"的重点监督，扩展至对"五种情形"的监督，使得人
民监督员参与和介入检察实践的领域从最初的检察机关自侦案件的
逮捕批准环节和审查起诉环节扩展至涉及检察机关办理职务犯罪案
件的各个环节②，如涉检信访接待③、侦查讯问④，乃至庭审⑤和

---

① 《最高人民检察院工作报告——2004 年 3 月 10 日在第十届全国人民代表
大会第二次会议上》，载《全国人民代表大会常务委员会公报》2004 年第 3 期。

② 如江苏省南通市经济技术开发区人民检察院坚持"一案一监督"制度，
即根据每一个案件的具体特点，通过邀请人民监督员现场监督扣押赃款赃物、执
行逮捕、搜查、回访案件当事人、观看侦查同步录音录像视听资料等活动，保证
人民监督员对该院查办的每一个职务犯罪案件，至少参与一次监督活动，从而将
容易出现违法情况的环节置于人民监督员的监督之下。参见张杰：《南通开发区：
"两项制度"全面保障人民监督员履职》，载 http：//www. js. jcy. gov. cn/read-
news. asp？nid＝10917，2009 年 1 月 10 日访问。

③ 如江苏省扬州市维扬区人民检察院特别邀请人民监督员一同参与接访，
以监督检察信访工作。参见陶沁、刘薇、戴明华：《江苏维扬：邀请人民监督员
参与涉案信访》，载 http：//news. jcrb. com/jiancha/jcdt/200810/t20081020_
84274. html，2008 年 10 月 20 日访问。

④ 如江苏海安县人民检察院曾邀请人民监督员通过观看同步录像的方式实
施监督活动，并请人民监督员在录音录像工作笔录上签署意见。参见杨柏森、刘
伟峦：《江苏海安：侦查讯问请人民监督员来监督》，载 http：//review. jcrb. com/
200803/ca688002. htm，2008 年 3 月 15 日访问。

⑤ 如安徽省广德西安检察院曾邀请人民监督员全程旁听了一起案件的庭
审，庭审结束后，参加旁听的人民监督员对公诉人在庭审中发问、举证、质证、
辩论、应变能力等方面进行了评议。参见周利军：《安徽广德：邀请人民监督员
旁听庭审》，载 http：//news. jcrb. com/jiancha/jcdt/200905/t20090527_ 225166.
html，2009 年 5 月 28 日访问。

申诉①环节等；又如实践中探索"同级监督模式"、"上管一级模式"、"统管模式"等监督模式②如何取舍等。其微观制度设计如选任机制中的候选人任职资格、候选人确定方式、人民监督员的选任机构等各地有不同的具体操作形式；人民监督员的知情权保障途径也是各地制度创新的热点领域等。有研究者以此视角，将人民监督员制度的概念界定为"人民监督员按照既定的程序和规则监督检察机关执法活动的过程和制度"③，并指出对该项制度取得共识的方面，认为它符合宪法规定，符合现代法治的基本要求，顺应了公众参与司法的国际潮流，解决了"谁来监督检察院"这个焦点；同时指出关于人民监督员的职责与选任资格、监督对象（如三类案件是否适合）、监督范围（如是否及于公安机关侦查的案件）、监督效力等问题还待探讨。④

就规范层面而言，目前人民监督员制度运行的规范依据主要分为两个层次，第一层次为最高人民检察院颁布的检察系统内部的规范性文件和决定，包括 2003 年 9 月 2 日最高人民检察院第十届检察委员会第九次会议通过，2004 年 7 月 5 日第十届检察委员会第二十三次会议修订的《最高人民检察院关于实行人民监督员制度的规定（试行）》（后文简称《规定》），2005 年 11 月 23 日最高人民检察院第十届检察委员会第四十五次会议通过的《最高人民检察院关于人民监督员监督"五种情形"的实施规则（试行）》（后

---

① 如西安未央曾邀请人民监督员监督刑事申诉复查工作，作为其落实《人民检察院刑事申诉案件公开审查程序规定（试行）》的新举措。参见毛志伟、郑聆：《西安未央：邀请人民监督员监督刑事申诉复查工作》，载 http：//www. spp. gov. cn/site2006/2008-03-16/0003817368. html，2008 年 3 月 18 日访问。

② 在实践中还有采用"交叉监督模式"以解决实践中由于检察机关办案质量日益提升，应接受监督案源减少、案源分布不均，部分地区甚至无案可监督的问题，以此盘活监督资源。参见徐盈雁、宋识径、晋检：《交叉监督：山西创新人民监督员模式》，载《东南学术》2005 年第 2 期。

③ 《对人民监督员制度若干问题的探讨》，载《福建法学》2005 年第 3 期。

④ 参见《对人民监督员制度若干问题的探讨》，载《福建法学》2005 年第 3 期。

文简称《实施规则》）等。第二层次为各级地方颁布的规范性文件，包括各级地方人大或人大常委会颁布的不同层级的规范性文件，其中有地方性法规，如四川省人民代表大会常务委员会通过的《四川省人民代表大会常务委员会关于加强全省检察机关人民监督员试点工作的决议》，是全国第一部有关人民监督员制度的地方性法规；也有不具有地方性法规制定权的地方人大或人大常委会颁布的相关规范性文件，如2007年6月22日武汉市汉阳区第十三届人大常委会第五次会议通过的《武汉市汉阳区人民监督员工作实施办法（试行）》。还包括地方各级人民检察院颁布的规范性文件，如2004年9月16日上海市人民检察院检察委员会第六次会议通过的《上海市人民检察院关于人民监督员制度的实施意见（试行）》。正是这些不具有全国范围的法律效力且内容并不完全统一的规范性文件在规范着人民监督员制度的运行。有研究者立足于现行相关规定将人民监督员制度的概念界定为，"为了加强对人民检察院查办职务犯罪案件工作的监督，提高执法水平和办案质量，确保依法公正履行检察职责，维护社会公平和正义，依照相关规定，将人民检察院查办的职务犯罪案件过程中存在的'三类案件'、'五种情形'和'一种情况'交由依民主推荐程序产生的人民监督员进行监督的一种新型的社会监督制度"①。

就学理层面而言，对人民监督员制度的研究伴随人民监督员制度自身的发展和完善，大致经历了以下几个阶段，最初是制度合法性论证以及对制度宣传赞扬和拷问阶段，紧接着的是制度细节反思和完善阶段，然后是制度的创新拓展阶段，最后是与上述三阶段的研究相糅合的制度立法研究阶段。在此过程中研究者对人民监督员制度的概念因研究视角的不同而有不同的表述，有研究者曾将学界和司法实务界研究者的观点总结为六种，并在对上述观点反思的基础上将人民监督员制度的概念界定为，"依据民主法治的宪政原则设置，由职权机关、组织机关遵循规则推举选任的人民监督员，按

———————————

①　周永年主编：《人民监督员制度概论》，中国检察出版社2008年版，第3页。

照一定规范与程序，对法律监督机关管辖的职务犯罪案件行使自由裁量权进行程序性监督，以规制职务犯罪侦查权、侦查监督权、起诉权，保障其有序、公正、廉洁运行，维护公平正义的一种新型社会监督制度的安排"①。

对人民监督员制度概念从实践、规范和学理层面加以界定的上述观点颇有启发性，同时也各有尚待完善之处。立足人民监督员制度实践形态来界定人民监督员制度的第一个观点具有包容性但过于空洞和宽泛；立足现行相关规范的第二个观点内容明确具体但较为僵化，不能为多种多样充满生命力和具有合理性的创新实践留下空间；学理层面的第三种观点试图揭示人民监督员制度的本质特征和功能与价值诉求，颇具启发性，但概念表述过于抽象且与人民监督员制度的实践和现行规范均存在距离，因而准确性还尚待提升。我们认为应当兼顾这三个层面才能形成较为客观、科学和具有包容性的人民监督员制度概念。首先，应当将试点阶段的人民监督员制度理解为动态发展的制度，对各地的制度创新和具体操作应当采用总体包容和观察，具体甄别和选择的态度，从丰富的实践形态中挑选最适宜的制度设计，而不应简单僵化地对人民监督员制度做固定模式和内容的理解。其次，立足现行相关规范性文件，可以了解人民监督员制度是司法民主的重要体现，专门针对检察机关侦办职务犯罪案件的活动而设置，且人民监督员监督的评议结论、意见和建议对检察机关而言不具备实质意义上的刚性拘束效力，丰富多样的人民监督员制度规范形态均是以此为中心而展开，或者是对其的具体落实和操作层面的完善，或者是对其在有限范围内的积极拓展和谨慎强化。最后，必须根据对人民监督员制度的性质定位来确定其概念，只有在科学定位人民监督员制度并充分论证了人民监督员制度的合法性的前提下，才能够把握人民监督员制度的本质特征和价值诉求，从而找到制度生存的空间并明确制度的发展方向。人民监督员制度的性质定位正是本研究接下来要探讨的问题。

---

① 徐汉明：《人民监督员制度概念与特征的经济学分析》，载《方圆法治·人民监督员专刊》2005 年第 12 期。

第二节　人民监督员制度与国外相关制度之比较研究

　　普通民众参与检察权的制度设计并非我国独有，国外也有民众参与检察权的制度设计，虽然这些制度作为一种地方性知识与各国的国情和历史文化传统密切联系，但国外相似制度定位的比较研究对我国人民监督员制度的性质定位也颇有裨益，其既能够提供一种制度设置合理性的间接证明，也可以为制度的完善提供可以借鉴的资源，同时也为减少制度实践中的试错成本提供前车之鉴。为了研究的便利和深入，本研究仅选取美国的大陪审团制度和日本的检察审查会制度作为两个制度样本加以比较。

一、大陪审团制度、检察审查会与人民监督员制度设计之对照

　　美国的大陪审团制度源自英国，是为宪法所明确规定的制度，也是人们所享有的一项宪法基本权利。美国《联邦宪法第五修正案》规定："无论何人，除非根据大陪审团的报告或起诉，不得受判处死罪或其他不名誉罪行之审判，惟发生在陆、海军中或发生在战时或出现公共危险时服现役的民兵中的案件，不在此限。"这一规定被联邦最高法院解释为只适用于联邦，各州的重罪刑事被告可以不经大陪审团审核即可起诉。① 目前美国在联邦和一半以上的州适用大陪审团制度审理重罪刑事案件，州的陪审团成员构成数目可以低于 23 人。日本的检察审查会制度是根据日本 1948 年颁布的《检察审查会法》设立的，自建立以来一直沿用至今，"提供了至为宝贵的、国民参加刑事司法的机会"②。日本的检察审查会制度虽然受到美国的大陪审团制度的影响，但两种制度有着实质性差异。下文用表格的形式将美国的大陪审团制度、日本检察审查会制度以及我国的人民监督员制度的具体制度设计加以简单对照。

---

　　① Hurtado v. Cal, 110 U. S. 516 (1884) .
　　② ［日］松尾浩也：《日本刑事诉讼法》（上卷），中国人民大学出版社2005 年版，第 153 页。

	美国大陪审团制度	日本检察审查会制度	我国人民监督员制度①
职权或权利	1. 签发起诉书②； 2. 独立调查犯罪事实③。	1. 审查检察官不起诉处分是否适当； 2. 对检察业务提出建议和劝告。	1. 监督"三类案件"； 2. 对"五种情形"可以提出意见； 3. 对"一种情况"可以提出建议和意见。
经费来源		作为法院预算的一部分，由国家财政拨款	从人民检察院业务经费中支出，纳入同级财政预算
管辖范围	特定种类案件（重刑案件）	除内乱、独占禁止法的案件外的其他案件	检察机关自侦案件
机构 组成人数	5～23 人组成大陪审团	11 人组成检察审查会	3 名以上、总数为单数的人民监督员
机构 组成成员挑选机制	抽签法或评选法或两者结合		排序或者随机抽取
选任机制	随机抽取	抽签	民主推荐

————————

① 此处的人民监督员制度的具体机制以最高人民检察院的相关规范性文件为依据。

② 19 世纪中叶以来，检察官的公诉书逐步取代了大陪审团提出的起诉书，成为一种重要的和通行的起诉程序，大陪审团的公诉职能逐步削弱。

③ 大陪审团拥有特别的权限，一般调查复杂的有组织犯罪、政府机构贪污和其他运用警察通常运用的方法很难侦查的犯罪。［美］爱伦·豪切斯特·斯黛丽、南希·弗兰克：《美国刑事法院诉讼程序》，陈卫东、徐美君译，中国政法大学出版社 2002 年版，第 392 页。

		美国大陪审团制度	日本检察审查会制度	我国人民监督员制度
任职资格	积极资格	有选举权的公民，符合一定的年龄要求，心智健全等	有众议院议员选举权的国民	1. 拥护中华人民共和国宪法；2. 有选举权和被选举权；3. 年满二十三岁；4. 公道正派，有一定文化水平和政策、法律知识；5. 身体健康。
	消极资格	无犯罪记录等	1. 小学未毕业者，但有小学同等学力以上者不受此限；2. 破产后未复权者；被判过刑或者禁锢一年以上者；3. 天皇、皇后及其子嗣，国务大臣，法官及法院职员，检察官及检察厅职员，会计检查官，公安委员会委员及警察，都道府县知事及市町村长，律师，邮电、电信、电话、铁路等部门从业人员，军人等不得担任检察审查员。	1. 受过刑事处罚或者受到刑事追究的；2. 被开除公职或者开除留用的。
任　期		1个月、3个月、6个月、1年、4年不等	6个月	3年（连任不超过两个任期）

续表

	美国大陪审团制度	日本检察审查会制度	我国人民监督员制度
启动机制	法官召集，根据法官命令组成（作为一项权利有的州允许被告人放弃大陪审团听审）	依申请启动（控告人、检举人、请求人或者犯罪受害人向检察审查会提出的申请） 依职权启动（根据新闻、告密或者其他无申请人的检举材料开始审查）	有"三类案件"时即依规定启动监督机制
工作方式	独立调查、书面审查、评议表决	主要听取办案人员报告、书面审查、评议表决	听取案件承办人介绍和说明；向承办人提问；旁听或听取相关人员陈述、意见；评议表决
决议强制效力有无 程序	有	有	有
决议强制效力有无 实体	有	有①	无

通过上述表格可以发现，美国的大陪审团制度、日本的检察审查会制度虽然都是民众参与司法的制度设计，但具体的制度设计和运行方式有较多不同之处，各具特色。从制度设计的具体差别和运行的原理的不同，我们可以看出各自制度的性质定位的不同。

---

① 日本国会 2004 年通过并于 2009 年 5 月实施的《关于部分修改刑事诉讼法等的法律》已明确规定：检察审查会作出"应当起诉"决议（必须有 8 名以上的多数检察审查员赞成）后，如果检察官未起诉，检察审查会就要进行再次审查；如果再次审查后仍有 8 名以上检察审查员同意作出"应当起诉"的决议，收到检察审查会副本的法院应当指定律师担任检察官，直接提起公诉。周永年主编：《人民监督员制度概论》，中国检察出版社 2008 年版，第 70～71 页。

二、大陪审团制度与检察审查会制度性质定位之比较

（一）大陪审团制度与检察审查会制度的性质定位

美国的大陪审团直接分享了司法权力，享有对犯罪事实的独立调查权和起诉决定权，同时也能够对检察权加以审查和制约。虽然随着检察机关公诉权强化，其制度产生初期防止公民受到无辜追诉之起诉权制约功能弱化，但防止检察机关不起诉的制约功能强化，尤其在调查地方政府腐败的犯罪以及运用警察通常运用的方法难以侦查的犯罪方面仍发挥着积极的作用。对美国的大陪审团制度而言，正如有学者指出的，"陪审团制度乃人民不喜欢将所有权力放在同一个人手中，一种权力制衡的设计"①。此外，美国大陪审团制度在一定程度上可以说是地方自治的司法机制。② 对人民凭借良心能够作出公正判断的信心是大陪审团制度生命力的初始源泉，而这种信任是需要以大陪审团产生的地方社区共同的传统、道德标准、信仰、价值观等作为基础，并需要民众积极参与的公共道德情感和责任感的支持。这使得大陪审团自产生时起就具有独立于国家公权力机关的社会品性。不容忽视的是，随着社会的日益多元化，传统的宗教信仰、价值观、道德传统等也日益多元，传统和道德情感的支持也会逐渐弱化。就其对权力的分享而言，大陪审团易于了解犯罪嫌疑人的动机和行为，其得出的结论也易于被民众所认同，具有民主正当性；就其对检察权的制约而言，其异质于检察权，较不易被检察机关操纵，作为外部的制约更为有力。

日本的检察审查会制度是民众对检察权中不起诉裁量权的外部监督机制和意见建议权利的行使，同时也分享了决定公诉的权力。2004 年第 62 号法律对《检察审查会法》进行了重大修改：增加了律师协助审查的规定，即检察审查会在进行审查时，认为有补充法律专门意见的必要时，可以从律师中委托审查辅助员。在进行二次审查时，必须委托律师担任审查辅助员，审查辅助员的人数为 1

---

① 王鹏翔：《美国刑事诉讼法》，北京大学出版社 2005 年版，第 14 页。
② 参见韩铁：《美国陪审团废止权的历史演变——民主与现代化的矛盾》，载《美国研究》2008 年第 1 期。

人；增加了二次审查，即检察审查会作出了应起诉的决议，并向检察长送达了决议书的副本时，检察官应当迅速参考该决议，并作出处分，如果再次作出不起诉处分时，或者自决议书副本送达之日起3个月内，未收到检察官的案件处分通知时，即开启第二阶段的审查，如果检察审查会决议是依申请作出的，则申请人对检察官的不起诉处分没有异议的，可终结该审查；二次审查后，如果仍维持应起诉决议，检察审查会必须制作记载着所认定的犯罪事实的决议书，并将其副本送达地方法院，法院应从律师中指定公诉及维持公诉的人员。① 这一重大修改，改变了原有的检察审查会仅能提出意见和建议而没有程序和实质上决定权的效力机制，从而使其能够作为民众的代表直接享有决定起诉的权利，打破了检察机关对刑事案件起诉权的垄断，间接使民众享有了刑事追诉权利。

（二）大陪审团制度与检察审查会制度对人民监督员制度的启示

美国的大陪审团制度自始就是通过民众参与和直接行使权利的方式来制约检察权，日本的检察审查会制度只是新近才发展至能够分享检察权的阶段，虽然殊途同归，但两种制度发展过程的不同之处是发人深省的，其原因主要在于制度缘起、诉讼文化和制度条件的差异。

就制度缘起而言，美国的大陪审团制度是英属北美殖民地人民用民主的力量来对抗其宗主国普通法传统和王权的产物，代表殖民地居民利益的大陪审团在殖民地人民与英国之间矛盾冲突中逐渐显示身手②，赢得捍卫自由的声誉，从而深入人心，使得其成为英属

---

① 参见宋英辉：《日本刑事诉讼制度最新改革评析》，载《河北法学》2007年第1期。

② 18世纪，北美殖民地与英国王室之间的利益冲突不断激化，大陪审团作为当地居民的代表，自然在审判中竭力与王室代表抗争，维护殖民地利益。特别是在美国独立战争之前，大陪审团经常被殖民地人民用做对抗英国统治的工具。其作用的发挥主要集中在大陪审团在实际运行中行使了废止权，拒绝依照英国法律来起诉殖民地对抗英国王权的居民，以此来维护殖民地"英国人"的生命、自由和财产权利，如通过在诽谤案中引入大陪审团审判以维护新闻出版自由，使得英国诽谤法在英属北美殖民地几乎无法施行。参见韩铁：《美国陪审团废止权的历史演变——民主与现代化的矛盾》，载《美国研究》2008年第1期。

北美殖民地"英国人"最宝贵的权利，是民众自发自觉采用的维护自身权利的手段。相比之下，日本的检察审查会制度则可以认为是一项权力主导的专门制度设计。日本是采用起诉便宜主义的国家，其刑事诉讼法第 248 条规定："根据犯人的性格、年龄、境遇、犯罪的轻重及情况，犯罪后的情况，认为没有追究刑事责任之必要时，可以不提起公诉。"虽然起诉便宜主义符合诉讼效益和现代"非刑事化政策"的刑法思想，并有助于调动检察官的积极性①，但如果运用不当，则容易造成检察官的恣意与妄为，从而损害国家和社会的根本利益，尤其是日本采用国家追诉主义，检察官自由裁量权的使用可能使被害人乃至国家公共利益受到损害时没有相应的救济机制，因而起诉便宜主义自其确立时起就备受争议。检察审查会制度作为对检察官起诉自由裁量权的必要限制措施自有其存在的必要，同时也能够平息争议并安抚民众对检察官恣意的担忧。两种制度不同的产生原因在很大程度上影响了制度的定位和运行方式，美国的大陪审团制度是以权利制约权力的制度设计，保障公民的人身、自由和财产不被国家权力恣意侵害，相比之下，日本的检察审查会制度则有多重目的，与国家公权力之间的关系更为密切，其虽是为了维护司法公正防止检察权滥用而设立，但为司法制度提供助益也是其重要目的，独立性也会受到影响。

就诉讼文化和制度条件而言，美国大陪审团制度是在尊崇正当法律程序、自治的和开放式的诉讼文化中成长的，而检察审查会制度则是在精密司法和官僚垄断主义的文化中产生和发展的，并有着不同的制度条件。对权力的不信任是美国宪政文化的基因，除了设计出精致的权力对权力的制约机制外，民众参与司法并用使用权利对权力加以制约和限制也是重要内容，而且权力运行应尊重正当法律程序的要求。这一方面使得美国司法具有分散性，有诸多民众参与的制度设计，如警察和法院在运作上的地方自治性、检察官公选制、陪审制等，有着民众参与的开放性的优良传统，使得民众对检

---

① 参见陈玉忠：《论日本刑事诉讼中的起诉便宜主义》，载《日本问题研究》1997 年第 4 期。

察权的分享和制约的制度设计显得自然而然易于接受；另一方面，检察权的运行也受到宪法正当法律程序原则的限制，很多情况下会牺牲追惩犯罪的目的，而大陪审团则拥有特殊的调查手段①，是对检察侦查权力的重要补充，虽然传统的大陪审团对检察官滥用追诉权侵害民众基本权利的职能逐渐式微，但对检察官不起诉权力则有较好的制约，甚至可能成为检察机关追惩犯罪的有利工具。而日本自明治以来，可以说已经完全建立了单纯通过法律职业人员统一施行的刑事程序以及司法制度，导致日本施行彻底的侦查，在与正当程序不正面冲突的限度内，对拘禁的犯罪嫌疑人实行最大限度的调查，检察官一般要在确定充分的证据基础上，有完全的把握时才会起诉，庭审有依赖书证的倾向，每年超过 99% 的有罪率使日本刑事程序具有鲜明的"精密司法"特色。② 对刑事案件的追诉被认为是为了维护社会公众利益，由检察官独占起诉权能够最大程度地保证起诉权标准的统一，为了实现对"事实真相"的探寻和对犯罪的追惩也需要采取集中统一的操作程序，这也使得刑事司法具有浓厚的官僚主义特点，其基本上是在司法系统内部较为封闭的环境中操作。日本的精密司法理念和相关的制度设计，以及较为封闭的官僚主义色彩使得检察机关办案质量较高，直接分享或分割检察权的权力制约机制难以与已有制度很好衔接，最初采取外部监督的方式提出意见和建议的制度设计是较为可取的，直接移植美国的陪审制在日本受到了强烈的排斥③，检察审查会制度虽然继受了美国法理念，但实践中有鲜明的日本特色，从而能够生存和发展。

　　美国的大陪审团制度和日本的检察审查会制度的性质定位，均是民众参与司法，行使权利以监督或制约检察权的司法民主机制，

---

　　① 需要注意的是美国一些州已经采纳了一些改革方案，其重要内容就是正当法律程序对大陪审团调查程序的渗透，比如允许大陪审团调查的证人有律师相伴等。

　　② 参见［日］松尾浩也：《日本刑事诉讼法》（上卷），中国人民大学出版社 2005 年版，第 16~18 页。

　　③ 关于美国大陪审团制度改革，详见周永年主编：《人民监督员制度概论》，中国检察出版社 2008 年版，第 60 页。

既是公民权利的保障制度，同时也是公民权利的行使方式。所不同的是民众的参与程度和对检察权分享的程度，且制度的功能定位有特定性。两者都并非针对全部刑事案件，美国大陪审团初衷是防止起诉权滥用而迫害民众，后期则转向以"公益"为核心积极调查犯罪；日本检察审查会的审查重心是不起诉处分，防止滥用不起诉裁量权，其目标也在为被害人和社会公益提供"公诉转社会自诉"式的民间救济。① 对于两种制度发展过程的不同之处及其原因的分析对我国人民监督员制度的性质定位有启发意义。其中日本的经验对我国人民监督员制度的性质定位更具有借鉴意义，一方面我国人民监督员制度的缘起与日本检察审查会制度的情形有相似之处，除了对司法公正的维护外，其也是公权力机关主导的专门制度设计，也具有支撑合法化检察机关自侦权力的功能，"这种满腔热情的司法改革的背后未必就一定不是出于改革者私利的动机，比如努力展示自己改革者的形象、突出自己的改革政绩"②；另一方面，在检察机关自侦案件办理过程中，其权力的行使基本上是封闭的，具有很强的官僚主义因素，且检察改革也一直在谋求办案质量的提高和程序的精细化。日本的经验告诉我们，对于人民监督员制度的性质定位应当在尊崇权力制约和权利保障的宪政规律，以及民众参与司法的民主精神的前提下，满足国情和司法实践需求，且制度的性质定位会随着制度本身循序渐进的发展而不断精准化。

第三节　人民监督员制度在我国宪政框架下的性质定位

一、为什么需要定位

人民监督员制度是检察机关自主创新的一项制度改革，是一项

---

① 参见忻佩燕：《人民监督员制度的比较分析与实践评价——以域外公众参与检察权的一般特征为参照》，载《中国司法》2008 年第 5 期。

② 苏力：《道路通向城市——转型中国的法治》，法律出版社 2004 年版，第 195 页。

在不断发展和变化中的新事物，人民监督员制度的性质定位对于深入人民监督员制度的理论研究，尤其是合法性论证具有尤为重要的意义，从而推动其实践层面的进展。一般而言，定位有两个意义，一是指用仪器对物体所在的位置进行测量，二是指经测量后确定的位置。① 由其一般意义可知，定位既用做动词表动态的过程，也用做名词表结果，同时也需要采用一定的方法和工具保证结果的精确性。引申入社会科学领域的定位通常是指在确定场域应用分析工具和精确的论证过程，把事物放在适当的地位并作出某种评价。性质定位则是找到反映事物本质属性的内在规定性，从而确定其在一定的场域中具有的适当位置。因此定位往往就成为讨论问题的逻辑起点，不同的定位可能导致完全不同的结果。

（一）理论层面：合法性论证的深层需求

自 2003 年 9 月始至今，在实践过程中，人们对人民监督员制度的质疑与赞同之声总是相伴随。虽然可以通过各种统计数据和个案来论证人民监督员制度开展以来所取得的实效，从而证明人民监督员制度的合理性，然而制度的生命力首先在于其合法性的获得和保有，合理性仅能作为其合法性的辅助支撑。尤其是在法治社会，制度不是靠国家强制力为后盾就可以推行，而是需要获得实践部门工作者、学者和民众都能认同的合法性。现有的合法性论证由于没有全部立足于人民监督员制度的性质定位，导致论证着力点分散，一定程度上仍然缺乏说服力，或者过于宏大叙事，或者过于局限于实际需要尤其是检察权行使的需要，加之没有正式的法律制度为其提供实证化的支撑，导致人民监督员制度的合法性论证依然不够充分，在实践中则导致对制度继续推行下去的信心不足而不认真对待、或者是随意更改变通其实施方式等情形。

人民监督员制度的性质定位是合法性论证过程中形成交流与沟通的平台的需要。在定位不清的情况下，"持有不同观念的论者之间的争论就好像是永不交手的隔岸叫喊，把讨论引向一种热闹而无

---

① 参见中国社会科学院语言研究所词典编辑室编：《现代汉语词典》，商务印书馆 1995 年版，第 255 页。

实际内容的虚假繁荣"①。哈贝马斯对狭义的合法性曾有一个简明的解释，在他看来，合法性即意味着某种政治秩序被认可的价值以及事实上的被承认。为了获得认可和承认必须要有一个能够形成交流与沟通的平台，也只有通过真正意义上的交流和沟通才能够形成真正的共识。对人民监督员制度的性质定位则为这一讨论平台的搭建奠定了坚定的基础。研究者可以很清楚地明白其他研究者对人民监督员制度合法性论证的出发点，从而能够互相理解和进一步探讨，而不是武断地批评或者形式上是借助话语变换的新论证而实际上却是重复论证。同时清晰的定位也可以使一般民众易于接受和理解，从而使人民监督员制度伴随其良性运行和发展获得认同。

人民监督员制度的性质定位是合法性论证的必备要素和逻辑起点。对人民监督员制度的性质定位承载着人民监督员制度设计的价值期待，决定着人民监督员制度的发展走向。只有首先明白人民监督员制度的内在规定性，才能开始其合法性论证。其内在规定性是合法性论证首先要检验的部分，只有其性质定位符合合法性的要求，其具体的制度设计也才具有获得和保有合法性的可能。同时人民监督员制度性质定位本身也是其获得合法性的一个策略，不同的性质定位需要不同的证明路径，在制度设计之时就可以选择易于获得认同和承认的性质定位，从而减少制度推行过程中说服的成本和阻力，因而人民监督员制度的性质定位也是其合法性论证的逻辑起点。

（二）实践层面：排除制度设计困扰的必然要求

人民监督员制度自试点至今已有近 5 年的历史，通过这近 5 年的发展，取得了有目共睹的可喜成效，亦逐步走向成熟并期待能够形成正式的法律制度。然而实践中它仍然存在诸多制度设计的困扰。第一，人民检察院在人民监督员制度中的角色。人民检察院作为制度的发起者，被监督者，监督程序的启动、引导与协助者，经

---

① ［加］查尔斯·泰勒：《市民社会的模式》，载邓正来、［英］亚历山大编：《国家与市民社会：一种社会理论的研究路径》，中央编译出版社 2002 年版，第 3 页。

费的保障者，某些地方还成为监督者的选任者，或多或少有着身份的混乱和不能理直气壮的尴尬。第二，人民监督员的选任机制。是采用下管一级模式还是同级监督模式来选任？各级人大能否介入人民监督员的选任，其是否会超越宪法和法律所赋予的权力范围？是注重民主性、参与性、代表性还是为了其监督结果的正确性而更注重其专业性、知识水平和能力？第三，人民监督员在监督的过程中能够享有多大的权利或者权力。为保障其在信息对称的情况下作出监督决定，人民监督员是否可以享有专属于检察机关的侦查调查权限直接面对犯罪嫌疑人，会不会由此造成了非职业的"检察官"的形成？为了保障其监督效力，是否应当赋予人民监督员对实体问题的决定权力？第四，人民监督员制度的法制化路径选择，如果不采用法律形式，是否会违反法律保留原则？等等。

这些困扰由多方面主客观原因造成，其中人民监督员制度性质定位不清，没有形成共识是造成制度设计困扰的重要因素之一。事实上这些问题的解决都离不开对人民监督员制度清晰的性质定位，人民监督员制度的性质定位决定了其制度设计的价值和功能期待，同时也决定了制度设计的"度"的问题及制度的运行规律，如表现为：制度的法治要求，即是否需要法律的明确授权或者是法律的不禁止即可；制度的效力后盾，需要国家赋予什么程度的强制力保障或者是仅依赖其自身合法性赋予其的效力；制度的运行模式，是采用命令与服从的模式，还是采用沟通协商参与的模式？

二、如何定位

人民监督员制度的性质定位的场域为我国的宪政框架，定位的核心为公民权利与国家权力，定位的依据在于公民权利与国家权力间的结构和功能差异。

（一）定位的核心——以对现有定位理论的评价为背景

人民监督员制度的性质定位一直是研究者们持续关注和反思的问题。人民监督员制度试点运行之初，即有研究者指出现行的人民监督员制度是检察机关的内部监督，但是该制度又具有很强的外部监督的属性；人民监督员制度能起到明显的监督效果，关键在于该制度能以内部监督的形式融入检察机关的工作程序中；不应当将人民监督员制度改造成为检察机关的外部监督，而应当通过完善相关的制度，来保障人民监督员的外部属性。① 另有研究者从监督分类的角度将人民监督员制度定位为权力监督、外部监督和对人民检察院自侦案件进行的事后监督。② 还有研究者在论述了人民监督员制度的实施基础和特点，并将人民监督员制度与人大监督、人民陪审员制度、廉政监督员制度加以对比之后，把人民监督员制度定位为具有独立法律地位的外部监督，是权利对权力的社会监督③，具有集社会监督、民主监督和外部监督"三位一体"的性质。④ 这一观点较有代表性，也较为全面。⑤ 此外，也有研究者试图中和权利与权力两种观点之间的矛盾，希望能够兼顾人民监督员制度的民主性和实效性，将人民监督员制度定位为准权力监督，是"带有权力因素的权利"，实体上的权利监督，程序上的权力监督，亟待立法解决，使该项制度从准权力监督向权力性监督转化。

任何试图对人民监督员制度进行定位的思考都是有价值并极具

---

① 参见周海林：《论人民监督员制度的性质及其完善》，载《福建公安高等专科学校学报》2004 年第 6 期。

② 参见黄河：《人民监督员制度的定位——从法律监督分类的角度》，载《行政与法》2006 年第 4 期。

③ 参见周永年：《关于人民监督员制度法律定位的思考》，载《法学》2006 年第 6 期。

④ 参见周永年主编：《人民监督员制度概论》，中国检察出版社 2008 年版，第 41 页。

⑤ 如有研究者认为人民监督员制度是在现行法治架构内有效实现公民监督权利的体制创新，人民监督员制度规定的是一种人民群众的监督。参见文盛唐：《公民权利监督检察权力的体制创新——再论人民监督员制度》；人民监督员制度理论研究课题组：《人民监督员制度的理论基础与立法问题研究（一）》，载《方圆法治·人民监督员专刊》2006 年第 8 期。又如认为人民监督员的监督是公民的监督，属于社会监督的性质。参见丁海燕：《浅谈人民监督员制度及其完善》，载《方圆法治·人民监督员专刊》2008 年第 2 期。又如有研究者具体指出人民监督员制度实质是一种社会监督的请求权。参见徐汉明：《人民监督员制度概念与特征的经济学分析》，载《方圆法治·人民监督员专刊》2005 年第 12 期。

启发意义的。因为，我们需要一幅地图来指导自己在法律的领地上穿行。即使一幅地图从总体上看是不准确的，它也能提供一定的指导，因为在没有地图的情况下，人们无法规划或组织自己的旅程。① 从上述对人民监督员制度定位的观点可以发现，各种观点提出的过程也是随着人民监督员制度实践展开而不断思考与反思的过程，具有时段性特点。观点主要分为三类，其一为权力说；其二为权利说；其三为折中说。同时会伴有外部监督与内部监督、社会监督、民主监督、刚性或柔性监督、事前或事后监督等的判断。这些观点的定位思考常常不是以一种标准展开而具有综合性，比如权利和权力监督，外部与内部监督，事前与事后监督，采用各自的标准。不同的定位之间总会出现某种重合部分，比如不管是权力说、权利说或者是折中说，都可能会赞同外部监督。从逻辑上来讲能够形成重合部分的定位描述一般不具有根本性和内在规定性，不能决定人民监督员制度的性质，只是一种对应不同的语境的外部描述性的定位，不能够成为定位的核心。此外能够被其他定位所决定的定位描述或者也不能成为性质定位的核心，比如权利监督基于人民主权原则本源上必然具有民主监督的性质；不能对其他定位产生影响的定位描述也不能成为性质定位的核心，比如事前或事后监督。依照上述的三重排除标准，权力还是权利监督成为人民监督员制度性质定位的核心。

在法学领域中，我们必须在宪政框架下对人民监督员制度加以性质定位。其原因在于，一般意义上权利与权力的划分对人民监督员性质定位的意义并不是很大。权力与权利是所有以人类社会为研究对象的社会学科最为重要和核心的一对范畴之一，有时两者并不能够截然分开，如《布莱克法律词典》，"rights" 中便包含了"一个人的权力"这样的阐释，也有学者认为权利在一定意义上也是一种权力，权力表征的是一种有效的约束力，而权利则融合了正当

① 参见［英］马丁·洛克林：《公法与政治理论》，郑戈译，商务印书馆2002年版，第55页。

性和有效性的双重属性，是被认为正当的权力。① 在历史上很长一段时间内，权利和义务一直是对应范畴，权力一直是被法学所忽视的。到十七八世纪资产阶级革命之后，尤其是近代宪政国家的出现，才为公法的发展奠定了基础，从而使得公民权利和国家权力成为法学核心范畴②，具有了对立的可供区别意义。这是因为奴隶制、封建制国家不可能产生宪法，也不可能产生真正的法治，宪法的产生是近代法治确立的标志和条件，坚持宪法至上是依法治国、建设社会主义法治国家的关键。③ 我国建设社会主义法治国家的关键也在于建设社会主义宪政。④ 因此我们将人民监督员制度的性质定位的场域定位为我国的宪政框架之下。

国家权力与公民权利是宪政框架下的核心范畴，人民监督员制度性质定位的核心在于确定人民监督员制度是国家权力还是公民权利甚至是基本权利性质的监督。其原因在于，权力制约是宪政亘古不变的核心本质，"宪法限制"，即使不是宪政最重要的部分，也无疑是其最古老的原则。⑤ 宪法中的公民权利则成为国家权力的界限，权利的保障就是宪法对国家权力限制的执行。因此国家权力的限制与有效行使及公民权利的保障成为宪政制度安排的核心。从实证主义的立场来看，宪法作为一国法律秩序的基础规范⑥，具有最

---

① 参见王莉君：《权力与权利的思辨》，中国法制出版社 2005 年版，第 45～48 页。

② 较早将权力放在比较重要的位置，突破权利与义务架构，建构起权利与权力架构的是法权理论，法权理论所特别重视的权利和权力，其实际内容就是今天宪法学所特别看重的公民权利与国家权力。其代表性观点参见童之伟：《法权与宪政》，山东人民出版社 2001 年版。

③ 参见秦前红：《依法治国和宪法至上论》，载《现代法学》1996 年第 4 期。

④ 社会主义宪政的内涵、证成与中国语境下的建设构想详见秦前红、叶海波：《社会主义宪政研究》，山东人民出版社 2008 年版。

⑤ 参见［美］C. H. 麦基文：《宪政古今》，翟晓波译，贵州人民出版社 2004 年版。

⑥ 参见［奥］凯尔森：《法与国家的一般理论》，沈宗灵译，中国大百科全书出版社 1996 年版，第 130～149、142～162 页。

高的法律效力，决定着一国的法律秩序，成为所有希望获得合法性的制度设计不可规避的最高标准，因此公民权利与国家权力也必然成为人民监督员制度性质定位的核心。

（二）定位的依据——基于宪政框架下公民权利与国家权力的结构功能差异

本书基于宪政框架下公民权利与国家权力结构与功能的区分，参照人民监督员制度在实践运行中达成共识的特点，将人民监督员制度定位为公民基本权利的具体行使方式。国家权力与公民权利的宪政理论建构是基于古典自由主义国家与个人二元对立结构的理论预设，现代社会伴随第三部门的兴起，第三部门理论克服了源自西方的国家与个人两极化对立模型，作为具有沟通与合作趋向的中间领域理论在我国更具亲和力，传统二元结构理论预设已经受到挑战①，不过即使是讲求国家权力主体与公民权利主体间以公共领域为媒介的合作沟通与协商的关系，也必然是以一定的对立与张力存在为前提，因此依然不足以动摇国家权力与公民权利制度范式在宪政中的地位。

公民权利与国家权力具有结构上的差异和共同之处。公民权利包含利益、主张、资格、权能、自由共五大要素②，是主体为了满足一定的利益需求，自主要求他人作为或不作为和主体自由作为或不作为的资格和能力。国家权力则是指政治上的强制力和职责范围内的支配力量。其一，就产生而言，公民权利在不同历史阶段曾被认为是上天赋予的，保障人性尊严或者是人的全面发展所

---

① 如第三部门所做行为性质如何，即第三部门对内的治理和对外的参与治理的行为是宪法中权力的性质还是权利的性质，以此定性为基础的第三部门的社会权力或者权利将会对传统的国家权力和公民权利的明确划分产生怎样的影响，这种影响是否具有足够的宪政价值从而改变或者突破现有的宪法学研究范式？第三部门规章在法律规范体系之内或之外，即是否可以凭借自治拥有自行"立法权"而游离于宪法所设定一国的法律体系之外，同时又具有法律的强制力？这些问题还有待研究。

② 参见夏勇：《人权概念起源》，中国政法大学出版社2001年版，第46～48页。

必需的；而国家权力则被认为是自然状态的人们让渡自己的天赋权利通过社会契约所建立的，或者是统治阶级为了维护自身的统治所建立的。权利具有本源性和正当性，而国家权力则被视为必要的恶而存在，需要加以防范和制约。其二，就主体而言，公民权利的享有者除了国籍的条件或者实际享有权利的能力条件外，没有特别的限制；而由于国家权力的组织性，其享有者必须是依法设立的国家机关或者经法律法规授权的组织或个人，一般会有各种实体和形式上的限制性条件。其三，就内容而言，公民权利包括人身和自由权利、政治权利、社会权利等；国家权力一般可以划分为立法、行政、司法、军事、元首、检察权等。两者有着明显的区别。其四，就相对性而言，公民权利和国家权力都不是绝对的，都必须受到限制，而对公民权利限制的正当性只能来自于权利，如公共利益；国家权力的限制则可以来自于国家权力内部的分工或者分立，更为根本性的限制则来自于外在于国家权力的公民基本权利。其五，就效果而言，公民权利和国家权利都可以产生一种支配力量，不同的是公民权利的支配力依赖于人民对权利的普遍承认，否则只能求助于国家履行义务加以保障和救济；而国家权力自身便拥有使其对象服从的资源、力量和手段。其六，就规范形式而言，国家权力的享有必须有宪法、法律和具有法律效力的规范性文件的明确授予，或者是由有权机关基于明确的授权规范而授予，并遵循法律保留原则和法律优先原则；而法律没有明文禁止的即是权利。

公民权利和国家权力在功能上也存在区别。公民权利的功能体系包括：基于其消极身份所享有的对抗国家权力的防御性基本权利，它赋予公民一定的免受国家干预的自由空间与行为领域；基于其积极身份透过请求权，要求国家权力给予协助、照顾或促成所欲追求的利益；基于其国家"成员"地位主动身份的参与权或者影响权，借以主动参与公共事务，对现有的法律状态有所影响或改变；需要集体为之始能发挥作用的基本权，通常需要一定的组织或程序获得保护，由此亦拓展出基本权利的程序权功能面向。①国家权力具有两项功能：第一项为保障公民权利；第二项为维护国家自身的存在。与公民权利一样，国家权力也具有利益的需求，但国家维护自身的存在并不是最终目的，其最终目的还在于保障统治阶级的利益及一定程度上的被统治阶级的利益，即公民权利。国家权力维护国家存在的功能需要受到严格的限制，国家利益的获得仅限于足以保障国家能够履行保障公民权利的义务。由此可见公民权利与国家权力功能的发挥都离不开两者间的关系，并以公民权利的实现为两者共同的终极价值追求。

　　我们将人民监督员制度定位为权利监督，原因在于：一方面，人民监督员制度具有公民权利的结构性要求。从产生讲，人民监督员制度体现了国家权力体系之外的公民对作为国家权力的检察权的民主性监督，具有天然的民主正当性；从主体讲，除了保障监督和判断能力的需要外，对权利的享有主体没有特别的限制性条件；从内容讲，人民监督员行使的是一种知情、批评、建议的权利，属于政治权利的范畴；从效果讲，权利行为也具有拘束力，尤其是宪法中公民基本权利对国家公权力存在拘束力已被公认。将人民监督员制度定位为权利会有损人民监督员监督实效的担忧，这种观点是对权利效果的误解；从规范形式讲，虽然一般认为"法无明文禁止即权利"，但没有被宪法和法律明确保障的权利具有脆弱性。在某些情况下实际上是法律划定了权利的范围，法律可以限定权利，没有明确宪法和法律依据的权利往往最易于被国家权力侵害，并难以获得司法救济。因此，虽然权利的享有并不以法律甚至是宪法的规定为要件，但权利本身具有被宪法和法律加以保障的天然渴求。即便将人民监督员制度定位为权利监督，也需要尽量争取通过正式的法律制度将其固定下来。另一方面，人民监督员制度具有参与权或影响权及程序权的功能，通过批评、建议权的行使能够参与到检察权行使过程中，同时能够矫正检察权行使过程中出现的错误，并且

---

　　①　关于基本权利的主观功能体系理论参见李建良：《基本权利的理念变迁与功能体系》，载《宪政时代》第 29 卷第 2 期。

只有通过组织和程序设计才能实现其功能。我们不能将人民监督员制度仅视为检察权摆脱质疑的自主性改革工具，以是否符合检察权的运行规律、是否对检察权的行使有好处来判断其存在的必要性，至少不能够作为唯一的判断标准。人民监督员制度作为权利监督具有自身独立性的价值功能，作为国家权力的检察权最终还是为了保障公民权利。

三、作为公民基本权利具体行使方式的人民监督员制度

人民监督员制度具有权利监督的性质，并且是公民基本权利的具体行使方式。公民基本权利是个人所应该享有的较为重要的、具有根本意义的权利，最初是法治国家承认和认可的，并先于国家存在的"人权"的一部分。随着现代宪法的产生，后国家的权利如基于国家的产生才有的公民政治权利及社会权也被纳入基本权利的范畴。宪法文本中基本权利的规定，宣示了国家对实现这部分权利的实际承诺。我国现行《宪法》第二章，即"公民的基本权利和义务"，规定了我国公民所享有的基本权利，但对于公民基本权利的规定实际上并不局限于第二章之中，对一项公民基本权利的理解也不能仅限于一个条文，而是要结合总纲的相关规定以及关于国家机关义务的相关规定来加以理解。

具体而言，人民监督员对检察机关在自侦案件中自由裁量权的监督，属于公民行使批评和建议权的性质。公民的批评建议权通过以下宪法规范加以确认：首先，《宪法》第2条规定，中华人民共和国的一切权力属于人民。……人民依照法律规定，通过各种途径和形式，管理国家事务，管理经济和文化事业，管理社会事务。其次，《宪法》第33条规定，国家尊重和保障人权。最后，《宪法》第41条规定，中华人民共和国公民对于任何国家机关和国家工作人员，有提出批评和建议的权利；对于任何国家机关和国家工作人员的违法失职行为，有向有关国家机关提出申诉、控告或者检举的权利……对于公民的申诉、控告或者检举，有关国家机关必须查清事实，负责处理。任何人不得压制和打击报复。《宪法》第27条规定，一切国家机关和国家工作人员必须依靠人民的支持，经常保

持同人民的密切联系，倾听人民的意见和建议，接受人民的监督，努力为人民服务。

宪法文本关于公民批评与建议权的上述条款之间存在张力。长久以来，我们抱有这样一种误解，即把成文宪法典当作一个逻辑上自足自洽的规范系统，事实上由于宪法的本质"是一国统治阶级在建立民主制国家过程中各种政治力量对比关系的集中表现"①，自足自洽只是"虚构而已"②。我们简要将上述规范划分为三个层次：第一层次，宪法文本第 2 条的规定是其他规定的逻辑基础，但其条文自身就存在张力。该条规定"一切权力属于人民"，但又规定人民"依照法律"管理国家事务，此处的"法律"，依据宪法文本第 5 条中"一切法律、行政法规和地方性法规都不得同宪法相抵触"的规定，再辅以宪法文本中多处的"宪法与法律"并列的规定，采用系统解释的方法可以确定其为狭义的法律，即全国人民代表大会及其常委会制定的法律，这就造成事实上是将人民管理国家事务的权利范围交给国家立法机关确定的后果。第二层次，宪法文本第 33 条可以作为宪法权利的概括性条款，但其中的"人权"话语显然可能造成与"公民基本权利"之间的张力，因为"人权"的话语表达有其不容回避的古典自由主义思想背景，其可能与渗透宪法文本的国家主义倾向并不协调，因而该项规定除了宣示性的意义外所能实际发挥的效力是有限的。第三层次，宪法文本第 41 条通常被称为是监督权条款，具体包括批评、建议、申诉、控告和检举几项权利，第 41 条也是一种参与国家管理的方式，但并没有依照法律行使的限制。第 27 条规定了国家机关倾听人民的意见和建议，接受人民监督的义务，与第 41 条的规定可以形成一组对应的权利义务关系。

因此，我们可以将宪法文本第 41 条和第 27 条作为人民监督员

① 周叶中主编：《宪法》，高等教育出版社、北京大学出版社 2001 年版，第 44 页。

② ［德］卡尔·施米特：《宪法学说》，刘锋译，上海人民出版社 2005 年版，第 13 页。

制度的直接宪法依据，将人民监督员制度性质定位为公民行使批评建议权利的监督。第 41 条确定了公民基本权利的享有，第 27 条确定了国家的义务，使得第 41 条的公民基本权利具有刚性的拘束力。同时可以运用宪法解释的方法将宪法文本第 2 条和第 33 条作为其间接依据，第 2 条"依照法律"不应解释为对公民管理国家事务权利的限制，而是作为对于国家立法权的要求，即其有义务制定各项法律来保障公民管理国家事务权利的行使。对于第 33 条的"人权"表达，亦可作实证化的理解，作为整合不同基本权利和产生宪法中未列举权利的概括性条款使用。

　　我国宪法文本中批评建议权的规定，虽然有信访制度等具体实施途径，但一向处于批评较多而建议失语的状态，事实上并没有得到较好的实施。虽然宪法基本权利具有原则性的特点，一般需要通过法律制度的具体化才能够得到实施，但基本权利的实施途径并不仅限于通过部门法的具体化而加以实施，其一旦规定在宪法上便具有直接的规范效力①，但因为其实现需要彰显法律技术理性和司法理性，需要行动、方案和更精微的包括立法和司法技术②，所以实践中这一途径常常因为难以利用而被我们所忽视，加之我国宪法历来"强调政治机关的立法保障，一定程度上忽视司法对基本权利的救济"③，导致我国宪法基本权利基本上必须通过法律权利形式才能得到救济和保障。因此检察机关主动推行的人民监督员制度作为公民基本权利具体实现方式具有宪法依据，同时也为宪法基本权利的直接实施打开了通道。可以乐观地预期，人民监督员制度的实践价值将不仅局限于对检察机关自侦案件中自由裁量权正确行使的监督和制约，它还将作为一种对国家公权力有着直接拘束力的制度

---

　　① 参见韩大元主编：《中国检察制度宪法基础研究》，中国检察出版社2007 年版，第 397 页。

　　② 参见郑贤君著：《基本权利研究》，中国民主法制出版社 2007 年版，第510 页。

　　③ 郑贤君著：《基本权利研究》，中国民主法制出版社 2007 年版，第 524页。

安排形式,在对其他国家权力的监督中加以应用①,为其他宪法基本权利从法定权利转化为实有权利提供可借鉴的制度选择。

四、人民监督员制度与人民陪审员制度比较研究

作为 10 年来人民法院司法改革 12 个突破性进展之一,人民陪审员工作机制的完善被媒体称为"最具民主性"的改革。② 人民监督员制度的目的和内容表明,它同人民法院陪审员制度一样,是公民参与司法工作的有效形式,体现了诉讼民主的要求,是继人民陪审员制度后我国司法民主化的又一大进步。③ 正因为人民监督员制度与人民陪审员制度都是民众参与到国家权力行使过程中的制度设计,"两种制度有很多相似的地方,主要有以下三个方面:一是政治意义相同。两种制度都是我国社会主义制度下,广大人民群众当家作主的政治权利和参与管理国家事务的宪法权利的直接体现。都是通过让非法律职业的普通公民参与到国家的司法活动中来,使我国的社会主义司法制度更具依靠人民群众的实质,更具司法民主的本质属性,让广大人民群众对司法工作的认同感不断加深。二是参与主体相同。参与这两种制度的人民陪审员和人民监督员都是来自社会各界的普通公民,都具有广泛的代表性和群众基础。二者都能够把社会公众的认知角度、伦理道德、价值观带到司法工作中,与从事审判、检察专业的法官、检察官形成思维互补,从而让司法机关更好地体现出司法为民,维护社会公平正义的精神,使办案效果做到社会效果与法律效果有机统一,促进社会和谐。三是作用相同。两种制度都能促进司法公正。人民陪审员制度的实施和人民监

---

① 如有学者认为,可以参照人民法院系统的"人民陪审员"制度以及人民检察院系统最近推行的"人民监督员"制度,同时借鉴香港特区实行的"警监会"制度,在我国警察体系内部也引入"人民监督员"制度。参见刘杰:《我国警察权的宪法控制》,载《北京人民警察学院学报》2005 年第 4 期。

② 参见陈菲、杨维汉:《请人民陪审员:"最具民主性"改革》,载《新华每日电讯》2008 年 3 月 11 日,第 6 版。

③ 参见童建明、万春、高景峰:《司法体制改革中强化检察机关法律监督职能的构想(下)》,载《人民检察》2005 年第 2 期下。

督员制度的试行，使我国的司法工作直接置于人民群众的监督之下，有效地提高了司法的公开、透明程度和社会公信力，提高了司法机关的权威性"①。

人民监督员制度相关规范性文件中的具体制度安排和各地检察机关的实际操作都借鉴了人民陪审员制度。有研究者以人民陪审员制度为蓝本，对人民监督员制度的发展进行了预设，重要观点如下：观点一，以人民陪审员的制度设计评价人民监督员制度设计，并作为人民监督员制度合法性的论证方式。观点二，借鉴人民陪审员制度中人民陪审员意见的刚性约束力，赋予人民监督员监督意见的刚性约束力。观点三，借鉴人民陪审员的选任机制、权利享有内容、参与审判机制、人民法院对人民陪审员的管理模式和培训模式等具体制度设计，完善人民监督员制度。观点四，借鉴人民陪审员制度经由全国人民代表大会常务委员会决定，最高人民法院制定具体实施办法并在诉讼法中加以规定的法制化路径将人民监督员制度法制化。② 事实上，人民监督员制度在多大程度上能够借鉴人民陪审员制度，根本上取决于两种制度性质定位的区别及由此决定的两种制度的共性与差异。以下逐一分析：

（一）人民监督员制度从人民陪审员制度寻求合法性依据观点之评析

我国的人民陪审员制度已有近70年历史，已形成其自身的运行规律，同时也有其尚未解决的问题。由此决定，虽然人民陪审员制度能够在多方面给人民监督员制度提供有益的借鉴和现成制度资源，坚定人民监督员制度设计和实施中的信心和减少成本，但尚不能作为制度设计和合法性论证的依据。

两种制度产生过程的差异性决定，既不能以与人民陪审员制度的相似性作为论证人民监督员制度的合法性的依据，也不能比照人

---

① 钟黎明：《人民监督员制度和人民陪审员制度的比较与思考》，http：//essay. laweach. com/Essay_ 15529_ 8. html，2008 年 8 月 30 日访问。

② 详见周永年主编：《人民监督员制度概论》，中国检察出版社 2008 年版，第 362～365 页。

民陪审员制度合法性论证方法来加以论证。陪审制度在西方已有上千年的历史，有陪审制与参审制两种模式，陪审制在我国最早付诸实践是在 1930 年 6 月，中华苏维埃共和国中央执行委员会颁布的《裁判部暂行组织及裁判条例》中规定了陪审员参加审判的制度。抗日战争及解放战争时期，在一些抗日根据地、解放区也建立和实施了人民陪审员参与案件审判的制度。人民陪审制度对根据地司法获得人民群众的支持和信任发挥了重要的作用。[1] 新中国成立后人民陪审员制度继续沿用，被明确写入了 1954 年宪法，并在组织法和诉讼法中加以规定，虽然历经曲折，但 2004 年 8 月全国人民代表大会常务委员会通过了《关于完善人民陪审员制度的决定》使得存废之争尘埃落定。实施人民陪审制度的传统和法制成为人民陪审员制度的合法性的重要依据。而人民监督员制度则是检察机关的自主制度创新，是完全具有中国特色的崭新的制度设计，从历史传统之中并不能找到如人民陪审员制度一样的坚实依据，同时由于其直接的依据在于检察机关内部的规范性文件，只能在检察机关内部具有拘束力，而没有如《关于完善人民陪审员制度的决定》、三大诉讼法中的相关条文等具有法律效力的规范性文件的直接依据，所以必须寻找新的合法性论证方式。人民监督员制度的合法性更多从法理层面和现实需要的层面获得，可以从其法理基础包括人民监督员制度与宪政理念的契合、人民监督员制度与司法民主、人民监督员制度与正当法律程序的关系，人民监督员制度的价值，人民监督员制度的功能如制度完善功能、制度优化功能、制度认同功能，人民监督员制度在宪政框架下的生存空间等方面进行论证。

　　人民陪审员制度自身也存在与人民监督员制度相似的尚未解决的问题，人民监督员制度还存在人民陪审员制度所没有的新的问题，决定其不能成为制度设计的成熟模板，需要加以反思地借鉴。人民陪审员制度在我国实践之初首先是作为一项公民行使国家权力的政治制度，其次才是作为一项司法民主制度，前者使之不能舍

---

　　① 参见刘德兴：《人民陪审制度：历史、现状及其完善》，四川师范大学学报（社会科学版）2008 年第 2 期。

弃，一再被提起和强调；后者又使之常常要面对技术层面的质疑和拷问，《关于完善人民陪审员制度的决定》在具体内容上仍有不完善之处①，人民陪审员选任机制中精英化与平民化之争，单一的参审制与多元的参审和陪审制结合之争②，人民陪审员与法官同权而不同责的质疑，人民陪审员独立性的保障、任期缩短，人民陪审员适用范围及由此带来的司法成本增加与其效益的关系，法院对是否适用人民陪审员制度的控制等方面的问题依然没有解决。这其中的很多问题人民监督员制度设计中也会遇到，比如人民监督员精英化与平民化之争，人民监督员的管理机制等；人民监督员制度还存在其所没有的新问题，比如人民监督员如何能够实质性地深入触碰到检察权对其形成强有力的监督和制约，人民监督员能否直接会见、询问犯罪嫌疑人及其代理人以保证其在信息对称的情形下作出正确的决定等。所以人民陪审员制度虽然是最有价值的参照制度，但却不能完全照搬，需要结合具体情况加以分析。

（二）刚性约束力借鉴观点之评析

依据最高人民检察院的规范性文件，人民监督员制度中人民监督员的评议结果和建议对检察机关而言并没有实体上的刚性约束力，其效力取决于检察长和检察委员会对其是否采纳。监督结果实体刚性约束力的缺失会使其监督效力大打折扣③，已成为对人民监督员制度质疑的一个重要内容。而人民陪审员意见与法官决定具有同等效力，依据少数服从多数的原则形成法庭判决，判决生效后即具有直接的刚性约束力。有研究者指出，有必要借鉴人民陪审员制度，赋予人民监督员监督结果的刚性约束力④，具体的方案如将检

---

① 详见胡志国、周冬英：《从法律语言角度看人民陪审员制度》，载《法治论丛》2006年第3期。

② 比如有学者提出应当采用陪审制与参审制并用的模式。陪审制重在弥补法官的社会经验，参审制重在弥补法官的专业知识。参见李政伟：《破解人民陪审员制度的不等式》，载《法律适用》2006年第10期。

③ 参见徐国平：《人民监督员制度的三个完善》，载《检察实践》2004年第4期。

④ 参见如龚珊：《人民监督员的定位》，载《方圆法治·人民监督员专刊》2008年第2期。

察机关不接受人民监督员监督决定时，"可以"启动上级检察院的复核程序改为"应该"启动复核程序，甚至有学者要求将人民监督员制度从权利监督转变为权力监督。① 此类观点的合理性程度需要通过两种制度的比较方法加以评析。

从性质定位上讲，两种制度都具有权利性质，且在某种意义上也是一种社会权力，其能够直接分享一部分国家权力，需要如权利一样拒绝国家公权力的侵犯，同时也需要对其加以规制，并且严格限定其所分享的国家权力的范围，尽管这一范围逐渐呈扩大化的趋势。所不同的是两者是不同的权利层面，作为社会权力对国家公权力的分享的程度并不相同。人民监督员制度是对具有民主正当性权力的第二次防御，人民陪审员制度则是直接民主的体现形式。人民陪审员所行使的是直接依据人民主权原则所产生的民众参与国家管理的权利，是宪法中参加管理国家事务权利的具体实现方式，注重民主方式的直接参与管理；人民监督员制度则是监督权中批评建议权的行使方式，侧重采用民主方式的权力监督。尽管人民监督员制度也具有参与的功能和意义，人民陪审员制度也具有权力监督的作用，但两者的侧重点不同，对国家权力的分享程度不同，人民陪审员制度的分享程度远高于人民监督员制度。这是由司法审判权与检察权自身的差异决定的。

从制度作用对象上讲，司法审判权与检察权有着各自的运行规律。法院所行使的核心权力是居中裁判权，人民陪审员所能够参与的是采用合议方式的审判程序，合议庭为人民陪审员提供了自主发表意见、沟通协商的制度环境，且赋予了其意见与法官意见的同等效力，人民陪审员的参与不会影响审判程序的正常进行，判决结果依据多数意见的作出，不存在领导与被领导的关系，且能够在讨论沟通又独立判断的基础上形成法律工作者的法律思维与普通民众的常识判断、专业知识和公众情感之间的平衡点。而人民监督员目前只针对检察机关的自侦案件行使监督权，在检察机关侦查权行政化的运行规律和检察长负责制下，自侦程序已成为各尽其职各负其责

---

① 参见常艳：《人民监督员制度研究》，武汉大学 2007 年博士学位论文。

环环相扣的封闭系统，不太可能为人民监督员提供直接参与的环境，否则必然打乱侦查程序的正常运行，比如为保障犯罪嫌疑人的权利而设置的各种期限可能因为人民监督员的介入而不能满足侦查工作的需要，尤其是当人民监督员意见与检察机关不一致时，必然会出现是服从本级或上级检察长或检察委员会的意见，还是听从人民监督员的意见的冲突，这将极大影响检察权的独立高效行使。

将检察机关不接受人民监督员监督决定时，"可以"启动上级检察院的复核程序改为"应该"启动复核程序的观点，实际上是剥夺了人民监督员的选择权利，且与下文规定具有重复性。依据《最高人民检察院关于实行人民监督员制度的规定（试行）》中第26条规定："参加监督的多数人民监督员对检察委员会的决定有异议的，可以要求提请上一级人民检察院复核。……上一级人民检察院应当及时复核并反馈结果。上一级人民检察院的决定，下级人民检察院应当执行。"此规定就文本意义而言，明确具有三层意义：首先，只能是参加监督的多数人民监督员有异议才可提起。这一规定具有合理性，用民主机制保证决定的最大限度正确性。其次，人民监督员"可以"提起异议，也"可以不"提起异议。这就赋予了人民监督员的选择权利。如果改为"应该"提起，则成为一项义务，事实上剥夺了其选择的权利。最后，上一级检察院"应当"及时复核并反馈结果。已经使复核成为必然结果，具有程序上的刚性约束力。参照《中华人民共和国刑事诉讼法》第70条关于公安机关对人民检察院不批准逮捕决定的复议和提请复核权的规定①，可以认为上述第26条已经完整赋予了人民监督员监督结论对检察

---

① 第70条全文为："公安机关对人民检察院不批准逮捕的决定，认为有错误的时候，可以要求复议，但是必须将被拘留的人立即释放。如果意见不被接受，可以向上一级人民检察院提请复核。上级人民检察院应当立即复核，作出是否变更的决定，通知下级人民检察院和公安机关执行。"条文中，对公安机关提起复议、复核都采用"可以"，对检察机关复核采用"应当"，恰与《最高人民检察院关于实行人民监督员制度的规定（试行）》第26条的表达方式一样。鉴于检察机关与公安机关作为国家权力行使机关，两者具有分工合作和相互制约的关系，所以认为其第26条也具有赋予监督决定刚性约束力的意义。

机关程序上的约束力。需要完善的地方在于明确限定其复核的期限和反馈结果的形式和程序。

刚性约束力借鉴观点中将人民监督员制度变为权力监督或者是赋予监督结果实体上的拘束力的观点不具有可行性。检察权运行特点决定人民监督员只能是外在于检察机关，对其权力的行使进行监督，而不能具有实体上的直接拘束力，通过程序设计使其成为一种检察机关必须加以慎重考虑的批评和建议，帮助检察机关得出正确的判断或者是纠正检察机关的错误，设置不接受和配合监督的制裁性措施即可。推进这一制度必须尊重宪法确立的人民检察院的独立地位，要避免强调把人民监督员制度改造为具有权力监督性质的刚性监督的种种提法，将批评建议权异化为凌驾于检察权之上的决定性权力。① 需要考虑的问题是，即便赋予了监督结果程序上的刚性约束力，但依据现有规范性文件其最终的决定权仍然掌握在检察机关手中，这使得人民监督员制度作为一项具有外部性的监督制度其监督效力完全取决于检察机关自身是否认真对待，从而极易成为或被民众误解为一种"作秀"。这一问题实质上成为人民监督员制度设计中的一个瓶颈。

因此，参加监督的多数人民监督员对于上一级检察机关的复核结果依然不同意之时，如何处理的问题不能回避。这一问题根本上是民主原则与宪政法治原则之间的张力的表现，具体在刑事诉讼法领域便表现为《中华人民共和国刑事诉讼法》第 6 条群众路线与以法律为准绳及第 7 条准确有效执行法律义务之间的张力。民主与宪政法治的各自的优势与弊端已被深刻反思、总结和比较，在实践过程中则需要努力使两者能够找到最佳结合点，充分发挥各自的优势和克服弊端。现代社会，民主参与和尊重少数人的意见已成为民主的应有之义；而实质法治则对形式法治有了超越，西方自由民主宪政发展到 20 世纪初时，便开始引入实质宪政来纠补形式宪政的各种弊病，社会主义宪政与西方宪政的区别便在于从一开始便注重

---

① 参见韩大元主编：《中国检察制度宪法基础研究》，中国检察出版社2007 年版，第 424 页。

实质宪政的实现，当代中国宪政的实体价值是保障人格尊严，实现人的全面发展。① 由于现代国家必须以代议制的方式践行人民主权原则，使得主权的享有者与行使者之间出现了分离，法律所代表的民意可能会与现实生活中个别人的意见产生分歧，且由于法律的固有缺陷使得在某些情况之下，对法律的理解会产生分歧，对法律规定本身也会产生异议。人民监督员对检察机关有异议的监督意见可能是出于对法律的不同理解，也可能是合"情理"而不合法律，在这种情形下需要有一个甄别机制，对于法律的不同理解可以通过寻求权威的解释来解决，而对于"情理"与"法律"之争，则不能在法外为了所谓的社会效应而牺牲宪法和法律的权威，应当严格依照法律办理，再寻求政治途径通过修改法律和宪法吸纳民意来解决问题。

对此可有两种制度设计方案，方案一：当人民监督员的意见不同于检察机关拟作的决定时，设置对不同意见进行研究决定的三级程序机制：检察长审查、检察委员会讨论、上一级检察院复核。当上一级检察机关仍不接受监督意见时，检察机关应具备充分的理由并能以此理由说服过半数的人民监督员，如不能说服，过半数的人民监督员有"披露权"——将该案向同级人大常委会披露，由人大常委会加以决定，使柔性监督刚性化。② 因《人民检察院组织法》第3条规定：各级人民检察院设立检察委员会。检察委员实行民主集中制，在检察长的主持下，讨论决定重大案件和其他重大问题。如果检察长在重大问题上不同意多数人的决定，可报请本级人民代表大会常务委员会决定。这表明人大常委会在一定情况之下可以直接决定争议事项，人民监督员异议表现为法律解释的异议或者对法律本身的异议，交由人大决定具有一定合理性。方案二：可以将异议问题提交法院，通过司法审查的方式得出决定。这主要是借

---

① 参见秦前红、叶海波：《社会主义宪政研究》，山东人民出版社 2008 年版，第 42 ~ 77 页。

② 参见王江华、李新：《检察机关职务犯罪案件侦查权及监督制约机制》，载《云南大学学报》（法学版）2006 年第 4 期。

鉴刑事诉讼法赋予被害人对检察机关决定不起诉案件可以向法院起诉的权利。现行人民监督员监督检察机关三类案件和五种情形，贯穿检察权运行的全过程，并不仅限于对公诉裁量权的监督，且由于检察机关自侦案件的特点，并不是所有的案件都有明确的被害人，需要其他的途径将所争议的问题提交法院审查。法院具有中立性和专业性，且是最终的司法救济途径，所以交由其解决争议问题，并基于其所作出的裁决使侦查或审判程序能够继续进行，也具有一定合理性。需要说明的是这仅是粗略设想，其是否具有可行性仍需要在宪政框架下，结合宪法和法律依据、制度成本等因素思考论证。

（三）具体制度借鉴观点之评析

自全国人民代表大会常务委员会于 2004 年 8 月 28 日通过《关于完善人民陪审员制度的决定》，最高人民法院与司法部于 2004 年 12 月 13 日公布《最高人民法院、司法部关于人民陪审员选任、培训、考核工作的实施意见》，最高人民法院公布《最高人民法院关于人民陪审员管理办法（试行）》，财政部、最高人民法院联合制定了《关于人民陪审员经费管理有关问题的通知》后，人民陪审员的选任机制、权利和义务、管理机制、参与审判机制和保障机制都有了较为明确的规范依据，并在实践中积累了丰富经验，为人民监督员制度的具体制度设计提供了颇有价值的参考。

1. 关于选任机制

人民监督员的选任机制是实践中争议较大的问题，现主要有两种具有代表性的模式，一为同级人大常委会任命模式，比较规范的如武汉市汉阳区人大常委会通过的《武汉市汉阳区人民监督员工作实施办法（试行）》、《武汉市汉阳区人民监督员任免工作细则（试行）》规定了公告、推荐、登记、审查、确定候选人、公示、任命程序，其特色在于成立由区人民代表大会常委会人事任免工作委员会、内务司法工作委员会、区检察院、区司法局等部门人员组成的人民监督员选任工作小组，由人民监督员选任工作小组负责程序的展开，最终由区人民代表大会常务委员会召开会议，正式任命人民监督员，并颁发任命书。一为检察机关同意模式，比较典型如《上海市检察机关人民监督员选任办法（试行）》中规定，由市人民检察院和分院确定拟选人民监督员名额，由机关、团体、企事业单位和基层组织推荐并经本人同意，产生建议人选，本院检察长同意后，确定正式人选，由市人民检察院颁发人民监督员证书和人民监督员证。

两种模式中人民监督员建议人选的产生都采用了推荐的方式，但同级人大任命模式则能够更好地保障人民监督员独立于检察机关，其吸收了人民陪审员制度由人民法院与司法行政部门协商确定人选，由人大常委会决定的做法，同时在协商过程中还加入了人大常委会的内部机构，强化了人大在人民监督员选任事项上的权力，并且明确了具体可操作性的程序，较检察机关同意模式更具中立性和包容性。但这一选任方式也受到两点质疑，其一，因人民代表大会和常务委员会能够选举或同意产生人员都由法律或具有法律效力的全国人大常委会决定所明确规定，人民监督员却没有直接的法律依据，由人大常委会任命人民监督员是否会超越人大常委会的权限？其二，由人大常委会选任人民监督员，可能会使人民监督员成为人大个案监督的工具。我们认为这两点质疑都不成立，原因在于，依据《中华人民共和国地方各级人民代表大会和地方各级人民政府组织法》第44条第1款的规定，县级以上的地方各级人民代表大会常务委员会有在本行政区域内，保证宪法、法律、行政法规和上级人民代表大会及其常务委员会决议的遵守和执行的职权。人民监督员制度是宪法中批评建议权的具体实现方式，人大常委会选任人民监督员则是履行保证宪法和法律遵守和执行的职权。人民监督员虽然是由同级人大常委会任命，但其产生之后便独立于人大常委会依据其自身的独立判断行使监督权，同人大常委会之间并没有领导和附属的关系，且由于人大及人大常委会对检察机关只是工作监督，人民监督员制度恰能够成为人大监督的有益补充。

人民监督员选任机制发展完善的制度设计是在同级人大模式基础上加以完善和改进，同时借鉴人民陪审员制度中自荐担任人民陪审员的机制和基层人民法院选举人民陪审员的机制。

第一，参与国家事务管理的权利和监督权在功能上都是基于公民主动身份的参与权，因而应当借鉴人民陪审员制度中公民自荐担任人民陪审员的机制。鉴于现阶段人民监督员制度尚未成熟，且不同民众了解不多，所以采用推荐的方式有其合理性，但应当加大人民监督员制度的宣传力度，在人民监督员制度实施成熟之后，应当采取自荐为主，推荐为辅的方式。只有公民以主人翁的心态参与，才能够保障其制度实施的效果，同时摆脱推荐过程不具透明性、公开性的缺陷。

第二，实践中是每个层级的检察机关都选任人民监督员"同级监督模式"，或采用"上管一级模式"由市或分院或"统管模式"由省院选任人民监督员存在争议。① 研究者在论述各种模式的优势之时，存在以下误解：

关于上管一级模式和统管模式具有克服司法区域化弊端的观点。我们认为其并不具有说服力，原因在于其所选任的人民监督员依然来自所辖各个区域，且只有具有广泛的代表性，才符合司法民主的制度设计初衷，并不能凭空产生与各个区域均无关系的人民监督员。而基层院选任人民监督员，其与普通民众的距离最近，也最易被普通民众所接触和了解，反而更有利于人民监督员的顺利选出、管理和参与监督。人民监督员制度本身就具有制度认同的功能，并不必然要求其与检察机关是对立的关系，人民监督员与检察机关具有共同的价值追求，人民监督员在支持的立场上也能够为检察机关职权的更好行使和发挥提供有价值的批评和建议。人民监督员对检察机关的认同并经由其向普通民众传导恰是这一制度良好运行的最佳效果。

关于上管一级模式和统管模式为上级院监督指导下级院工作提供了新的途径的观点。我们认为这种观点虽具有良好的初衷，但会产生内部和外部两个监督途径糅合为一种途径，人民监督员制度依赖上级检察院权力推行，而丧失独立性，甚至形同虚设的不良后

---

① 如《上海市人民检察院关于人民监督员制度的实施意见（试行）》第3条规定，人民监督员由市院、分院选任，统一以上海市检察机关人民监督员的名义履行监督职责。由市、分院或省院选任及同级选任的优势和不足比较详见周永年主编：《人民监督员制度概论》，中国检察出版社2008年版，第188～195页。

果。人民监督员制度具有独立存在的价值，其是一种权利监督，不能将检察系统的管理体制注入人民监督员制度，将人民监督员作为上级检察院的代言人，分享上级检察院的权威。事实上人民监督员本质上的拘束力来源于其所代表的普通民众对司法公正的要求与其与人民主权宪政原则的契合，而不在于是由哪个层级的检察机关选出。

因此，我们认为可以借鉴人民陪审员制度由基层院选举人民监督员，并形成省级区域内的统一的人民监督员名单，基层院以外的人民检察院不再另行选任人民监督员，如需要人民监督员监督可以依据保障独立监督原则、异地监督原则、实际需要原则①从适合的人民监督员名单中随机抽取人民监督员。这一方式吸收了上管一级模式、统管模式整合资源、节省司法成本②及促进人民监督员组织联系工作统一规范的优势，吸收了同级监督模式较好体现监督效果、便于人民监督员参与监督、与相关制度衔接顺畅的优势。

2. 关于管理机制

人民陪审员由基层人民法院和同级司法行政部门共同集中统一管理。很多地方借鉴人民法院管理人民陪审员的做法，采取人民监督员由检察机关集中统一管理方式，这一借鉴有待商榷。一方面，两者工作机理不同。人民陪审员通过分享审判权来制约法官的权力滥用，不能脱离审判权而单独存在。人民陪审员参加合议庭审理案件发表的意见，都对案件判决具有实质性意义。人民监督员则外在于检察机关，通过对检察机关办案情况的了解，依据自己的判断对检察权的运行提出监督意见。另一方面，人民监督员与人民陪审员行使权利的身份不同。人民陪审员成为合议庭的成员时，就成为实质意义上的法官，与法官共同行使审判权。人民监督员行使监督权

---

① 参见周永年主编：《人民监督员制度概论》，中国检察出版社 2008 年版，第 193～195 页。

② 需要说明的是，人民监督员制度的成本并不仅限于选任成本，还包括其工作过程沟通联络、交通、组织、管理等方面的时间、精力和金钱等。需要综合考虑，并不仅由选任人数决定。

利时，以社会普通公民的身份从事监督活动，不参与办案，始终维持自身的独立性。因此，人民陪审员应遵循法官的职业道德，并承担法官应当承担的责任。人民法院必须实行集中统一管理，建立培训、考核、奖惩、错案追究等配套制度来减少或避免其履职风险的发生。由法院和司法行政机关统一管理是人民陪审员行使权利的必要条件。而人民监督员则需要保持其普通民众的本色，保持独立于检察机关，由检察机关管理人民监督员只能是人民监督员制度试行过程中的权宜之计，最终需要取消检察机关的能够影响到人民监督员权利行使的实质性管理职权，如任免、奖惩、考核等。

与之相应的问题是人民监督员办公室设立问题，有研究者提出将人民监督员办公室设在各地人大常委会，成为人大常委会的一个工作部门，人民监督员的推荐、选任都由人大常委会来完成。① 将原设于人民检察院的人民监督员办公室更名为"人民监督员联络办公室"。实践中也有地方试行由人大常委会相关工作委员会来进行管理。这一做法仍有待商榷，原因在于，一方面，实践中很多检察院都设立了人民监督员办公室，作为人民监督员行使权利的协调、服务机构，具有专业知识，熟悉办案流程，且由于其内在于检察机关更能掌握检察机关办案的信息，对于人民监督员监督权利的行使具有重要的作用，具有外在于检察机关的任何组织所不可比拟的优势。并且其在实际操作中形成了一整套相对成熟的操作规程②，极大提高了监督效率。如果贸然将其撤销，再重新设立或者再另行组建一套机构，必然形成制度资源的浪费，影响人民监督员制度的运行。另一方面，将人民监督员办公室设在各地人大常委会，成为人大常委会的一个工作部门，在人民监督员由人大常委会任命的情形下，极易使人民监督员成为人大个案监督的工具，模糊

---

① 参见刘杰：《我国警察权的宪法控制》，载《北京人民警察学院学报》2005 年第 4 期。

② 比如湖北省人民检察院制定了《湖北省检察机关人民监督员办公室工作规范（试行）》，对人民监督员办公室工作质量标准、工作规程等都作出了具有可操作性的详细规定。

人民监督员权利监督和社会监督的定位，成为人大权力监督的一部分，从而使人民监督员制度失去了作为一项新制度存在的必要性。

在现有制度资源基础上，应当进一步强化内设于检察机关的人民监督员办公室的沟通、服务职能和形式"管理"的职能，即保存人民监督员名单、对监督案件案卷存档、人民监督员参与监督等活动加以记录、统计等不影响人民监督员行使权利的服务性管理职能。强化人民监督员个体的独立性，采用"松散式"的管理方式，即制定有关人民监督员履职办法，以人民监督员会议方式，进行自我管理。每年只召开一两次人民监督员全体会议，邀请检察机关、人大常委会有关工委、司法行政机关、社区（基层组织）代表派员参加。由人民监督员自己汇报履职情况，以票决方式决定不适合继续担任人民监督员职务人员的去留，并报检察机关按程序提请人大常委会任免。人民监督员培训则可以借鉴人民陪审员制度的做法，由检察机关或与司法行政机关单独或共同培训为宜。培训内容应当以掌握了解检察机关的办案程序和一些基础性法律常识，提高人民监督员的责任感、使命感、荣誉感即可。①

3. 关于调查取证的权利

人民监督员作为一种外部监督机制，必须与检察机关保持一定程度的疏离，同时依据相关的规范性文件，人民监督员获取信息的渠道来自于检察机关办案人员的介绍和对人民监督员提问的回答、群众的反映、旁听机制和听取相关人员的陈述，这些途径获取的信息与检察机关在自侦案件中通过侦查权行使获取的信息具有不对称性，且由于侦查期限的限制、需要检察长批准、相关制度如监所纪律的限制等方面的原因，人民监督员旁听讯问，听取有关人员的陈述、本案律师的意见，在实际操作中存在诸多困难，从而导致信息不对称与其作出正确和有价值的监督意见之间的矛盾。为此各地检察机关在分析现有制度中人民监督员知情权保障存在的问题的同

---

① 参见钟黎明：《人民监督员制度和人民陪审员制度的比较与思考》，http://essay.laweach.com/Essay_15529_8.html，2008 年 8 月 30 日访问。

时，也在努力探索如何保障人民监督员的知情权。① 实践中除了构建定期通报机制，监督权利告知机制，人民监督员与检察官联系机制，强化和规范监督过程中案件承办人介绍和回答问题的程序，扩宽信息渠道等方面的努力外，人民监督员制度可否借鉴人民陪审员制度中人民陪审员享有调查权的问题也成为实践和理论中存在较多争议的问题。

我们认为，人民监督员不应享有调查权。原因在于，人民监督员享有调查权，事实上是分享了实质意义上的检察权。不仅会突破刑事诉讼法及其规则关于立案、侦查、逮捕、起诉环节的检察权与诉讼参与人的权利规定，在现行的法律框架下，其合法性、正当性、证据效力必然受到质疑。而且人民监督员享有调查权的效果自然无法与专业的检察机关行使检察权的效果相比拟，无法保证其就能够得出更为正确的结论，反而还增添了新的问题，即由于其对实质检察权的分享使人民监督员丧失其原本超脱的地位，且由于权力的恶性，会产生谁来监督"人民监督员"的监督的循环困境。

对此，我们可以从人民陪审员制度设计中所面临的问题得到启示。人民陪审员制度也一度被赋予过多价值期待，把司法领域目前存在的，且导致司法不公、司法腐败的一些主要问题的解决，都寄希望于人民陪审制度的完善，显然成了该项制度的不能承受之重。② 立法本身已经赋予了该项制度一系列重大功能和价值，如果我们还期望赋予它更多功能，那将会把更多矛盾、因希望不能实现所带来的失望、不满也附加在这项制度的运行中，反而消解了它本来应有的价值。同样，人民监督员制度本身就是通过民众参与，对检察权加以监督，以普通民众的生活常识、情感认知和专业知识来

---

① 参见何启明、徐德高、汤晓慰：《畅通信息渠道确保监督实效——南通市检察机关从四个环节保障人民监督员的知情权》，载《方圆法治·人民监督员专刊》2006 年第 3 期；申占群：《人民监督员知情权保障机制构想》，陈文华：《以信息互动为着力点确保人民监督员知情权》，张林标：《"五种情形"知情权保障中存在的若干问题》，载《方圆法治·人民监督员专刊》2006 年第 8 期。

② 刘治斌：《人民陪审员制度不能承受之重》，载《中国社会导刊》2005年第 14 期。

帮助检察机关发现错误、纠正错误和更好行使检察权，如果将本应由检察机关承担的追究犯罪，保障人权的职责也加诸人民监督员身上，要求其作出专业、正确、公正的法律判断，作为代价必然要赋予其检察机关所享有的各项权力，事实上又变相地再塑造新的不穿制服的"检察官"。事实上，我们可以通过其他的制度如律师制度中律师的专业技能和法律所赋予其会见、阅卷及调查等权利来对检察机关加以制约，不必对人民监督员制度过于苛求和赋予过多的价值期待。相比赋予其新的权力，将现有制度加以完善，使其具有可操作性，并规定检察机关不履行接受和配合监督义务、不履行介绍义务等方面的相应制裁性机制才更为重要。

（四）借鉴人民陪审员制度法制化路径的观点之评析

虽然权利的享有并不以法律甚至是宪法的规定为要件，但权利本身具有被宪法和法律加以保障的天然渴求。即便将人民监督员制度定位为权利监督，也需要尽量争取通过正式的法律制度将其固定下来。人民监督员制度的法制化已成为实践部门和理论研究者们的共识和迫切需要解决的问题。但采用何种路径还存在争议。有研究者提出人民陪审员制度法制化的过程具有立法路径示范作用，可参照人民陪审员制度，不需要在宪法中增加人民监督员制度的相关规定，在刑事诉讼法和人民检察院组织法中增加原则性规定，由全国人大常委会制定《关于实行人民监督员制度的决定》，由最高人民检察院会同司法部制定实行人民监督员制度的具体细则，由司法部制定关于人民监督员的选任、考核表彰、职务免除等方面的具体规定，由司法部会同财政部制定人民监督员经费保障方面的规定。①

我们认为这一方案是目前最为合适的途径。全国人大常委会对需要法律加以规范，同时又不成熟或者又不具有单独制定法律条件或法律解释的事项采用决定的方式作出，已形成制度法制化的路径依赖。这种方式较正式的法律颁布而言具有灵活性，且由于其不需要严格依照法律规范的形式要件，较正式法律文本的制定而言阻力

---

① 系统探讨参见周永年主编：《人民监督员制度概论》，中国检察出版社2008年版，第354~367页。

更小、成本较低。人民监督员制度较人民陪审员制度而言，其合法性还存在较多争议，且其成熟性不够，采用决定的形式是较为可行的。待制度成熟完善之后再行制定单行法律。中央层级的法律修改和立法，再制定具体的司法解释或实施细则是目前最为可行和最优的途径。

实践中地方各级人大关于人民监督员制度已有的规范性文件效力问题还需慎重对待。由于人民监督员所享有的是监督权利，同时又作为一种社会权力会对国家权力产生一定程度内的分享，涉及国家的诉讼制度，依据《中华人民共和国立法法》的规定，诉讼制度实行法律保留，只能由法律加以规定。然而实践中，基本上各个层级的地方人大都有出台关于人民监督员制度的规范性文件情形，其中也不乏享有地方法性法规制定权层级的人大。这些规范性文件对于人民监督员制度的推行和规范化具有重要的积极作用，但同时也存在各地规范性文件不统一，甚至有较大差异的情形，以致实际上导致了刑事诉讼过程中不同地域犯罪嫌疑人被不同对待，受到不同程度保障的问题。

我们认为，立法法中关于诉讼制度法律保留的规定有待商榷，一方面，其与我国宪政体制存在一定程度上的张力，我国人民法院、人民检察院由同级人大产生对同级人大负责，受同级人大监督。人大对同级法院和人民检察院的重要事项应当享有决定权，相应应当享有规范性文件的制定权。另一方面，其与我国司法体制改革的实践相背离。地方各级人大在司法体制改革的过程中扮演了较为积极的角色，在制度尚未成熟但又必须加以规范的阶段，全国人大及其常委会不可能制定全国范围内统一的法律规范，地方各级人大的实验性立法或者制定规范性文件的探索活动不仅能够使各项改革措施有规则可依，且能够为中央立法积累宝贵经验。因此不宜一概否定其在诉讼制度方面制定不违反宪法和法律精神的规范性文件的权力，同时地方各级人大也应当提高规范制定技术。但在立法法尚未修改的情形下，地方各级人大制定的规范性文件只能作为中央立法的经验积累，不宜提倡，应尽快出台中央层面的统一规定，地方各级人大再依据中央层面的法律规范对原有规范性文件加以修改或重新制定。

五、人民监督员制度的性质定位对制度发展的影响

本书对人民监督员制度的性质定位更多是基于一种符合法治与宪政规律的应然考虑，而不是基于现有的人民监督员制度的实践的实然描述。社会现状与应然价值追求之间总是会存在一定的张力，而法律规范则必须在这两者之间寻求一定的平衡，将不违背应然价值追求同时又反映一定社会现状的制度设计和行为规则固化下来，依靠国家的强制力加以推行。正是基于应然层面、规范层面与实然层面的分离、磨合与张力，本书希望借助法治和宪政运行的规律，为人民监督员制度找到一个应然层面的性质定位，并依照这一应然层面的性质定位来检视实践层面人民监督员制度运行，从而为人民监督员制度的完善和发展提供具有可行性的建议，并最终形成规范层面的制度设计。

性质定位为权利监督的人民监督员制度，其发展趋势将更注重公民的自愿参与性、民主性、程序性、外部性。需要特别说明的是，人民监督员制度被定位为权力监督的最重要考虑在于能够赋予人民监督员监督结果以刚性约束力，从而保障人民监督员监督的实效。事实上，一方面，人民监督制度作为公民基本权利的具体行使方式，并不会减损其监督实效。公民权利对应国家义务，其通过国家义务对国家产生拘束力。宪法规范赋予了公民监督权，同时也规定了国家接受监督的义务，人民监督员对检察权的权利监督必然要求检察机关履行接受监督的义务，但是人民监督员的监督结果只能具有程序性的拘束力，不能具有实体性的拘束力，其监督结果只能经由检察机关的接受而具有刚性拘束力。但这也并不意味着检察机关可随意决定是否接受其监督结果，通过检察机关内部的程序设计、民主机制、检察长的职业判断能力及上级检察机关的权力监督，相信可以最大限度地获得正确判断。另一方面，如果人民监督员的监督结果对检察机关具有刚性的约束力，这将导致人民监督员会干预检察权的独立行使，而且其自身也因分享了检察权而具有权力的性质，成为需要被监督的对象，如此势必会再次形成谁来监督

监督者的困境和监督的循环。并且依据国家权力的结构特点，人民监督员如果行使国家权力必须符合国家权力主体的要求，他们事实上会成为不穿制服的"检察官"，这违背了制度设计的初衷。有研究者提出可借鉴人民陪审员制度，赋予人民监督员监督结果的刚性约束力，但人民监督员制度不能够变成"人民陪审员制度"，人民陪审员制度对人民监督员制度的借鉴意义也有其有限性。原因在于，司法审判权与检察权之间存在区别，有着不同的运行规律。人民陪审员制度在新中国成立之初便具有直接的宪法依据，有着深厚的基础和配套制度设计，并且自 2005 年 1 月 1 日起有了直接的法律依据，而人民监督员制度则完全是一项制度创新，过于激进的做法对现行的法律体系会形成较大的冲击。人民陪审员是与法官一起行使审判职权，通过合议的方式能够形成专业法律判断与常识判断的平衡点，且其实行范围也有明确的法律限定；而人民监督员则是独立于检察机关行使权利，人民监督员的监督结果并不具有必然的正确性，其价值在于作为一种批评和建议通过刚性的程序约束力，使检察机关必须对其加以思考而帮助检察机关得出正确的判断或者是纠正检察机关的错误。

第二章

人民监督员制度的合法性论证

一项制度是否具有合法性，决定着制度的生存能力和发展前景。人民监督员制度作为检察机关自主的制度创新，对其制度的合法性论证尤其有着重要的意义。也正因为如此，自人民监督员制度试行之日起，人民监督员制度的合法性、正当性、理论基础等就成为研究者们探讨的热点。其中不乏赞同者的意见，如有研究者直接指出，人民监督员制度的正当性来自于民主原则和法治原则两个方面的基本要求，是我国现行宪法基本原则的制度表现，它的创建、存在和发挥作用，都是我国现行宪法制度下所允许和可以得到合宪性评价的，因此，这种制度尽管目前还没有通过宪法和组织法的形式明确加以规定，但是，其制度的正当性依据直接来自于宪法，特别是"权力必须受到监督和制约"的民主原则和法治原则的基本精神。① 有研究者认为人民监督员制度是实现人民宪法权利的有效途径，是实现程序正义的要求，是实现司法公正、效率价值目标的

---

① 参见莫纪宏：《人民监督员制度的正当性基础》，载《国家检察官学院学报》2009 年第 1 期。

要求，有利于引导公民积极参与法律生活，培养公民的法治意识。① 人民监督员制度是人民主权原则的落实，实践依法治国理念的重要举措，防止司法腐败、保障检察权的正确行使的必然选择，有利于实现实体正义与程序公正的有机统一。② 也有学者提出平衡理论和信息权理论也是人民监督员制度的理论基础。③ 相比之下质疑之声少很多，其中代表性研究成果如周安平教授的《人民监督员制度的正当性与有效性质疑》一文，指出人民监督员制度的监督客体是人民检察院的具体司法业务，如果强化这一制度不免会陷入个案监督的困境。根据现有的制度安排，人民监督员的角色实际上是"检察顾问"，因而改革的意义也就只停留在政治意义上。人民民主的正当性并不能提供人民监督员这一制度的正当性。即使强化这一监督制度，也因为程序的安排而不产生监督的效益。并且，因为人民监督员制度的设立是建立在监督者道德自律的基础上，并衍生出新的"谁来监督监督者"的问题，因而也就表明这一制度与法治的要求并不相容。④

　　总体而言，对人民监督员制度持赞同态度的研究者对于人民监督员制度的合法性的论证主要是从制度与宪政、民主、法治、人权保障、权力制约、程序正义、司法公正和效率等方面的关系展开；而周安平教授作为一名法学研究者同时又是一名人民监督员，是制度启动的见证者与制度运作的亲历者，其认为人民监督员制度不符合法治的精神与要求的鲜明观点和理由无疑也是值得重视的。笔者认为，以往研究成果中对人民监督员制度合法性的论证或者质疑的立论基础和讨论对象并非总是一致的，这也成为观点分歧的

----

① 参见贾朝阳：《人民监督员制度研究》，载《国家检察官学院学报》2005年第1期。

② 参见秦光：《刍议人民监督员制度》，载《广西大学学报》（哲学社会科学版），2007年增刊。

③ 参见白赣涛：《对检察机关实施人民监督员制度的理性思考》，载《黑龙江省政法管理干部学院学报》2005年第2期。

④ 参见周安平：《人民监督员制度的正当性与有效性质疑》，载《南京师范大学学报》（社会科学版）2007年第2期。

重要原因。

　　就立论基础而言，在论证正当性的过程中，很多情况下研究者未厘清宪政、民主、法治、人权保障、权力制约、程序正义、司法公正和效率等相互间的关系，而宪政、民主、法治有各自诉求和规律，程序正义、人权保障与权力制约，以及公正与效率等价值之间也会存在张力，对其采用简单罗列和分别论证的方式，不免失之简浅，而且会有不必要的重复。此外研究者对宪政法治原则本身的理解存在分歧，再以此作为立论基础来检视人民监督员制度自然极可能得出不同观点。就讨论对象而言，人民监督员制度本身也有价值、规范和实践的不同面向，从应然价值追求的角度多会倾向于赞同人民监督员制度，仅从现有规范或者实践角度则易于发现人民监督员制度的诸多缺失和不完善之处，从而对制度的正当性产生怀疑，比如基于现行规范性文件中"内部监督"的制度设计，就会认为人民监督员制度实效性欠缺、权威性不足、约束力匮乏，是检察权寻求自然正当性的标签，而质疑其正当性。① 因此会出现观点对立，但各有道理的情形。

　　为此，本研究在立论基础和研究对象上作如下考虑：鉴于人民监督员制度是一项制度创新，没有历史传统的支撑和直接的法律依据，所以其合法性更多从法理层面和现实需要的层面获得，可以从其法理基础，包括人民监督员制度与宪政理念的契合、人民监督员制度与司法民主、人民监督员制度与正当法律程序的关系，人民监督员制度的功能价值如制度完善、制度优化、制度认同功能和价值，人民监督员制度在宪政框架下的生存空间等方面分层次，在厘清相互关系的基础上进行论证。鉴于人民监督员制度在实践中不断变化发展，而尚未有确定的法律依据，有极大的制度成长和建构空间，本书更多是立足于"作为公民基本权利具体行使方式的人民监督员制度"的性质定位，从制度应然层面来探讨制度的合法性，并适当将其与制度的现有规范和实践加以对照。

────────

　　① 参见吴俊：《人民监督员制度的"体制外"模式与"体制内"出路》，载《法治论坛》第13辑。

第一节 人民监督员制度的法理基础

一、人民监督员制度与社会主义宪政理念的契合

从宪法只具有原始意义，指代事物的整体性质和构造的希腊古典时期的宪政观念①，到坚守"人民乃法律唯一渊源"核心原则②的罗马宪法，再到旨在构建现代宪政主义的漫长绝望、泼洒无尽鲜血、耗费巨额财富的中世纪宪法革命③，最后到宪政制度牢固确立并取得前所未有的认同的近现代社会，在所有相互承接的历史阶段，宪政有着亘古不变的核心本质：它是对政府的法律限制；是对专政的反对；它的反面是专断，即恣意而非法律的统治。现代，通过在国家政策的裁量事务上赢得主动权，人民代表们又为宪政增补了"政治责任"的内涵。但是，真正的宪政，最古老、最坚固、最持久的本质，仍然跟最初一样，是法律对政府的限制。谋求将政府侵害公民的机会降至最低程度，最大限度地限制国家权力是古典的宪政思想传统的突出主题。新宪政论者则主张，行宪之内容与中心不仅在于控制政府权力、防止专制统治，更应超越对专横地行使国家权力予以控制的传统理论，而通过宪政设计与宪法运行来保障国家权力的运行，以实现经济效率、民主管理以及其他社会价值，达到控权与保权的统一，以一个既受限制而又高效运行的政治权力系统来最好地维护人民权利。④

宪政体制下对权力制约孜孜不倦的探索和追求，其终极价值目

---

① 参见［美］C. H. 麦基文：《宪政古今》，翟小波译，贵州人民出版社2004年版，第29页。

② 参见［美］C. H. 麦基文：《宪政古今》，翟小波译，贵州人民出版社2004年版，第52～53页。

③ 参见［美］C. H. 麦基文：《宪政古今》，翟小波译，贵州人民出版社2004年版，第56～79页。

④ 参见李龙、汪习根：《宪政规律论》，载《李龙文集》，武汉大学出版社2006年版，第409页。

标还在于对人权的保障。可以说宪政制度的萌生本来就是人类为了自身能生活得更好的各种制度设计之一，其从一开始就充满人性的关怀，不管是对国家权力本身扩张性还是对人性本身"幽暗意识"的控制和矫正，其最终的关怀还是在于人在"此岸"与"彼岸"世界的生存与发展。事实上，"一切科学对于人性总是或多或少地有些联系，任何科学不论似乎与人性离得多远，他们总是会通过这样或那样的途径回到人性"①。人权可以有三种形态，其一是作为道德权利的应然形态，这种权利从人类产生之日起就由人类所享有，先于国家而存在，是国家产生的逻辑前提也是国家产生的终极价值目标；其二是作为法律权利的文本形态，把各项人权通过法律的形式加以确认和保障，是对人权最低限度的保障；其三是作为实际享有的实然形态，即社会中每个具体的人所实际享有的权利。这三个形态之间有着差别，最理想的情形是所有的应然权利都能够转化为法律权利的形式，并能够成为每一个人的实然权利。然而由于从根本上受到人类自身生产力发展水平的限制，三个人权形态之间还有着较大的差距。一个国家宪法的价值追求、文本表达与宪政实践的差异就是三个人权形态之间差别的最精当的缩影。然而这丝毫不影响人权保障成为宪法的核心理念。

需要说明的是，宪政作为现代社会一种合理的制度，是近代西方资产阶级革命的产物，这种制度深植于西方深厚文化土壤中，它本身又是西方历史长期演进而成的一种复杂的文化形态。② 对我国而言，宪政无疑是西风东渐的产物，是谋求民族富强、抵御外辱而匆忙搜罗的诸多工具中的一种，只有当人民日益认识到宪政并非仅仅是实现某种目的的工具，其也具有自身的目的性价值之时，宪政才真正获得认同，其自身才成为追求的目的。当下建设宪政法治国家已成为取得共识的主动选择，源于西方传统的权力制约和保障权力的有效行使，以及保障人权的宪政核心理念作为宪政的普适性价

---

① ［英］休谟：《人性论》（上册），关文运译，商务印书馆1980年版，第6页。

② 参见王人博：《宪政的中国之道》，山东人民出版社2003年版，第1页。

值也被学术界和实践界接受，然而在我国社会主义的政制条件下建设宪政自然会有不同于西方宪政的特别之处，有研究者专门研究了社会主义与宪政的兼容性问题，指出宪政与社会主义有极强的内在关联，可以说没有成功的宪政建设，就不会有社会主义，也只有在社会主义国家，才能建立以实质正义为价值导向的宪政。① 社会主义宪政是一种实质宪政，它不但要防范非法侵犯，更要消除合法侵犯，形式宪政是社会主义宪政的应有之义。② 社会主义宪政的核心理念是对国家权力的实质和形式限制以及国家权力有效行使以实现人的平等、自由和全面发展。

（一）人民监督员制度是权利对权力形式和实质上的制约机制

人民监督员制度是对检察机关在办理职务案件的过程中所享有的权力包括职务犯罪的侦查权、公诉权、诉讼监督权和执行监督权的外部监督，通过对犯罪嫌疑人不服逮捕的、拟撤销案件的、拟不起诉案件启动监督程序进行评议，其对检察机关职务犯罪的侦查权中逮捕决定权、公诉权中公诉自由裁量权构成了限制。通过对应当立案而不立案或者不应当立案而立案的，超期羁押的，违法搜查、扣押、冻结的，应当给予刑事赔偿而不依法给予确认或者不执行刑事赔偿决定的，检察人员在办案中有徇私舞弊、贪赃枉法、刑讯逼供、暴力取证的五种情形，以及其他违法违纪情况的监督，实际上是将检察机关在自侦案件办案过程中行使权力的行为都纳入了监督的视野，其监督的内容既涉及权力运行的程序是否合法，也涉及权力运行的结果是否公正。人民监督员通过独立评议和直接提出意见和建议的方式行使批评建议的宪法基本权利，并赋予其评议结果程序上的刚性拘束力，使得检察机关几乎封闭的自侦案件尤其是撤销案件和不起诉案件的办理过程和结果暴露在检察系统之外的人民监

---

① 参见秦前红、叶海波：《社会主义宪政研究》，山东人民出版社 2008 年版，第 44 页。

② 形式宪政与实质宪政的区别就在于，前者在试图消除非法侵犯的宪政建设过程中却精心呵护合法侵犯，只追求一种形式上的公正，而后者则不但要消除非法侵犯，更要消灭合法侵犯，实现实质上的公正。参见秦前红、叶海波：《社会主义宪政研究》，山东人民出版社 2008 年版，第 61～70 页。

督员的视野中，如果随着制度的发展，再辅以监督结果公开机制或者设定居中作出终局裁决的权威机构（如人大常委会或法院）的运行机制，必定会对检察权行使构成有力的外部制约和震慑，从而预防和遏制自侦案件中检察权的滥用。这使得人民监督员制度契合于从形式和实质上限制国家权力的社会主义宪政理念。

（二）人民监督员制度是宪法基本权利的具体行使方式和制度保障

人民监督员制度是公民行使批评和建议的宪法基本权利具体方式。《宪法》第2条、第33条和第41条赋予公民的参与管理国家事务，对国家机关和国家工作人员提出批评和建议等项权利，但长期以来，参与管理国家事务的权利及批评、建议权利由于宪法规定较为抽象且缺乏可操作性的法律制度设计，难以真正落实。人民监督员制度则提供了行使这些权利的具体方式。首先，人民监督员制度提供了参与管理国家事务和行使批评建议权利的制度平台。确定了监督的对象为检察机关自侦案件中的"三类案件"，并有针对"五种情形"和"一种情况"提出批评建议的权利，通过人民监督员办公室作为沟通和服务监督的机关，以及刚性的案件书面意见和相关材料的移送制度，为人民监督员监督程序顺利启动提供了制度保障和操作平台。其次，人民监督员制度保障了公民参与检察权运行、行使批评建议权的必不可少的前置权利，即知情权。通过监督程序中检察机关办案人员的介绍和说明，办案人员对人民监督员问题的回答，旁听案件承办人询问犯罪嫌疑人、询问证人、听取有关人员陈述、听取本案律师的意见，以及参加检察机关的执法检查活动等途径，最低限度地保障了人民监督员的知情权，而且随着人民监督员制度的发展和完善，人民监督员的知情权会进一步得到保障，以最大限度地接近信息对称，以此使批评、建议有的放矢，更为正确、科学和有建设性。

人民监督员制度同时也是对犯罪嫌疑人、受害人宪法基本权利的保障和救济途径。人民监督员制度设计中，纳入人民监督员监督视野或者属于人民监督员可以提起意见和建议的事项多涉及刑事犯罪嫌疑人的宪法基本权利，制度设计的初衷主要是防范检察机关对犯罪嫌疑人权利的侵害。检察机关在自侦案件中不应当立案而立案的会使无辜公民受到刑事追究或者使有违法行为的公民受到不应当的追究，可能会侵害当事人的人格尊严、人身自由和财产权；违法逮捕、超期羁押、违法搜查、扣押、冻结会侵犯犯罪嫌疑人的人格尊严、人身自由、住宅不受侵犯的权利、通信自由和通信秘密和私有财产权；刑讯逼供、暴力取证会侵犯犯罪嫌疑人的人格尊严、言论自由权、身体安全权甚至是生命权；应当给予刑事赔偿而不依法予以确认或者不执行刑事赔偿决定的会侵犯公民获得国家赔偿的权利；检察机关酌定不起诉和存疑不起诉案件可能会使无辜的犯罪嫌疑人蒙受人格尊严的损害。这些权利都是宪法以及我国参加的国际人权公约所规定的基本的权利，关系到个人的自我保存和自由与全面发展，保障这些权利是宪政的终极价值追求所在。人民监督员对这些事项和行为加以监督是对犯罪嫌疑人权利的保障，同时也为犯罪嫌疑人受到侵害时寻求适当的救济提供了多一重的机会和途径。

此外，不容忽视的是，犯罪行为毕竟是对既有社会秩序的破坏，对被害人宪法基本权利的侵害，尤其是在职务犯罪案件中可能没有具体的受害人，但最终受到侵害的是所有民众的利益。为此在保障犯罪嫌疑人利益的同时，也不应忽视被害人利益的保障和一般民众利益的保障。正如弗莱彻教授在总结 20 世纪的刑法理论，并对 21 世纪作出展望时指出的那样，"我们开始把刑法视为只服务于保卫公共安全的各种基本价值的诸多学科中的一个学科，它宣告了我们对罪恶行为的道德谴责"，"在被害人的诉求、社会的利益以及对于犯罪嫌疑人的公正之间寻求正义的平衡"。① 从现有的人民监督员制度设计来看，其对拟撤销案件、拟不起诉案件的监督以及应当立案而不立案、检察人员徇私舞弊、贪赃枉法和违法违纪活动提出意见或建议的权利，对犯罪嫌疑人获得中立公正审判的权利和被害人乃至普通民众获得司法救济的权利，以及公民人格尊严和平等权等权利的保障有着重要的意义，同时如果不同意检察机关办案

---

① ［美］乔治·弗莱彻：《20 世纪的刑法理论》，江溯译，载陈兴良主编：《刑事法评论》（第 18 卷），北京大学出版社 2006 年版，第 499 页。

结果的监督意见以及其他意见和建议被检察机关接受并落实的话，也为权利的获得至少程序上的救济提供了新的途径。这也是人民监督员制度发展和完善的一个重要方向。比如目前对于被害人不服检察机关所作的不逮捕决定是否可纳入人民监督员的监督范围的问题已有了学理上的初步探讨①，个别地方也开始在实践中尝试摸索将其纳入监督的具体操作形式。②

（三）人民监督员制度为检察权的有效行使提供助益

虽然对国家权力的不信任和制约是宪政的核心理念，公民免于国家干预的自由一直是自由主义宪政理念所努力坚守和倍加珍惜的，但现代社会随着人与自然关系的紧张，社会权力的兴起以及福利国家的推行，使得个人的力量显得日益渺小，个人对国家权力的依赖日益增强，很多传统的自由权利的实现除了要求国家消极的不干预外，也迫切要求国家权力的积极行使。为了实现权利保障的价值追求，在限制国家权力之余，也应当保障国家权力的有效行使，两者之间应当有着适当的均衡。个人与国家之间不仅仅是传统国家与社会二元结构中对抗的关系，同时更多会有依赖共生的合作关系。为此有研究者呼吁，我们必须立足于转型时期的我国的具体国情从实现双向互动、共生共强的双赢格局考虑出发设计、规划国家权力与公民权利的关系，形成国家权力与公民权利之间良性平衡结构。③ 人民监督员制度就不仅仅是对检察机关自侦案件中权力行使的限制机制，同时也有助于检察权的有效运行，其"监督不能仅

---

① 如参见郭万永、李敬宝：《将刑事案件中被害人不服不逮捕决定案件纳入人民监督员监督范围的可行性初探》，载《法制与社会》2009年第4期（下）。

② 如江苏常熟检察院曾在一起有六名嫌疑人的故意伤害罪案中，对其中两名嫌疑人作了不予批准逮捕的决定，被害人家属提出不满，该案最后进入人民监督员监督程序，人民监督员一致同意该院作出的决定，被害人家属最后也理解了检察机关的决定。参见张缓鸣、张雪松：《勇于"试水"破浪行——常熟试行人民监督员"3+2监督模式"》，载《江苏法制报》2009年1月5日第5版。

③ 参见赵秀敏：《宪政视野中的权力与权利关系》，载《甘肃政法学院学报》2004年第6期。

仅解释为制约，应该也含有支持与协助的意义"①。通过对"三类案件"进行监督，对"五种情形"提出意见和对"一种情况"提出建议和意见，对检察权的有效运行有以下助益：首先，普通民众可以从一般伦理和社会经验角度表达意愿和需求，各行业具有专业知识的人民监督员则可以提供专业意见和建议等智力支持，检察机关认真对待和回应这些意见和建议，有助于其规范执法行为，提高执法水平和办案质量，确保司法公正；其次，民众通过参与和了解检察机关自侦案件的办案过程，更容易对其形成认同和理解，从而减少执法过程中的阻力；最后，通过引入人民监督员的外部监督也能够帮助检察机关抵制外部干扰，维护检察独立，使检察权能够发挥自主性和能动性，积极履行宪法和法律赋予的维护宪法和法律尊严的法律监督义务。

二、人民监督员制度与司法民主

像过去所有时代一样，法律和意志的平衡现在依然是政制实践的核心问题。② 宪政和人民主权之间的张力和平衡便是其在现代社会的集中表现。尽管早在1940年毛泽东便指出：宪政就是民主政治。直接从民主的角度界定宪政或者将民主视为宪政要素之一的观点长期在宪法学界占据主导地位。但"宪政与民主之间存在着重大的差异，民主涉及的是权力的归属，宪政涉及的是对权力的限制"③。如果主张人民主权是政府合法性的主要基础，那就意味着除了人民意志外对政府施加实质性限制的论点是有缺陷的，但喧嚣的人群如果毫无顾忌地要求民主，发展到极致就会导致无政府主义或民主的暴政，因此必须承认，"宪政具备一个最低限度的普适性

---

①　许崇德：《学而言宪》，法律出版社2000年版，第243页。

②　参见［美］C. H. 麦基文：《宪政古今》，翟小波译，贵州人民出版社2004年版，第122页。

③　刘军宁：《共和·民主·宪政——自由主义思潮研究》，三联书店1998年版，第126页。

和绝对性价值，即用宪法来划分和限制政治权力，保护人民的自由"①。本文正是在这个意义上没有将司法民主作为民主的理论分支纳入宪政理念加以论述。

另一方面，我们也不得不承认，在那些民主信仰脆弱或是缺乏的国家里，宪法会真的就是一纸空文——很快地就被侵犯，很快地就被遗忘。② 因为，尽管制宪者们审慎而明智，然而，他们还是会必然受限于他们对于未知世界的无知③，宪法文本如果要具有生命力，就必须放在时代发展的特定语境下被解释和适用，具体可以采用民主政治决定的方式制定宪法修正案、制定不与宪法文本相抵触的具体化宪法规定的法律，也可以采用司法审查或宪法法院裁决过程中宪法解释的方法。后者作为一种非民主的制度设计一直受到质疑，也有研究者试图论证这种反多数决的制度设计保护了与民主有关的一些比较重要的权利④，因而具有合法性。事实上，民主的鼓动性如此强烈而深入人心，当代的宪政理论自身也无法估价被民意决定规划下的国家和社会的发展前景，宪政理论如果仍然希望成为一个有生命力的事业，就不能不借助和依靠民主的力量。民主在司法领域发挥作用是宪政建设的必然要求，同时也是弥合宪政与民主之间张力的重要方式。

（一）检察权运行中的民主诉求

民主可以作多重意义的理解，可以被作为一种"某些人通过

---

① 秦前红、叶海波：《社会主义宪政研究》，山东人民出版社2008年版，第61页。

② 参见［美］罗伯特·达尔：《制宪者的未知世界》，佟德志译，载［美］罗伯特·达尔等：《宪政与民主》，佟德志译，江苏人民出版社2008年版，第51页。

③ 参见［美］罗伯特·达尔：《制宪者的未知世界》，载［美］罗伯特·达尔等：《宪政与民主》，佟德志译，江苏人民出版社2008年版，第39～51页。

④ 详见［美］杰里米·沃尔德龙：《司法审查与民主的条件》，载［美］罗伯特·达尔等：《宪政与民主》，佟德志译，江苏人民出版社2008年版，第244～248页。

争取人民选票取得作决定的权力的方法"①，也可以被理解为自主平等的个人运用参与和管理国家事务的权利来实现公共自主的过程和结果，就过程而言，要求一种民主的多数决程序，就结果而言，要求处于平等地位的每一位共同体的组成人员均受到平等的尊重和关注，在充分的沟通协商的基础上形成拘束共同体成员的共识。一个国家权力的架构和权利的分配只有在人民同意或者能够代表人民意愿的代表的同意的基础上才能够具有最终的合法性，这是人民主权原则早已被熟知的内核，然而问题的关键在于如何才能够得到或者视为得到人民的同意，如何才能够识别某一个决定是"公意"而非个别人或团体私利的表达。这使得一方面，国家权力的运行只有建立在民主的根基上才具有合法性从而易于获得支持和认同，另一方面，民主的实现形式具有多样性和灵活性。

　　我国现行检察制度的民主根基主要体现在以下几个方面，首先，检察官是经过民意代表机关选举或者任免②，最高人民检察院

----

①　［美］约瑟夫·熊彼特：《资本主义、社会主义与民主》，吴良健译，商务印书馆1999年版，第395页。

②　依据现行宪法和《中华人民共和国人民检察院组织法》的规定，最高人民检察院检察长由全国人民代表大会选举和罢免，最高人民检察院副检察长、检察委员会委员和检察员由最高人民检察院检察长提请全国人民代表大会常务委员会任免。省、自治区、直辖市人民检察院检察长和人民检察院分院检察长由省、自治区、直辖市人民代表大会选举和罢免，副检察长、检察委员会委员和检察员由省、自治区、直辖市人民检察院检察长提请本级人民代表大会常务委员会任免。省、自治区、直辖市人民检察院检察长的任免，须报最高人民检察院检察长提请全国人民代表大会常务委员会批准。自治州、省辖市、县、市、市辖区人民检察院检察长由本级人民代表大会选举和罢免，副检察长、检察委员会委员和检察员由自治州、省辖市、县、市、市辖区人民检察院检察长提请本级人民代表大会常务委员会任免。自治州、省辖市、县、市、市辖区人民检察院检察长的任免，须报上一级人民检察院检察长提请该级人民代表大会常务委员会批准。省一级人民检察院和县一级人民检察院设置的工矿区、农垦区、林区人民检察院检察长、副检察长、检察委员会委员和检察员，均由派出的人民检察院检察长提请本级人民代表大会常务委员会任免。全国和省、自治区、直辖市人民代表大会常务委员会根据本级人民检察院检察长的建议，可以撤换下级人民检察院检察长、副检察长和检察委员会委员。

对全国人民代表大会和其常务委员会负责，地方各级人民检察院对产生它的国家权力机关和上级人民检察院负责。其次，检察权是按照具有民主正当性的宪法和法律的规定组织的，同时其权力的运行必须符合宪法和法律的规定。最后，宪法明确规定人民检察院是国家的法律监督机关，维护集中体现民意的宪法和法律的尊严并保障法制的统一正确实施是其宪法义务。① 即便如此，"在缺乏人们一般关心和参加的基础上建立起来的信任根底很浅"，当检察权"需要与强有力的国家权力或政治权力相对抗，保护自己特有的价值时，却较难获得支持这种努力的民主主义的社会基础"②，在面对社会各界对检察机关职务犯罪侦查权的质疑和检察机关自身定位不清的困扰之时，检察权需要谋求更广泛的民众认同和支持，民众参与检察权运行过程就成为其民主诉求的一个重要内容。

民众参与检察权，对检察权行使过程、行为和结果产生影响和制约有着重要宪政意义和价值。一方面，民众参与检察权运行是检察权现有民主正当性的补强。"民主的法制一般趋向于照顾大多数人的利益，因为它来自公民之中的多数"③，检察权现有的民主根基主要是通过代议制度的运行而获得，其更多反映的是抽象意义上"多数人"的意志和利益，由于代议民主制度固有的缺陷，使得即便是这种意义上的"多数人"的意志和利益的表达也会存在偏差和被篡夺的可能。在检察权依照宪法和法律运行的过程中，引入法律制定和实施主体之外普通民众的监督和参与，在个案中以"少数人"的身份或者"人民"代表的身份直接了解、观察和表达意见和建议，对民主政治决定产生的法律提出批评和建议或者对检察

① 有研究者将现代检察制度赖以存在和发展的价值归纳为护法、维权和监督三项。其中通过公诉制度在提高追诉犯罪专业水平和效率的同时，维护国家利益和社会秩序，保证国家法律统一正确实施是其护法的重要体现。参见陈正云：《法律监督与检察职能改革》，载《法学研究》2008 年第 2 期。

② ［日］棚濑孝雄：《纠纷的解决与审判制度》，王亚新译，中国政法大学出版社 2004 年版，第 247～248 页。

③ ［法］托克维尔：《论美国的民主》（上卷），董果良译，商务印书馆1988 年版，第 264 页。

权执行法律的情况提出批评和建议，作为一种吸纳民意的途径和对立法的柔性监督具有重要的宪政价值。另一方面，民众参与对检察权争取更多民众认同和合法性具有现实意义。在我国，检察权的运行模式具有较强的行政性和封闭性，由于职务犯罪本身的复杂性和隐蔽性，检察机关办理职务犯罪案件的过程也具有高度的专业性、技术性和较强的隐蔽性和统一性，使得普通民众难以接近和了解，民众对办案过程的误解和不信任的情绪很容易产生。检察机关只有以开放的心态面对普通民众的质疑和不满，给民众了解和参与检察权运行的机会，同时也给了自身澄清和辩解的机会，在沟通中才能够形成稳固的信任和认同，从而获得更为广泛的合法性根基。

（二）人民监督员制度是检察参与民主的一种方式

从民主的理念评价人民监督员参与和监督检察权的制度设计，研究者有两种对立的观点：一种观点对人民监督员制度的民主性持积极肯定的态度，认为"人民监督员制度的意义，不仅在于它完善了人民检察院直接侦查职务犯罪案件的监督程序，填补了检察制度监督制约机制的一个空白，更深层的意义在于，人民监督员制度首开了社会公众直接参与、介入检察机关执法活动的先河"[①]，"实质上就是一种社情民意反映制度，通过规范化的民意反映方式，从制度上提高检察机关在查办职务犯罪过程中决策机制的民主化程度，有效地防止查处职务犯罪案件决策的随意性"，"是符合当代法治文明潮流的一种先进的民主政治制度"[②]。另一种观点则对其持否定态度，认为司法制度本身就是民主制度的产物，人民监督员的民主性并不必然高于检察官的民主性。主权在民体现在制度设计上的民主要求，并不是人民直接参与司法的过程。司法是一项具有很强的专业性的活动，要求人民直接参与司法无异于否定司法的专

---

① 刘铁鹰：《关于检察机关执法社会化的思考》，载《国家检察官学院学报》2005年第2期。

② 文盛唐等：《人民监督员制度的理论基础与立法问题研究（一）》，载《方圆法治·人民监督员专刊》2007年第1期。

业性。①

　　笔者认为人民监督员是检察参与民主的一种方式，是在制度上和实践中探索检察机关与人民群众相联系的渠道和途径，吸纳人民群众参加管理国家事务，将检察权的行使置于人民的监督之下。其意义在于：（1）它表明检察权正当性的基础是民意，人民除了可以通过各级人民代表大会实现其意志外，还可以通过其他途径实现民主。（2）它为其他决策的合理化提供了规则与参考。（3）它使社会其他职业者能够有条件参与进来，发挥对检察权的约束功能。（4）它使民主的价值获得自我矫正的机会与途径。② 人民监督员的民主性并不等同于人民监督员的代表性，人民监督员由普通民众担任，亲历亲为的监督和参与检察机关职务犯罪办案过程本身就使得其具有直接民主的意义，国家政治权力本身是通过每一个个体成员享有一部分自主决定权来实现的③，人民监督员的直接参与是对代议制民主的重要补充和柔性牵制，具有重要的意义。

　　否定态度的观点以人民监督员的民主性并不必然高于检察官的民主性，制度民主的设计已足以满足人民主权原则的要求，不需要直接参与的民主形式作为反对的理由，实际上混淆了人民监督员的民主性与人民监督员的代表性的关系，而且没有认识到民主实现形式的多样性。事实上，虽然现行的最高人民检察院的规范性文件所采用的是民主推荐的方式产生人民监督员，但从长远的制度发展角度看，这一选任机制已有了突破，要求自荐和随机挑选产生人民监督员的选任机制在理论界和实践领域都不乏支持者，当人民监督员的数据库呈现开放性时，人民监督员的产生是"准则主义"时，经常性的人民监督员"任命"将使"人民"这一概念在人民监督员制度中得以具体，具体参与和可能参与个案监督的"人民"的

---

　　①　参见周安平：《人民监督员制度的正当性与有效性质疑》，载《南京师范大学学报》（社会科学版）2007 年第 2 期。

　　②　参见韩大元、王晓滨：《人民监督员制度的宪法学思考》，载《国家检察官学院学报》2005 年第 1 期。

　　③　参见严海良：《"国家尊重和保障人权"规范的民主意义阐释》，载《学习与探索》2007 年第 2 期。

外延将不断扩大，直接的司法民主在监督司法廉洁公正运作的同时，将成为我国渐进式民主法治的具体方式。人民监督员制度，或许将是我国直接民主制的真正开端，抉择在民意，运作在司法，反映在政治，意义在法治。①

人民监督员制度也是一种有序的民主参与检察权的制度设计，较其他参与途径有自身的优越性。人民监督员的民主参与有着专门的平台、程序和保障，随着试点的深入开展，已形成了较为成熟和稳定的参与机制，也被检察机关主动接纳和认同，从而也是有序的规范化的参与机制。现代社会，随着科技的进步，网络媒体的普及，越来越多的普通民众会通过各种途径表达对司法的看法，即便某一司法过程与其自身的利益无涉，这种自发的无序的民意表达虽然在一定程度上能够反映真实的民意，但由于信息的不对称，媒体的商业化炒作，民众的评价更多是非理性的宣泄，其影响会被网络或媒体无限放大，正如庞勒所言，"群体无疑总是无意识的，但也许就在这种无意识中间，隐藏着它力量强大的秘密"②，检察机关只能被动应对，必然会对检察权的独立和公正运行产生负面的压力。为此，引导公众有序参与司法，了解真正的民意就成为必然选择，人民监督员制度恰好能够满足这一需求。最后需要强调的是，"一个民主组织未必能最好地担保执行的合法性或忠实性。对于一种职能的合法性的最有效的担保，是机关的个人责任"③。人民监督员制度的民主性固然是其具有正当性的理由，但关键之处还在于将人民监督员评议决定与检察机关的分歧交付一个权威组织裁决或加以公布以施加更广范围内的民众监督的压力。

---

① 参见吴俊：《人民监督员制度的"体制外"模式与"体制内"出路》，载《法治论坛》第 13 辑。

② [法] 古斯塔夫·庞勒：《乌合之众——大众心理研究》，冯克利译，中央编译出版社 2005 年版，作者前言第 4 页。

③ [奥] 凯尔森：《法与国家的一般理论》，沈宗灵译，中国大百科全书出版社 2003 年版，第 331 页。

三、人民监督员制度与正当法律程序

正当法律程序自其产生时就具有限制权力的恣意行使和防止权利被恣意剥夺和侵害的功能，其既是一项宪法性原则，同时也是一项刑事法原则。依据奥尔特教授的研究，英国是最先表达"正当法律程序"要求的民族，但却没有使这个重要的短语保持其活力。相比之下，在美国各州和联邦的宪法都明确宣示保障"正当法律程序（due process of law）"，反而使其保持着活力。在美国，就程序性正当程序而言，禁止"作为自己案件的法官"范式是最初就被承认的，现在虽很少再提，但正当程序永远会禁止不公正的程序；腐败的、不公平的或者是可怕的判决制定者不能实施审判；程序滥用的情形还有：不举行听证，给当事人的准备时间不充分等。除了对自由权的保障外，程序性正当程序还具有"动摇权势的潜在能力"，剥夺公民的福利权利（社会权）要求听证即是一例。就实体性正当法律程序而言，禁止"剥夺甲方而授予乙方"的范式已被"剥夺甲方"的范式而取代，此时"剥夺了什么以及由谁获得都不如发生了什么样的剥夺更为重要"，其所保障的不仅包括宪法所列举的人身权利等，还包括宪法未列举的权利如隐私权。① 正当法律程序保障的重心从财产转向契约，又从契约转向民权，可以预见新的权利（包括宪法未列举权利）会不断尝试获得正当法律程序的保障。

在这一意义上讲，虽我国宪法文本中并没有规定正当法律程序条款，但从基本权利功能体系即可推出其正当法律程序的取向。我国宪法基本权利规范的文本表达所采用的方式并未凸显防御国家公权力的侵害，而是普遍针对所有侵害主体，但借助"国家尊重和保障人权"以及"人格尊严不受侵犯"条款，可以较容易地将对抗国家权力的防御权功能面向导出。宪法文本中规定的人身自由、住宅不受侵犯、通信自由和通信秘密、人格尊严等个人自由，作为

---

① 参见［美］约翰·V. 奥尔特：《正当法律程序简史》，商务印书馆 2006 年版。

实体性基本权利实际都包含有要求程序正义的内涵侧面。宪法基本权利也同时具有受益权功能，其中获得公正司法救济的权利也被解释在其中，但"基本权利的给付面向，于实际运用时，必然遭遇一项难题，亦即此项宪法上给付基本权的确认，意味着对于立法机关形成自由造成极大的限缩，同时可能造成国家财政的过度负担，从而会对其他人民的基本权利产生排挤作用。准此而言，当代宪法学界对于所谓'社会基本权'乃至宪法上'给付请求权'的存在，率所抱持比较审慎的态度"①，其拘束效力远不如防御权，我国宪法文本仅规定公民有"控告"的权利，事实上这一权利却由立法所形成和限定即是例证。除了上述防御权和受益权功能面向外，德国公法学者基于耶林内克将程序权归为积极身份的给付，且内涵仅限于司法基本权，尤其是请求司法救济的权利，未及于其他程序权或组织保障权的观点，而提出了"程序身份"的概念，以补充耶氏身份理论的内涵，并将之视为一种"基本权的扩张"②。我国台湾地区也有学者基于基本权利尚可透过一定的组织或程序获得保障，程序与组织是实现基本权利的必要条件，直接拓展出基本权利的程序功能面向。③ 如果宪法基本权利组织和程序保障的功能面向学说成立的话，无疑为我国宪法基本权利规范的正当法律程序要求提供了直接的导出途径。

（一）检察机关办理职务犯罪案件应遵循正当法律程序

我国宪法基本权利规范的正当程序要求应主要关注程序正义。这是因为在当代，公正的程序依然是正当法律程序的核心。④ 宪法

---

① 李建良：《基本权利的理念变迁与功能体系——从耶林内克"身份理论"谈起（下）》，载《宪政时代》第 29 卷第 2 期，第 184 页。

② See Häberle, Grundrechte im Leistungsstaat, in: VVDStRL, 30（1972），S. 86ff. 转引自李建良：《基本权利的理念变迁与功能体系——从耶林内克"身份理论"谈起（下）》，载《宪政时代》第 29 卷第 2 期，第 160 页。

③ 参见李建良：《基本权利的理念变迁与功能体系——从耶林内克"身份理论"谈起（下）》，载《宪政时代》第 29 卷第 2 期，第 186～188 页。

④ 参见［美］约翰·V. 奥尔特：《正当法律程序简史》，商务印书馆 2006 年版，第 7 页。

位阶的正当法律程序原则应为所有的宪法基本权利提供保障，其中与刑事法最具关联性的是具有极强道德价值的人格尊严、隐私、人身权及财产权等。正当法律程序原则首要及最初的拘束对象是行政权和司法权，这自毋庸置疑。需要强调的是，程序正义对法律程序的尊重并不仅仅限于"按照法律规定的程序"行使权力，更为重要的是要通过"正当性"的法律程序行使权利①，作为宪法位阶的正当法律程序原则其特别的存在价值即在于对立法权的拘束，与基本权利相关的组织及程序规范，其本身亦可能对宪法基本权利造成干预和侵害，从而亦应受到制约。正如约翰·马歇尔·哈兰大法官所言，"如果正当程序仅仅是程序的守护者，那么在生命、自由或者财产被立法剥夺的情况下，程序保障对此将无能为力……因此，正当程序的保护，尽管植根于《大宪章》中'根据国家的法律'被认为是反对行政强夺和暴政的程序保障，但是，在这个国家现在已'变成了反对专横立法的壁垒'"②。当然也应当认识到，尽管宪政具有对抗多数主义（counter-majoritarian）的效果，但它仍然被看作是多数主义的一项补充原则，而不是对多数主义的否定③，组织或程序规定的干预性格，不能与直接限制或干预人民基本权利的规定相提并论，故对于程序法与组织法进行违宪审查时，允宜有所节制与保留，否则立法机关在程序与组织法上的形成自由，将受到违宪审查机关的不当干预。④ 其仅能要求立法不得违背最低程度的程序正义的要求，具体的程序细节以及程序的完备程度则属于立法的政治形成自由。

如果以此标准来衡量我国法律对于检察机关自侦案件办理权限和程序的配置，会发现其离正当法律程序的要求尚有距离。对检察

---

① 参见徐亚文：《程序正义论》，山东人民出版社 2004 年版，第 269 页。

② 转引自［美］约翰·V. 奥尔特：《正当法律程序简史》，商务印书馆 2006 年版，第 55 页。

③ ［美］约瑟夫·威勒：《欧洲宪政》，程卫东等译，中国社会科学出版社 2004 年版，第 103 页。

④ 李建良：《基本权利的理念变迁与功能体系——从耶林内克"身份理论"谈起（下）》，载《宪政时代》第 29 卷第 2 期，第 188 页。

机关自侦权的质疑主要论据之一是其不符合正当法律程序理念。比如有学者认为检察机关既负责职务犯罪案件的侦查，又负责对侦查活动进行监督，将法律监督与刑事追诉这两种相互对立的权力集中于一身，无法保持公正的法律监督所必需的中立性和超然性①，有学者甚至主张彻底放弃检察机关的直接侦查权。② 日本学者指出，作为刑事诉讼法基本原理的"正当程序"，它的含义是指作为被告人、犯罪嫌疑人主要权利总体的正当程序。日本虽然非常尊重正当程序的理念，但实践中贯彻这种理念并不容易。因为处罚犯人与正当程序在某种程度上可以两立，但有时两者甚至是相对立的。在日本，以程序上的理由免除处罚犯人时，有明显的抵触情绪。与日本的精密司法观念相联系，证实事实真相是人们所关心的，不用说法官、检察官等刑事司法人员，就连被告人也热衷于追求真实。③ 我国的情形更有胜之，在刑事司法程序的设定理念上，我国一向是以发现实体真实为优位性目的，人权保障抑或是正当法律程序的遵守对于实体真实可以说只是"兼及考虑"的附带性要求，学者们通常将实体真实概念的哲学基础归结到"对应理论"④，只在晚近由于对人权保障的重视，在反思原有司法权运行模式效率贡献式微以及民众不满升级的现状的前提下，才开始尝试接受和践行正当法律程序理念。

　　事实上，如果从尼采和福柯的见解演绎出对真实的"对抗关

---

　　① 参见陈瑞华：《司法权的性质》，载《法学研究》2000 年第 5 期。

　　② 参见蔡定剑：《司法改革中检察职能的转变》，载《政治与法律》1999 年第 1 期。

　　③ 参见 ［日］ 松尾浩也：《日本刑事诉讼法》（下卷），中国人民大学出版社 2005 年版，第 370 页。

　　④ 经院哲学家 Thomas von Aquin 发展出对应理论的公式：真实是思想与事物的一致。但仅提出了"真实"的标准，而未解决何以主体认识的内涵能够与客体相一致。康德的先验的认识论则对此提供了解答，即认识主体运用先验的理性和知性对客体的经验素材加以建构的过程。这一理论的嬗变参见许恒达：《"实体真实发现主义"之知识形构与概念考古——以中世纪至现代初期之德国刑事程序发展史为中心》，载《政大法学评论》2008 年第 101 期，第 145～148 页。

系"的解读，认为刑事司法的真实是一种欲望、权力相互斗争的策略性关系，任何的真实认识的产生都是权力、政治、经验观点间的战争、对抗和决斗的结果。① 那么这种过程性的解读就揭示了在追求实体真实的刑事司法程序中，契入正当法律程序必要性。在社会治安极度混乱的非常时期姑且不论，在平时安定的时期，刑事司法的健全不是靠查获了多少犯人，而是靠在多大程度上遵守了正当程序来评定的。② 我国检察权运行，尤其是在程序正当性欠缺的职务犯罪侦办领域，遵循正当法律程序原则是保障宪法基本权利的根本要求。

（二）人民监督员制度的正当法律程序面向

程序性正当法律程序原则的根本要求不外为"任何人都不应当成为自己案件的法官"和"当事人有陈述和被倾听的权利"两项原则③，前者旨在祛除偏见，霍布斯曾指出不能做自己案件法官的原因，认为"我们既然假设每一个人所作的一切都是为了自己的利益，所以任何人在自己的争讼案件中充当公断人都不相宜"④，罗尔斯则给出了解决问题的答案，指出"法官必须是独立的公正的，而且不能判断他自己的案子。各种审判必须是公平的、公开的，不能因公众的吵闹而带偏见。自然正义的准则要保障法律秩序被公正地、有规则地维持"⑤。后者要求在对某个主体作出事关其切身利益的处分时，必须给其公平的为自己辩护的机会，包括告

---

① 参见许恒达：《"实体真实发现主义"之知识形构与概念考古——以中世纪至现代初期之德国刑事程序发展史为中心》，载《政大法学评论》2008 年第 101 期，第 150 ~ 154 页。

② 参见［日］松尾浩也：《日本刑事诉讼法》（下卷），中国人民大学出版社 2005 年版，第 370 ~ 371 页。

③ 参见徐亚文：《程序正义论》，山东人民出版社 2004 年版，第 10 ~ 27 页。

④ ［英］霍布斯：《利维坦》，黎思复等译，商务印书馆 1996 年版，第 119 页。

⑤ ［美］罗尔斯：《正义论》，何怀宏等译，中国社会科学出版社 1988 年版，第 229 页。

知、说明理由和倾听的仪式，要求当事人能够和平地自愿地富有影响地通过公平的可被理解的程序参与检察机关办理职务犯罪案件的活动。①

　　依照上述标准，人民监督员的正当程序面向主要表现为以下几个方面。首先，在犯罪嫌疑人不服逮捕，以及检察机关拟不起诉或拟撤销职务犯罪案件的监督程序等中，人民监督员承担了中立的第三方监督者的角色，虽然人民监督员并不是最终的裁判者，但其能够引起程序上重新考虑的结果。在犯罪嫌疑人或被害人不服检察机关所作出的决定或者拟作出的决定，并产生争议之时，人民监督员的存在为检察机关提供了被中立的第三方倾听的机会，随着人民监督员知情权的保障，犯罪嫌疑人和被害人也有可能获得被中立的第三方倾听的机会，通过这种倾听的仪式能够使程序吸纳不满的功能得以释放，从而解决争议。实践中也尝试推出人民监督员听证制度②，听证制度的引入会使人民监督员制度的正当法律程序面向凸显。其次，人民监督员对检察人员职务犯罪案件的办案过程中徇私舞弊、贪赃枉法等情况提出意见，对其他违法违纪情况提出建议和意见，能够维护检察机关办案人权的中立性，阻止其因为金钱、个人私利、亲属、组织、敌对等因素形成偏私。事实上，即便检察机关在侦办职务犯罪的案件中能够避免偏私，但因为检察机关包揽了自侦案件的立案、侦查、逮捕、起诉几个阶段的所有工作，其内部对于上述环节相互制约机制在检察长和检察委员会领导体制下很难真正发挥作用，公正也未以群众"看得见"的方式实现，人民监督员的介入对于增加其程序的透明度和可接受性有着弥足珍贵的意

---

　　①　迈克尔·D.贝勒斯教授提出了诉讼程序的7个价值标准，包括和平原则、自愿原则、参与原则、公平原则、可理解原则、及时原则和止争原则。认为程序的内在价值仅仅是不依赖于判决结果，他们来自于程序本身的、使人感到满意的东西。参见［美］迈克尔·D.贝勒斯：《法律的原则——一个规范的分析》，张文显等译，中国大百科全书出版社1996年版，第32、34～37页。

　　②　参见孙胜雨、范继芳：《徐州云龙：推出人民监督员听证制度》，载ht-tp：//news.jcrb.com/jiancha/jcdt/200807/t20080723_39929.html，2008年8月1日访问。

义。最后，人民监督员制度自身的设计也注意满足正当法律程序的要求。包括人民监督员监督权利的告知制度、人民监督员随机挑选或排序制度、回避制度、独立评议制度等。

第二节　人民监督员制度的功能与价值

以人民监督员制度设置的应然价值诉求而言，人民监督员制度是对检察机关办理职务犯罪案件之权力监督机制的补强，除了制度完善功能外，还具有优化检察机关办理职务犯罪案件制度的功能，增强人民对检察机关职务犯罪案件办理权力认同的功能，促进检察机关自侦案件公正有效率办理，实现社会控制和人权保障双重价值。制度完善、制度优化和制度认同的功能共同构成了一个密切联系的功能系统，只有这些功能共同实现，才能够最终促进公正、效率、社会控制和人权保障的价值追求，并使得这些具有张力的价值诉求之间能够最大限度的和谐共存和实现。人民监督员制度应然层面功能与价值的设定对于人民监督员制度正当性的获得具有重要的意义，片面强调某一功能或价值，或者忽视某一功能和价值都会带来消极的后果，都会影响对人民监督员制度正当性的认定。实践中，人民监督员制度也不同程度地实现了上述几个层面的功能和价值。①

一、制度完善功能——补强空缺结构与助益原有机制的并举

检察机关现有的职务犯罪案件办理机制存在制度设计的缺失。依据《刑事诉讼法》的规定，检察机关在办理职务犯罪案件中享有立法权、侦查权、起诉权、撤案权，这些权力分属检察机关内部不同部门，实行分管检察长制，且加强最高人民检察院和上级人民检察院对下级人民检察院的监督，以最大限度地通过内部制约机制保证检察机关职务犯罪案件的办理质量和公正。此外还有国家权力

---

① 关于人民监督员制度的实践中取得的实效后文第三章中有专门论述，本处从略。

机关、同级党委和社会舆论等一般监督。在提起公诉的职务犯罪案件中还受到中立的人民法院的刑事审判权力的制约。这些监督措施尤其是人民法院的个案审判能够在一定程度上有效制约和监督检察机关办理职务犯罪案件过程中权力的运行，防止检察权的滥用。但当检察机关作出不立案、撤销案件和不起诉决定时，按现有的法律制度安排，法院没有介入监督的机会，除了受到检察长和检察委员会负责制下属于同一机关或同一系统的内部制约外，缺乏强有力的外部监督制约机制。而检察机关的内部制约机制则有成为自己案件法官之嫌，民众不免会产生程序公正性与否的怀疑。逮捕决定权是检察机关职务犯罪侦查权中一项重要的职权，是一项剥夺犯罪嫌疑人人身自由权利的刑事强制措施，不同于检察机关对公安机关的侦查权进行监督的刑事批捕权的制度设计，以及国外由法院行使批捕权的制度设计，在职务犯罪案件的侦查过程中一般是由同一检察院行使批捕权，如果遇有重大或疑难案件最终决定权是在检察长或者检察委员会，由于检察长和检察委员会的权力及于办案过程的各个环节，如果由其作出最终决定，则内部机构之间的制约和区隔实际上就不能发挥作用，因而有违背正当法律程序的可能。

现有的对检察机关办理职务犯罪案件的外部和外部监督机制存在功能和效力的局限性。对于外部同级人大监督而言，其不能够采用个案监督的形式，只是宏观上的类案监督或者是工作监督，难以发现检察机关职务犯罪案件中的具体问题从而取得实质上和及时的监督效果。同级党委的监督和社会舆论的监督并非具有法律效力的正式制度安排，即便能够在某些情形下发挥积极的作用且效果直接明显，但由于不是长效和有序的制度安排，其监督机制并不健全，表达途径也受到限制，最终效力也没有法律的保障机制。因此，自侦案件的不立案、撤案、不起诉成了外部监督的"盲区"，也是检察机关发生问题较多、群众意见较大的环节。此外，犯罪嫌疑人的律师虽能够以其专业知识和职业技能对检察机关形成有力制约，但现阶段律师权利的保障并不充分，介入职务犯罪案件的时间较晚，其权力制衡的功能受到了较多的限制，而且实践中，律师通常会站在犯罪嫌疑人立场上维护犯罪嫌疑人的利益，其是与检察机关对抗的一方，不具有中立性。

人民监督员制度的引入一方面是对现有监督机制的补强。首先，人民监督员制度是外部的权利监督机制，这项制度的引入填补了监督机制的空白。人民监督员制度区别于检察机关和犯罪嫌疑人的律师，能够站在较为中立的立场上结合个案对拟撤销案件、拟不起诉案件进行监督，对应当立案而不立案或者不应当立案而立案的情况提出意见。其次，由于其监督权利的行使有专门的程序设定和程序上的刚性约束力，使得人民监督员异质于检察系统的意见和建议尤其是监督决定成为检察机关必须认真对待和思考的外部意见，是对现有职务犯罪案件中检察立案权、公诉权监督机制的补强。最后，人民监督员制度将犯罪嫌疑人不服逮捕案件纳入人民监督员制度的监督范围，设置了中立的第三方来对检察机关的权力行使行为加以监督，创造了引入听证制度的契机，是对原有制度设计的完善，同时也是对犯罪嫌疑人权利救济机制的补强。另一方面，人民监督员制度的引入并不会对原有制度产生干扰和实质上的冲突。① 人民监督员制度的程序性、程序效力的刚性和个案性，加之其权利监督的性质，使得其能够成为人大监督机制的补充，同时也是社会监督的重要的具体实现和强化机制，能够对原有机制功能的发挥提供助益。

二、制度优化功能——公正与效率的互助

人民监督员制度能够促进司法公正的实现。首先，人民监督员作为普通民众通过监督和提出意见和建议的方式能够提供智力支持，打破检察机关的专业定式思维模式。以一般民众的视角中的伦理、道德观念、生活准则和常识去审视犯罪嫌疑人的行为，能够帮助检察机关理解和定性犯罪嫌疑人的行为动机和行为性质，同时也能让检察机关了解行为的真实社会影响，具有（法律和非法律方面）专业知识和技能的人民监督员还可以提供专业的智力支持，

---

① 后文中会对人民监督员制度在宪政框架下的制度生存空间作专门的论述，此处从略。

帮助检察机关解决办案中遇到的专业技术性难题。除了对案件事实的认识外，人民监督员也可以基于普通民众的视角去理解法律规范，使检察机关能够及时发现法律规范与现实之间的距离，理解民众易对法律产生误解的部分，更准确地对犯罪嫌疑人的行为作出法律定性，并会使检察机关的办案更人性化，有利于实体正义的实现和对人权的保障。其次，人民监督员制度是一项权利对权力的监督制约机制。监督是与民主权力匹配的机制，它不是一种常态的权力，但却是使权力保持理性的力量，它驾驭权力，使之警醒、检讨和矫正，并完成对权力的救赎。① 人民监督员对"五种情形"的监督，与最高人民检察院专项整改活动工作方案中徇私枉法、权钱交易，执法不文明、违法违规办案，玩忽职守、执法不作为和不能依法独立行使检察权四个方面的整改重点是密切联系的，实行人民监督员制度就是从人民群众反映最突出、要求最强烈的问题入手，解决制约检察机关司法公正的问题。② 最后，人民监督员制度能够通过程序机制较好防范检察权由于集中行使所可能产生的专断。当人民监督员简单多数意见被处于检察权行使比较优势地位的检察长所否决时，检察长的否决权并不能立即产生效力，而必须启动自己的提请权，即提请检察委员会讨论。这种程序性社会监督权利的运行，虽然增加了提请讨论、协调与执行的成本，削弱了检察长职权的刚性与比较优势，却能阻止或延缓检察长滥用自由裁量权、侦查监督权、起诉权的可能性。③

　　人民监督员制度所具有的智力支持、权力制约以及程序控权功能能够对司法公正的实现提供助益，与此同时，人民监督员制度对提高司法效率也具有积极作用。首先，人民监督员制度作为一项外部监督机制，为检察权的独立行使设置了一个屏障，能够帮助检察

---

　　① 参见 宋远升：《论侦查行为的社会监督——以专门化为视角》，载《河南省政法管理干部学院学报》2008 年第 2 期。

　　② 参见周永年主编：《人民监督员制度概论》，中国检察出版社 2008 年版，第 42 页。

　　③ 参见徐汉明：《人民监督员制度概念与特征的经济学分析》，载《方圆法治·人民监督员专刊》2005 年第 12 期。

机关抵制外部的不当干涉，从而提高检察权运行的效率。其次，由于具有程序刚性外部监督机制的人民监督员制度的存在，以及人民监督员所提供的各项意见和建议的智力支持，能够督促检察机关权力体系内的反省和矫正，减少制度的内部消耗，使其能够在错误尚未发生之时及时防范，在错误发生之后自觉及时改正，减少了最终发生错误的几率，因而也降低了通过其他权力运行以矫正和救济的成本。在上述基础之上，检察机关自然能够获得民众的更多信任和支持，由此会进一步促进制度的良性运行，使得检察机关办理职务犯罪案件的机制得到整体的优化。

三、制度认同功能——民众参与与程序正当的结合

自欧洲大陆创设检察制度以来，检察官处于法官和警察两大山谷的"谷间带"，在两大旗帜鲜明集团的夹杀之下，摸索自我的定位……一方面检察官不欲沦为次等的"侏儒法官"；另一方面，检察官也不愿成为高级的"司法警察"。① 如何找到自身准确的定位向来是一个难题。在这种背景下，检察机关办理自侦案件权力也不免陷入被更强烈质疑的困境。在这种困境下，权力自身的合法性都有待证成，对制度的不满、怀疑通过无序的途径表达出来，很大程度上会影响其制度运行的效率。对检察机关而言，在某种意义上不能否认，其自主设立人民监督员制度实际上的意图是试图通过这一制度的实施来吸收和化解社会公众对检察院司法现状的失望与不满，这种策略更多的还是基于一种政治性的考虑。② 最高人民检察院人民监督员制度理论研究课题组的研究成果中直接指出，人民监督员制度实质上是一种社情民意的反映制度，是推进检察决策民主化程度的有效途径，是符合当代法治文明潮流的一种先进的民主政

---

① 转引自龙宗智：《试论检察官的定位》，载《人民检察》1999 年第 7 期。

② 参见周安平：《人民监督员制度的正当性与有效性质疑》，载《南京师范大学学报》（社会科学版）2007 年第 2 期。

治制度。① 正如罗伯特·达尔教授所指出的，作为一种现存的或现实世界的实体形式，民主以各种方式被设想为一套独特的政治制度和实践，特殊的权利体，社会和经济秩序，能够保证某些合意结果的体制，或者唯一可以作出集体性和约束性决策的过程。在我国，民主一直被认为是一项重要的宪法原则和甚至是宪政的首要价值，是整个法律体系存在和发展的根基。这使得一项制度如果具有了民主正当性，则就能够最大限度地获得民众的认同。人民监督员制度作为检察参与民主制度，其制度认同功能自然是具备的，以此也有助于检察机关的职务犯罪案件的办理机制获得更多认同。

　　事实上人民监督员制度不仅仅具有民众参与的民主功能和价值，而且还具有正当法律程序价值。对人民监督员而言，参与监督的过程是人民监督员表达意志的过程和接受法律教育的过程，也是检察机关澄清误解和解释说明的过程，更是检察机关与民众沟通的过程。在这一过程中民众和检察机关都找到了制度化的被倾听机制。而"人们一旦参加程序，那么就很难抗拒程序所带来的后果。在这些过程中，人得到控制，至少是人的恣意得到了控制"，② 在此基础上，容易形成共识和相互认同，检察机关会更了解民意，也意味着能更好地满足民意。对案件当事人和普通民众而言，人民监督员作为中立的第三方存在具有"任何人都不应当成为自己案件的法官"和"当事人有陈述和被倾听的权利"③ 之正当法律程序价值，其制度规范化运行的过程本身就能够增强司法结果的可接受性，从而能够尽快解决纠纷，节省司法成本。在实践过程中人民监督员制度会遇到因检察机关办案质量高，而没有或者少有案件监督的情况，因此而受到质疑。笔者认为，不能以案件监督数量少来衡量制度设置的合法性，人民监督员制度存在本身就有制度认同的意

---

① 参见人民监督员制度理论研究课题组：《人民监督员制度的理论基础与立法问题研究（一）》，载《方圆法治·人民监督员专刊》2007 年第 1 期。

② 吕世伦主编：《当代西方理论法学研究》，中国人民大学出版社 1997 年版，第 237 页。

③ 参见徐亚文：《程序正义论》，山东人民出版社 2004 年版，第 10～27 页。

义，关键在于寻求如何在有效监督的同时又能够节省人民监督员制度的运行成本的制度设计，或者能拓展制度运行的空间。

如果人民监督员制度仅具备民众参与的民主价值，而不具备正当法律程序的价值，那么制度本身就不能够区别于广泛意义上的其他民众参与制度，而失去了自身的特殊的存在价值。正是人民监督员制度一方面是人们宪法基本权利的具体行使方式，**能够使普通民众参与到较为封闭的检察机关职务犯罪案件办理过程中**，而且仅是有限的不特定的民众能够参与，且参与的方式具有法定的程序性，能够体现和践行自然正义的精神，实现了少数与多数的辩证，**避免**了参与的无序和无效，从而使得人民监督员制度有了自身独特的存在价值和正当性。民众参与与正当法律程序功能和价值之间的相得益彰，能够更好地保障人权，必然会增加人们对检察机关职务犯罪案件办理程序及其结果的认同。需要注意的是，检察机关有其自身的价值定位，在检察职能改革中，既不能把检察机关等同于纯粹办案机关和"犯罪追诉狂"来加以设计，也不能把检察机关等同于纯粹的慈善机关和人权的"代言人"来加以设计，导致检察机关法律监督职能的异化。① 人民监督员制度则处于中立的地位，不仅关注犯罪嫌疑人或者受害人及国家利益的保障，同时也关注检察机关权力的良性运行，通过人民监督员制度监督程序和意见、建议的提起程序，保障人权、保障社会和国家利益均可顾及。这与检察机关职能改革的目标和方向具有一致性，也意味着在检察权运行的这些方面都能够通过人民监督员的参与而获得更多的理解和认同。

第三节　人民监督员制度宪政框架下的生存空间

人民监督员制度因为与宪政理念契合、是检察参与民主的实现方式之一、具有正当法律程序面向而具备了充分的法理基础。同时也因为具有制度完善、优化和认同的功能与价值从而能够满

---

① 参见陈正云：《法律监督与检察职能改革》，载《法学研究》2008 年第 2 期。

足现实的需要，已较为充分地从价值理念和实践意义的层面论证了其制度的合法性，但人民监督员制度要在实践中真正良性运行，还需要论证其在宪政框架下的制度生存空间。制度作为人类行为的结果，是一系列被制定出来的规则、守法程序和行为的道德伦理规范，是以宪法、法律、法规为基本内容的正式规则和以习俗、传统、习惯等形式存在的非正式规则交错构成的一整套的规则体系及其实现机制①，是不同社会群体为了存续和利益分配而交互作用的过程。人民监督员制度不仅要从宪法和法律文本上的制度安排这一宪政层面的正式规则中找到依据或者制度的出口，还必须考虑其是否具有党和国家政策的依据，其与检察权运行的内部业务规则之间衔接的可能性。党和国家的政策虽然不是具有直接法律效力的正式规则且较正式规则具有主观偏好性和变动性，但因其集中反映了民众的意志和利益，反映了一个时代主流的价值诉求，某种意义上可以认为其是正式的宪法和法律规则形成的先导和指引，也具有上升为宪政层面正式规则的可能性，在国家发展的过程中有着不容忽视的意义和力量。检察业务制度很多也不具有对外的法律效力，多是最高人民检察院以内部业务文件等非正式规则加以规定，但却是检察权实际运行依据，构成了人民监督员制度运行的制度环境，为此在论证人民监督员制度生存空间之时其也是不容忽视的制度背景。

需要注意的是，尽管这些正式规则和非正式规则共同构成了人民监督员制度在实践中的制度背景，但这些规则之间也存在内部张力，有时甚至会出现相互冲突和不一致的地方。在宪政法治背景下，法律应当不与宪法规则相抵触，检察机关的内部业务文件应当不与宪法和法律相抵触，党和国家的政策也只有反映在法律与宪法规则之中才具有法律效力。因而在探讨人民监督员制度生存空间之时，应当在宪政框架下加以系统性探讨，即以宪法文本为最高依据，对相关法律法规和检察机关的内部规范性文件应

---

① 参见［美］道格拉斯·C.诺斯：《经济史中的结构与变迁》，陈郁等译，上海三联书店、上海人民出版社1994年版，第225~226页。

当作合宪性考量，对党和国家的政策应当作宪政框架下与宪法意旨趋近的理解，而不是分割开来作逐一的对照和孤立的理解。以《关于省级以下人民检察院对直接受理侦查案件作撤销案件、不起诉决定报上一级人民检察院批准的规定（试行）》为例，这一规范性文件规定了省级以下检察院决定撤销案件、不起诉要报上一级检察院批准。该项制度的初衷是为了加强上级人民检察院对下级人民检察院办理直接受理侦查案件工作的领导和监督制约，进一步提高人民检察院对直接受理侦查案件作出撤销案件和不起诉决定的质量。这种批准制度与《宪法》和《人民检察院组织法》中上下级检察院之间是领导与被领导的关系规定是不相抵触的，但由于上一级检察院主要是采用书面审查的方式，犯罪嫌疑人和其他利害关系人并不享有辩论和被倾听的机会，会导致实际上损害了刑事诉讼法中被害人不服不起诉决定可以向上一级人民检察院申诉以及被不起诉人对不起诉决定不服可以向人民检察院申诉的检级利益，使权力向检察长、检察委员会以及上级检察院集中，在提高办案的统一性和权威性的同时也增加了权力滥用的危险，并减少了矫正错误的机会。人民监督员制度中人民监督员对拟撤销案件及拟不起诉案件的监督程序中，其最终程序上的刚性拘束力体现在，当检察委员会决定与人民监督员的不同意表决意见不一致时，参加监督的多数人民监督员对检察委员会的决定有异议的，可以要求提请上一级人民检察院复核，上一级人民检察院应当及时复核并反馈结果。在《关于省级以下人民检察院对直接受理侦查案件作撤销案件、不起诉决定报上一级人民检察院批准的规定（试行）》中上一级检察院的批准是必经程序，使得人民监督员制度仅有的程序的刚性拘束力意义丧失殆尽。而且在《最高人民检察院关于实行人民监督员制度的规定（试行）》中没有明确监督程序的时间要求，而在《关于省级以下人民检察院对直接受理侦查案件作撤销案件、不起诉决定报上一级检察批准的规定（试行）》中明确了提交上一级检察机关审查的时间要求，且规定与人民监督员的表决意见一并报送，这会导致程序之间的牵绊。这种情形下，不仅要考虑人民监督员制度设置是否合理，同时也应反思检察机关自身的业务制度设置是否具有宪法和法律依据及合理性。

一、人民监督员制度的宪法依据和法律制度接口

(一) 人民监督员制度的宪法文本依据

任何一种制度形态，如果缺乏宪法规范的支撑，不具备宪法所追求的基本内核，这种制度是缺乏生命力的。从宪法文本上看，尽管在宪法规范上并没有直接的条款可以明确对应人民监督员制度，但是可以通过宪法解释的方式赋予其规范效力。同时，从宪法的基本精神来看，纸上规定的宪法权利要变成现实生活中公民实实在在享有并能够行使的权利需要借助宪法实践。如何有效地制约和监督各种公共权力，保障公民的基本权利，受到了人们越来越多的重视。《宪法》第41条通常被称为是监督权条款，具体包括批评、建议、申诉、控告和检举几项权利，第41条也是一种参与国家管理的方式，但并没有依照法律行使的限制。第27条规定了国家机关倾听人民的意见和建议，接受人民监督的义务，与第41条的规定可以形成一组对应的权利义务关系。我们可以将《宪法》第41条和第27条作为人民监督员制度的直接宪法依据。第41条确定了公民基本权利的享有，第27条确定了国家的义务，使得第41条的公民基本权利具有刚性的拘束力。同时可以运用宪法解释的方法将《宪法》第2条和第33条作为其间接依据，第2条"依照法律"不应解释为对公民管理国家事务权利的限制，而是作为对于国家立法权的要求，即其有义务制定各项法律来保障公民管理国家事务权利的行使。对于第33条的"人权"表达，亦可作实证化的理解，作为整合不同基本权利和产生宪法中未列举权利的概括性条款使用。

人民监督员制度与宪法相契合的另一个重要的方面就是对职务犯罪嫌疑人、被告人和受害人基本权利的保障。现行宪法规定公民的人身自由、人格尊严等多项基本权利不受侵犯。从一定意义上说，这是人民监督员制度存在价值判断的最重要的宪法基础。从宪法调整国家和公民之间关系的本意出发，一方面要求国家完善相应

的立法为公民的上述基本权利提供保障，另一方面对于公权力侵害公民基本权利的各种情况，公民可以通过各种形式和途径寻求监督和救济。人民监督员制度的创建可以被认为是公民的基本权利保障的一个创举。此外，即使是检察机关自侦案件的受害人也可以通过人民监督员来表达自己的意见，检举、控告和申诉某些违法、犯罪或侵权行为，这也是公民行使宪法规定的监督权、请求权等基本权利的具体表现方式（这种基本权利行使方式有时具有特殊的意义），在人民监督员制度的实施中也可能获得救济。

（二）人民监督员制度的法律依据

在宪法昭示了人民监督员制度作为公民监督、建议权利的体现并具备价值合理性之后，作为宪法文本所宣扬的"人民依照法律管理国家事务"的条款也有相应的法律规范来体现其效力。人民监督检察权的基本权利主要由作为基本法律的《中华人民共和国刑事诉讼法》（以下简称《刑事诉讼法》）、《中华人民共和国人民检察院组织法》（以下简称《人民检察院组织法》）以及作为检察官职权行使的专项法律《中华人民共和国检察官法》（以下简称《检察官法》）予以保障。其中《刑事诉讼法》作为调整刑事诉讼的基本法律，其对于检察权监督的基本原则应该是统领性的，作为检察院建立、运作的基本法律《人民检察院组织法》和调整检察官职权与任免的《检察官法》与《刑事诉讼法》互相呼应。

一方面，现行《人民检察院组织法》和《检察官法》都明文规定了"接受群众（人民）监督"原则，为其法律化提供了原则依据和制度接口。①《刑事诉讼法》第 6 条规定的"人民法院、人民检察院和公安机关进行刑事诉讼，必须依靠群众，必须以事实为根据，以法律为准绳"与《检察官法》的第 3 条"检察官必须忠实执行宪法和法律，全心全意为人民服务"是对检察机关在权力行使过程中与公民权利关系的一种抽象描述，对人民群众参与检察权的行使提供了法律依据，其意蕴在于检察权必须与公民权利紧密

---

① 参见陈瀚：《法律化·社会化·程序化：人民监督员制度发展前瞻》，载《广东海洋大学学报》2007 年第 5 期。

相关，但是宣告性色彩较强。而《人民检察院组织法》第 7 条规定"人民检察院在工作中必须坚持实事求是，贯彻执行群众路线，倾听群众意见，接受群众监督"是对《刑事诉讼法》和《检察官法》的一种呼应，强调了检察权的行使必须依靠人民群众的关键在于与被人民监督的统一性。

另一方面，宪法和法律规定的检察权独立行使原则也设定了人民监督员制度的限度。《宪法》第 131 条规定："人民检察院依照法律规定独立行使检察权，不受行政机关、社会团体和个人的干涉。"《人民检察院组织法》第 9 条规定："人民检察院依照法律规定独立行使检察权，不受其他行政机关、团体和个人的干涉。"《检察官法》第 9 条规定了检察官有"履行检察职责不受行政机关、社会团体和个人干涉"的权利。单从宪法和法律文本的规定看，不论是检察机关还是检察官个人而言都享有不受行政机关、社会团体和个人干涉的权利。这一原则为人民监督员制度的设计设定了界限，即其监督活动和提出意见和建议的行为不能构成对检察权独立运行的不当干涉，人民监督员也应当有相应的权利行使的限度和责任。

二、人民监督员制度的党和国家政策依据

人民监督员制度符合执政党的政治判断标准，与党的基本政治方向一致。在党的十七大报告中明确指出，"完善制约和监督机制，保证人民赋予的权力始终用来为人民谋利益。确保权力正确行使，必须让权力在阳光下运行"，并要"深化司法体制改革，优化司法职权配置，规范司法行为，建设公正高效权威的社会主义司法制度"，其基本方式是"要健全民主制度，丰富民主形式，拓宽民主渠道，依法实行民主选举、民主决策、民主管理、民主监督，保障人民的知情权、参与权、表达权、监督权"。十七大报告树立的基本政治导向以及以科学发展观为指引的民主政治体制改革目标，均是希冀对国家权力达致一种更为规范与有效的监督，而这种监督是以依赖于人民的参与和权力运行的透明为基本前提，强调通过人民积极行使权利进而促进民主制度的发展与人权的保障，其中特别强调了在司法权的运作中要扩大民主参与，提高司法工作的透明度，也是对十六大报告中"进一步健全权责明确、相互配合、相互制约、高效运行的司法体制"理念的拓展与深化。

人民监督员制度的产生与进一步发展，是针对检察机关在自侦案件中检察权行使的监督的一种有益尝试，引入了社会对检察权的监督机制，既符合民主政治发展制度的一般规律，也与当下的政治改革方向相吻合，是执政党领导下的司法改革方式的一项重大的突破。

三、人民监督员制度与相关制度的衔接

从现行监督体制来看，各级人大是对检察机关行使监督权的主要国家机关，其监督地位和监督权限已经十分明确。人民监督员制度如何在既定框架之内与人大监督制度衔接，从而保证两种监督模式互相配合，这个问题值得我们思考。

从人民监督员制度的实施情况来看，人民监督员制度与检察工作制度也存在一定的冲突。主要表现在"与立案监督制度、职务犯罪侦查制度、侦查监督制度、公诉制度、控告申诉检察制度等很多方面的不协调"①，既有期限上的冲突，也有权限上的互相矛盾，直接影响到了人民监督员制度和检察工作制度整体效能的发挥，对人民监督员制度试点工作产生了不可忽视的负面影响。

因此，保证人民监督员制度与人大监督制度、检察工作制度的有机统一，对于提升人民监督员制度的效能具有举足轻重的地位。对此问题，首先得考虑在制度的衔接中所必须遵循的基本准则，以规范衔接的基本路径和基本方式。

（一）制度衔接的基本准则

1. 合法原则

目前人民监督员制度规范渊源于最高人民检察院以及各地方检察院、各地方人大制定的各种规范性文件。对这些规范性文件从性

---

① 陈幅宽：《人民监督员制度的适用及规则》，载《法学》2008 年第 12 期。

质上定位，只能将其认定为检察机关的一种内部工作制度。与此形成鲜明对照的是，人大监督检察机关的方式和职权，在《中华人民共和国全国人民代表大会和地方各级人民代表大会代表法》和《中华人民共和国人民检察院组织法》等法律中均有明确的规定。对于检察工作制度而言，其规范依据更为广泛，既包括法律，也包括最高人民检察院制定的司法解释和各级人民检察院内部规定。

因此，人民监督员制度在与相关制度衔接时，基本的前提就是要把握合法性原则，不能以试行人民监督员制度为借口而突破现行法律的规定和基本原则。"一项制度在初创阶段超越已有法律体系进行尝试往往会为急速变革的社会所允许，这不难理解。然而无期限地没有法律依据，对于制度实践而言则是不可想象的事情，因为它必然会破坏社会对规则的信心和对法律的期待。"① 具体而言，应该把握如下基本精神，一是对于成文法律规范有明确规定的，如有关监督权限、办案的期间和程序等，必须严格按照有关法律、法规的规定办事，人民监督员制度不能与现行法律、法规的规定相冲突。二是在制度的衔接过程中，要遵从法律、法规位阶的规定，正确适用相关法律规范。三是在衔接中，如果难以寻求明确的规范指引时，要遵从相关法律规范的基本原则，不能突破相关法律规范的目的与基本价值评判标准。

2. 效率原则

从制度衔接的目的来看，其基本出发点是为了消解制度之间的冲突，减少人民监督员制度的运行成本，使人民监督员制度的运行程序更为明晰，运行效果更加优化。以人民监督员制度和检察工作制度的衔接为例，由于"检察机关是唯一参与刑事诉讼全过程的国家机关，从立案、侦查、起诉、审判到执行，检察工作都有所涉及。与人民监督员制度有关的检察工作制度就有立案监督制度、职

---

① 许卫林：《关于人民监督员制度法治化的理性思考》，载《湖北社会科学》2007年第12期。

务犯罪侦查制度、侦查监督制度、公诉制度、控申检察工作制度等"①。因此在两种制度体系互相衔接的过程中，应注意以提高人民监督员制度的实效和更好地实现制度的基本目的为出发点，来探索制度衔接的相关问题。

3. 协调性原则

协调性原则是指在制度的衔接过程中，人民监督员制度与检察工作制度应当依照各自的职能，针对其他制度的侧重点与职能的差异性，相互补充，互相协调，以利于提高监督的准确性。

具体而言，在制度衔接中，"检察机关应当为人民监督员履行职责提供必要的工作条件，以利于人民监督员制度作用的充分发挥"②。同时，人民监督员制度的设计应当针对检察机关工作制度的不足和缺陷而进行。相关制度有规定的，人民监督员制度可以不涉及或者少涉及。没有规定或者规定不系统的，人民监督员制度要重点涉及。

（二）人民监督员制度与人大监督制度的衔接

从法理上加以评析，人民监督员制度与人大监督制度均是基于人民主权理念、权力制约理念而产生，契合社会主义法治的基本价值诉求。但相对于人民监督员的监督方式而言，人大监督也呈现出不同的特点。从效力渊源上看，人大监督属于由宪法和法律所明确规定的法定监督的范畴；从监督方式来看，人大监督是一种宏观上的监督，主要是通过听取检察机关的工作报告以及通过督促、视察、质询等日常工作方式进行，不会涉及检察机关的具体业务范畴；从监督的性质来看，人大监督是一种权力监督，"是一种代表国家意志的最高层次的监督，是我国的根本制度得以实施的具体体现"③，具有监督效力上的刚性。

---

① 陈幅宽：《人民监督员制度的适用及规则》，载《法学》2008 年第 12 期。

② 陈幅宽：《人民监督员制度的适用及规则》，载《法学》2008 年第 12 期。

③ 周永年主编：《人民监督员制度概论》，中国检察出版社 2008 年版，第 96 页。

人民监督员的监督与人大监督既在监督理念上存在共通性，又在监督方式和监督效力上存在差异性，即分别从微观和宏观层面对检察权的规范行使予以规制。"两者的共通性是建立二者间衔接机制的前提，而差异性和功能互补性为建立衔接机制提供了必要性和可能性"①。为进一步完善人民监督员制度，应加强人民监督员监督与人大监督的衔接。

1. 选任程序上的衔接

在各地的人民监督员选任中，比较普遍的做法是由机关、团体和相关企事业单位向人民检察院推荐人选，经检察机关确认后由检察长颁发聘书。但是这一选任方式会影响人民监督员的中立性和公信度，影响社会公众对监督效果的认同。因此，可以建立由各级人大常委会选任人民监督员的制度，由人大负责人民监督员的选任和解除工作。针对此，有学者提出"人民监督员的选任应由人大牵头与检察院共同进行，人员上在考虑相关行业部门和专门人才的同时，尽量从同级人大代表中选任"②。但是由于"人大代表本身就可以视察工作，可以联名提出质询案，这些都是法定的对检察机关的监督方式，如果再赋予其人民监督员的身份，在制度设计上就有叠床架屋之嫌，难免会降低制度的实际效率"③。因此，由人大负责人民监督员的选任，并不意味着从人大代表中选任人民监督员，相反，是要借鉴人大代表选举的广泛性和代表性的特点，由中立的人大机关在社会各界遴选，这样可使人民监督员更具代表性、广泛性和中立性。

2. 监督体制上的衔接

人大监督的法律定位是宪法赋予的，具有恒定性和至上性。尽管人民监督员制度的产生具备价值上的合理性，但这种合理性也必

---

① 陈新生：《人民监督员监督与人大监督之互补与衔接》，载《人大研究》2008 年第 11 期。

② 青格勒图、乌云巴特尔：《人民监督员制度与人大监督衔接之设想》，载《人民检察》2005 年第 3 期。

③ 左卫民、吴卫军：《人民监督员：理念与制度的深化和发展》，载《人民检察》2005 年第 1 期。

须建构在法律框架的界限之内。因此，在体制衔接上，可规定由人民监督员或者人民监督员办公室向人大报告检察机关接受人民监督员监督的具体情况，包括案件类别、监督内容、监督的效力和结果等，进而拓展人大了解检察工作的渠道和途径①，使人大在行使法定监督的过程中更加具有针对性，也可提升人大对检察机关其他监督的效率。

在衔接的过程中还应该考虑到人大不仅有权对人民监督员的监督活动予以管理和监督，还应当发挥人大的宪法地位，对人民监督员的监督活动予以指引和保障。比如说，为了充分保障人民监督员的知情权，可以借鉴人大的监督方式，建立检察机关向人民监督员定期通报工作情况的制度。并可在人大开展调研、进行执法检查活动中，由检察机关主动邀请人民监督员共同参与检查。再如，人民监督员对于上级检察院作出的针对下级检察院决定的复核结果存在异议的，可规定人民监督员有权向人大反映情况，启动人大的法定监督。②

（三）人民监督员制度与检察机关工作制度的衔接

1. 与立案监督制度的衔接

在现行的刑事诉讼法律体系内，立案监督是指检察机关对刑事立案主体应当立案而不立案或者不应当立案而立案以及刑事立案活动是否合法所进行的法律监督。由于对公安机关的立案监督属于检察机关法定监督的范畴，缺乏与人民监督员制度交叉的可能性，因此我们所探讨的制度衔接主要是针对人民监督员制度与检察机关自侦部门立案监督的问题。

人民监督员制度与立案监督制度还有诸多冲突之处，亟待建立科学、合理的制度衔接机制。从监督的范围来看，现行立案监督制

---

① 参见周永年主编：《人民监督员制度概论》，中国检察出版社 2008 年版，第 99 页。

② 在现行的规定中，上级检察院作出维持下级检察院检委会决定的复核结果，而多数人民监督员对复核结果仍有异议的，没有规定进一步的救济途径，具体参见陈新生：《人民监督员监督与人大监督之互补与衔接》，载《人大研究》2008 年第 11 期。

度的监督范围主要是针对自侦部门应当立案而不立案的监督①，而对于在自侦部门出现的不应当立案而立案的情形没有作出规定，导致人民监督员对此情形进行监督时缺乏具体的操作机制。从监督的受理部门来看，人民监督员对于应当立案而不立案或者不应当立案而立案的监督，根据《最高人民检察院关于实行人民监督员制度的规定（试行）》只能由侦监部门承办。而在立案监督制度中，审查起诉部门也有一定的立案监督权。这种规定的不一致，可能会导致在人民监督员监督相应案件的过程中，出现承办机关不确定的难题。从监督的提起程序来看，人民监督员对"应当立案而不立案或不应当立案而立案"进行监督主要靠其自行"发现"，即自行获取相关信息、在听取汇报和来信来访中发现；而在"立案监督制度中，对自侦部门立案监督的主要途径是检察机关自行发现，或由行政执法机关、被害人提出复议复核而引起"②。两种制度的不同规定可能会引起冲突，比如说检察机关依职权提起了立案监督程序，但是人民监督员尚未"主动发现"，是否应当启动人民监督员程序。而从制度设计的初衷来看，检察机关有必要告知人民监督员提起监督程序，但由于这种告知不具备强制性，我们不由地对制度运行中的人为因素感到担忧。

消除人民监督员制度与立案监督制度共存中的不协调之处，建立二者的衔接机制，可考虑从以下几个方面着手。第一，针对检察机关自侦部门不应当立案而立案仅有人民监督员制度外部监督的情况，可以考虑在检察机关内部设立由相应的监督部门来办理的机制。第二，针对可能出现的检察机关部门之间的职权冲突，可明确侦监部门是复议实体内容的审核部门，控申部门是复议具体程序的受理答复部门，人民监督员办公室则是人民监督员监督程序的操作

---

① 《人民检察院刑事诉讼规则》第 379 条规定：人民检察院审查逮捕部门或者审查起诉部门发现本院侦查部门对应当立案侦查的案件不报请立案侦查的，应当建议侦查部门报请立案侦查；建议不被采纳的，应当报请检察长决定。

② 张少林、杜民霞：《人民监督员制度与刑事检察工作的合理衔接》，载《法学》2008 年第 12 期。

部门。第三，从监督的提起程序来看，可考虑由被害人、行政执法机关不服人民检察院不立案决定而申请复议的，人民检察院在复议前应当先由人民监督员进行监督，即将人民监督员的监督作为复议决定的前置程序①。

2. 人民监督员制度与职务犯罪侦查制度的衔接

人民监督员制度与职务犯罪侦查制度的冲突主要表现在以下几个方面：

其一，监督的程序存在不合理之处。首先，人民监督员中对"三类案件"的监督主要是被动地依靠有关机关报送材料，而对"五种情形"和"一种情况"的监督则需要去主动发现。在人民监督员向检察机关提出监督意见后，因为没有就案件事实主动调查的权利，导致监督效果缺乏刚性。其次，人民监督员在监督过程中主要是听取案件承办人单方的报告，对案情的掌握不具备直接性。即使有必要去旁听对有关当事人的询问，也不能直接发问，势必影响监督的效果。

其二，撤销案件的监督期限与刑事诉讼期限的冲突。按照现行制度的规定，人民监督员案件监督期限一般为 7 日，重大疑难案件可以延长到 15 日。而《刑事诉讼法》规定，撤销案件的犯罪嫌疑人已被逮捕的，应当立即释放。因此，"人民监督员的监督时间必须要与侦查期限合理衔接。既要避免因严格执行刑事诉讼法的规定产生监督期限不足的情况，也要避免因出于保证人民监督员的监督期限需要，案件超过侦查期限的情况"②。

其三，撤案审批制度与人民监督员制度的冲突问题。根据最高人民检察院的相关规定，省级以下（含省级）检察院办理直接受理侦查的案件，拟作撤销案件的，应当报请上一级检察院批准。③

---

① 参见张少林、杜民霞：《人民监督员制度与刑事检察工作的合理衔接》，载《法学》2008 年第 12 期。

② 王延祥、刘正：《人民监督员制度与职务犯罪侦查制度的衔接》，载《法学》2008 年第 12 期。

③ 参见最高人民检察院制定的《关于省级以下人民检察院对直接受理侦查案件作撤销案件、不起诉决定报上一级人民检察院批准的规定（试行）》第 3 条。

但在撤销案件报批前，下一级检察院必须启动人民监督员监督程序，但对于经过下一级检察院人民监督员监督表决的案件处理决定，上一级检察院能否变更或撤销。如果能变更与撤销的话，同人民监督员表决意见的效力关系如何，这些问题都没有得到解决①。

因此，要从制度上完善人民监督员制度与侦查制度的衔接，可从这些方面进行。

首先，在"三类案件"中增强人民监督员监督的主动性效力。人民监督员认为符合监督条件的，由人民监督员办公室予以配合，经检察长批准可启动监督程序。同时，做好期限上的衔接，办案部门拟对案件作出撤案决定前，应当做好接受监督的准备工作，为接受监督留有充足的时间。

其次，应当赋予人民监督员可以听取犯罪嫌疑人或其委托的人的意见、并享有直接发问的权利。同时，人民监督员应可随检察人员进入看管场所，共同提审与其监督案件有关的在押犯罪嫌疑人、被告人和服刑人员。

最后，是撤案审批制度与人民监督员制度的衔接。对于检察机关拟撤销案件报上一级检察院批准过程中涉及人民监督员制度的问题，建议按照以下程序处理：一是人民监督员监督表决同意拟撤销案件的，经检察长或者检委会审查后，采纳人民监督员意见的，应当将拟撤销案件报送上一级检察院审查，人民监督员的表决意见一并报送。二是人民监督员监督表决同意拟撤销案件的，检察长或者检委会对业务部门的意见进行审查后不采纳业务部门所拟意见和人民监督员表决意见的，应当由检委会依法作出起诉决定。参加监督的多数人民监督员对检察委员会的决定有异议的，可以提请上一级检察院复核。三是人民监督员监督表决不同意拟撤销案件而要求继续侦查、不起诉或者起诉的，经检察长或者检委会对业务部门的意见进行审查后，认为符合撤销案件条件、不采纳人民监督员表决意见的，应当由检委会依法作出拟撤销案件决定，报请上一级检察院

---

① 参见王延祥、刘正：《人民监督员制度与职务犯罪侦查制度的衔接》，载《法学》2008 年第 12 期。

批准，人民监督员的表决意见一并报送。①

3. 人民监督员制度与公诉制度的衔接

人民监督员制度与公诉制度的交叉点在于针对"三类案件"中的"拟不起诉"的情形。公诉部门对侦查部门移送的案件拟不起诉的，必须在作出决定前将材料移送人民监督员办公室，接受人民监督员的监督。但同时根据《关于省级以下人民检察院对直接受理案件作撤销案件、不起诉决定报上一级人民检察院批准的规定（试行）》的相关规定，公诉部门拟不起诉的，应当报请上一级人民检察院批准。从性质上看，人民监督员对拟不起诉案件的监督属于外部性的权利监督，最终的监督结果还须检委会决定或经上级检察机关的复核。而上级检察机关对于下级检察机关拟不起诉意见的审核，属于业务审核，按照《宪法》和《人民检察院组织法》对上下级检察机关之间关系的定位，应具有效力上的强制性。这两种不同类型的制度体系，会使两种制度产生诸多的不协调。比如说人民监督员已对拟不起诉案件进行了监督，检察长对监督意见表示认可，按照人民监督员制度的相关规定，是无须提交检委会讨论决定的。但是，在报请上级检察院复核过程中，上级院如果对下级院的拟不起诉处理结果持异议的，就存在上级院对经过人民监督员监督的下级院的处理决定能否变更和撤销的问题。因此，上级院在批准下级院的拟不起诉的报请意见中，应当履行何种程序，以保障下一级检察院人民监督员表决意见效力的问题必须引起高度的关注。

对此，可建议检察机关针对不同情况分别处理之。

首先，如果人民监督员监督表决同意拟不起诉的，同级检察机关同意的，在报请上级院批准时将监督意见一并转送。上级院如果同意，则按照报批制度予以批准。如果上级院不同意的，就出现在人民监督员监督意见和上级院的决断之间如何抉择的问题。对此，有学者指出："上一级检察院对下一级人民检察院拟决定不起诉的案件认为应当提起公诉或者应当撤案的，应启动本院人民监督员的

---

①　以上主要观点参见周永年主编：《人民监督员制度概论》，中国检察出版社 2008 年版，第 300～301 页。

监督程序，在监督中应当向人民监督员介绍下一级人民检察院人民监督员的表决意见，将审查意见和本院人民监督员的表决意见一并报请检察长或者检察委员会决定。"① 此种观点的出发点是考虑进一步增强对不起诉案件的正确适用，但是上级检察院的人民监督员在对案件进行评议时，缺乏相应的机制来对案件第一手资料予以掌握，也没有直接的途径与相关承办人和当事人接触与沟通，同时上一级检察院的人民监督员直接监督下级检察院的案件，参与对案件的评议，在现行的制度体制之内，尚没有类似规定，须对人民监督员的监督方式和监督范围作较大调整，尚待进一步研究。因此，在目前的法律框架之内，可考虑直接赋予上级检察院对下级检察院人民监督员监督结果的优位性，能对下级检察院的报批申请直接予以处理。如果是人民监督员监督表决同意拟不起诉的，同级检察机关有异议的，可按照正常的复核程序，由人民监督员提请上级检察院复核，上级检察院将复核程序和报批程序合二为一，一并作出决定。

其次，如果是人民监督员监督表决不同意拟不起诉决定的，检察机关不采纳的，制度衔接起来相对容易，可按照正常的复核程序，由人民监督员提请上级人民检察院复核，上级检察院将一并作出处理决定。

4. 人民监督员制度与检察委员会制度的衔接

按照现行相关制度的规定，人民监督员在监督案件的过程中如果对检察机关的处理意见持异议的，必要时须由检委会讨论决定。因此，正确协调检委会与人民监督员之间的关系显得尤为重要。

在现行的人民监督员制度框架内，检察机关办理"三类案件"和"五种情形"案件时，在作出正式决定之前都要接受人民监督员监督。也就是说，人民监督员的监督是检察长和检委会作出最终裁决的前置程序，检察办案部门不能把案件交检察长审批和提交检察委员会讨论决定完毕后再交由人民监督员进行监督。但是在目前

① 周永年主编：《人民监督员制度概论》，中国检察出版社 2008 年版，第316 页。

的检务实践中，检察机关办理自侦案件时，承办部门一般都无权自行作出决定，都要经过检察长或检察委员会同意或决定，主要涉及立案批准、拘留决定、逮捕决定等诸多程序。如果办理的每一个案件，乃至每一个诉讼环节都经过检察委员会讨论决定，既违背了检察委员会设立的基本目的，也有可能使人民监督员制度完全异化为检察权的附庸，丧失了制度的独立品性。

为使人民监督员制度与检察委员会案件讨论制度正确衔接，提高检委会工作效率，可作如下方面考虑：

首先是针对"三类案件"的监督制度与检察委员会制度的衔接。以拟维持原逮捕决定的案件为例，我们应当明确将人民监督员的监督作为决定作出的必要程序，即非经此程序不得提交检察委员会讨论决定，将其刚性进一步提升。此种考虑方式是为了防止检委会事先讨论后作出结论再提请人民监督员监督，从而使监督过程和监督结果流于形式。对于拟撤销案件、拟不起诉案件的做法也可参照拟逮捕案件的做法，事先也必须先提请人民监督员的监督。如果在启动人民监督员监督程序之前已经由检察委员会进行了讨论并由检察委员会作出了拟维持原逮捕决定、拟撤销案件、拟不起诉决定的，人民监督员监督表决后，应当将案件再次提交检察委员会讨论，以便检察委员会在听取业务部门和人民监督员双方的意见后重新作出决定。①

在"五种情形"的案件中，也可以参照"三类案件"的做法，规定人民监督员对"五种情形"的监督是案件处理的必经程序。

需要强调的是，人民监督员制度作为公民宪法基本权利的行使方式和保障制度，与刑事司法程序紧密联系，虽然制度本身已具备正当性基础，但制度的法制化对制度的良性运行依然有着重要的意义。

---

① 参见陈为钢：《人民监督员制度与检察委员会制度的衔接》，http://fy.jcrb.com/shownews1.aspx? newsid=986，2009 年 6 月 19 日访问。

第三章

人民监督员制度的立法基础

第一节　人民监督员制度立法相关理论
准备的梳理——共识、缺失

从制度的本源来看，人民监督员制度具备价值正当性并契合宪政发展的一般规律。但从制度存在的形式来看，学界也开始反思现行的规范体系，以寻求制度本身既能镶嵌于现行的法律体系之内，也能维护制度的权威和保障制度的效能。因此，人民监督员制度的立法问题成为了深化人民监督员制度发展的基本路径和关键所在。

一、人民监督员制度立法的共识性观点

在人民监督员制度的相关立法理论准备中，学者们主要围绕制度的立法正当性、立法的意义与必要性、立法的可行性策略、立法的调整内容等方面予以了分析，形成了一些具有共性的观点。

一是关于人民监督员制度立法的价值正当性的问题。对于此问题，理论界普遍认为人民监督员制度立法符合法治发展的一般规

律，是制度发展之必然。比较有代表性的观点从人民监督员制度的法理基础和价值诉求过渡到人民监督员制度立法的价值正当性，强调人民监督员制度的立法符合现代立法的本体论原则、价值论原理和方法论原理。此种观点进一步指出，人民监督员制度的立法从制度上设置了检察权服从规则治理的程序，体现了对被刑事追诉者理性的人文关怀，兼顾了权利本位的理念。① 对此，也有的学者作出了回应，认为人民监督员制度立法的目的包括直接目的和根本目的，直接目的在于通过法治途径来制衡检察权的行使，根本目的则在于人权的保障。②概而言之，即普遍认可了人民监督员制度的立法正当性在于通过规范的法律体系来促进基本权利的保障，是立法过程的民主化和立法目标的科学化在人民监督员制度立法中的体现。

二是人民监督员制度立法的必要性问题。针对此问题，理论界研究得比较充分，也基本上形成了共识。比较一致的观点是立足于制度的实际情形，认为从人民监督员制度的运行效能、存在形式和本质来看，均存在明显的滞后性，应当加快其立法进程。具体而言，普遍认为尽管人民监督员制度有充分的法律原则规定，但是这些规定仍然是过于抽象，既没有为人民监督员制度提供足够的法律支持，也不具备可操作性，因此需要法律来明确人民监督员制度的具体内容和运行程序，并对人民监督员制度与相关制度规范予以了衔接。③ 也有学者进一步指出，现行的人民监督员制度体系只能理

---

① 参见高振宇、吕国福：《人民监督员制度的理论依据与立法问题》，ht-tp：//nx. people. com. cn/GB/channel65/152/226/200508/10/33782. html，2009 年 6 月 5 日访问。

② 参见戴雄鸳、潘鸿儒：《关于人民监督员制度立法的几点思考》，ht-tp：//www. cnjccn. com/html/2007829422. html，2009 年 6 月 5 日访问。

③ 参见夏正林：《论人民监督员制度的必要性和可行性》，载《连云港职业技术学院学报》2005 年 6 月第 2 期；牛宝成：《人民监督员制度需纳入立法规划》，载《人民检察》2004 年第 9 期；王磊：《论人民监督员制度的法律化》，载《人民检察》2006 年第 8 期（上）；罗长喜、周建高：《关于人民监督员制度的立法思考》，载《人民检察》2005 年第 1 期（上）等代表性的论著。

解为检察机关内部工作制度的一种改革，但从发展的趋势来看，人民监督员制度必然要走向体制外，而现行法律没有预设人民监督员这样的组织，也没有授权检察院设立这样的组织，其作为一种外部监督组织是缺乏法律依据的，并且人民监督员制度具有诉讼制度的某些特质，与《立法法》所确立的法律保留原则也相违背①。同时，现行的人民监督员制度的形式载体是最高人民检察院和各地检察院、人大制定的各种规范性文件，由于人民监督员制度会大量涉及监督参与者的权利和义务的问题，如果没有法律的调整，既违背了法治国家的基本理念②，也会影响到该制度的中立性③。

　　三是关于人民监督员制度的立法可行性分析。在对人民监督员制度立法的必要性和紧迫性形成共识的基础之上，理论界也对人民监督员制度立法的可行性作出了探索。认为人民监督员的立法具备规范依据、实践基础、法治基础。首先是普遍认为人民监督员制度的立法具备规范依据，即该制度具备宪法基础和法律基础，契合宪法关于公民享有对国家机关工作人员批评和建议权的规定，也与刑事诉讼法和人民检察院组织法中的"检察机关要接受社会群众的监督"规定相一致④。其次，从人民监督员制度立法的实践基础来看，认为人民监督员制度通过先期试点工作，使监督程序逐步规范和健全，许多经验得到进一步总结和推广⑤，为人民监督员制度的

---

　　①　参见李卫东：《加快人民监督员制度立法势在必行》，载《法制与社会》2008年第9期；周永年主编：《人民监督员制度概论》，中国检察出版社2008年第1版，第345页。

　　②　参见许卫林：《关于人民监督员制度法治化的理性思考》，载《湖北社会科学》2009年第3期；周永年主编：《人民监督员制度概论》，中国检察出版社2008年第1版，第346页。

　　③　参见柴春元：《推进立法，彰显人民监督员制度的生命力》，载《人民检察》2006年第8期（上）。

　　④　参见马增民、王学臣：《试论人民监督员制度的立法可行性》，载《检察实践》2004年第2期；夏正林：《论人民监督员制度立法的必要性和可行性》，载《连云港职业技术学院学报》2005年6月第2期；赵瑞芳、雷闪闪：《人民监督员制度立法小议》，载《今日湖北》（理论版）2007年3月第3期等论著。

　　⑤　如可借鉴人民陪审员的立法模式。

立法积累了经验①。最后,学界普遍认为人民监督员制度的立法与社会主义司法改革的方向与内容相一致,具备制度生成的法治土壤,有着很强的现实意义。

四是关于人民监督员制度的立法定位问题。在人民监督员制度的立法问题研究中,将人民监督员制度的法律定位作为立法的首要问题已成为共识。在此基础之上,大多数学者认为在人民监督员制度的立法中,应当将制度的性质定位于一种民主性、非司法性的权利监督,人民监督员的表决意见只是检察机关在决策时必须参考的重要意见,并不具有诉讼法上的必然后果,并认为此种定位模式是与刑事诉讼基本法律的立法原则相一致的②。同时,立法时也应当考虑制度产生效力的机理,将其设立为一种"体制外"的监督机制,以实现与监督性质的同一性。

五是关于人民监督员制度立法的内容问题。尽管理论界对于人民监督员制度立法的规划和策略争议还颇多,但是在对人民监督员立法应涉及的主要内容,还是能够达成比较一致的观点。首先是认为对制度设计的原则规定应当纳入立法范畴,即在人民监督员制度的立法过程中,应体现该制度的基本特质和确立该制度的基本原则,以指引整个立法过程的方向③。同时,理论界结合人民监督员制度的基本内涵和其所要达到的效果,将整个制度体系归纳为制度运行的人员与机构设置机制、监督的方式和程序机制、监督的效力

---

① 参见邱学强:《人民监督员制度立法的必要性和可行性》,http://www.legalinfo.gov.cn/misc/2008-01/08/content_777102.htm,2009年6月5日访问;周永年主编:《人民监督员制度概论》,中国检察出版社2008年第1版,第352页。

② 参见文盛堂:《人民监督员制度的理论依据与立法评析》,载《人民检察》2005年第6期(上);左卫民、吴卫军:《理念和制度的深化和发展》,载《人民检察》2005年第1期(下)。也有少部分学者认为人民监督员的监督属于权利性监督的观点基本上是从实然的角度出发,只是这些论证却无法解释该制度存在的某些具体问题,比如怎样保障监督的效力问题,参见李建民:《人民监督员监督意见的效力探讨》,载《人民检察》2005年第8期(上)。

③ 在立法中如何确立人民监督员制度的具体原则还是存在争议,但这并不妨碍原则的确立在立法中的重要性。

和保障机制等内容，并应当在立法活动中加以考虑。如有的学者建议在立法中应当从选任制度、选任程序、监督方式和履职保证等方面着手，建构科学的法律形态。①

六是关于人民监督员制度立法的意义。普遍的观点是人民监督员制度的法制化有助于制度的贯彻实施，并能通过确立具体的保障机制，使人民监督员制度参与主体的权利得到更好的保障，从而能使该制度体系所包含的刑事程序的内容得以明晰②。在此基础上，可通过立法促进在全社会实现公平和正义，为推进社会和谐提供有效的司法保障③。

二、人民监督员制度立法研究的缺失

尽管目前在人民监督员制度的立法研究进程中已经初步达致了一些共识性的观点，但是这些观点要么基于"问题—对策"的传统思维模式，仅立足于制度运行的实效而形成，要么是对人民监督员制度的立法能促成的价值目标抱有一种理想化的想象，或者根本就是因为"法"的层级高于"一般规范"而产生的一种单纯的立法夙愿。客观地说，这些理论上的共识，没有涉及制度立法的根本性问题，包括为什么要立法？这种追问不是仅仅因为追求制度运行效果的客观需要，更是因为制度为什么存在、应当如何存在的一种法理解读。立什么样的法？包含立法的主体和立法的对象应该如何确定，"法"的内涵和外延指的是什么。怎么样立法？即立法的程序和路径应当如何选择的问题。

（一）人民监督员制度的立法合理性问题

如前所述，理论界普遍认为人民监督员制度之所以要纳入立法进程，是因为现有的规范体系存在不足，既有其层级偏低的因素，

---

①　参见许卫林：《关于人民监督员制度法治化的理性思考》，载《湖北社会科学》2009 年第 3 期。

②　参见王磊：《论人民监督员制度的法律化》，载《人民检察》2006 年第 8 期（上）。

③　参见贾春梅：《论人民监督员制度立法的必要性》，http：//fy.jcrb.com/fyfz/rmjdy/lilunyantao/200812/22.html，2009 年 6 月 5 日访问。

也是为了确保其公正性。但按照数学模型的演绎规律来看，这种实证判断是有个假设条件的，那就是人民监督员制度的存在具备其价值。这种价值的界定，不是前述学界所认为的促进人权保障和司法公正等法治光环下的普世价值，而是人民监督员的存在具备其独特性，在众多的制度选择和制度构建中，必须要以人民监督员制度来作为对检察权的外部监督方式。"检察权需要监督并不意味着一定要接受人民监督员的监督，更不意味着需要民众参与检察权的行使。而且，即使司法民主应当吸引民众参与司法，也不能得出任何具体的司法权力都应当接受具体的公民个人的审查……有些权力需要民众参与，而有些权力就不应当由民众参与①。"因此，在将人民监督员制度从一种工作制度规范引入立法之前，必须首先解决为什么需要用这种监督方式来解决监督者受监督的问题，它相对于其他的监督制度有没有优越性，如相对"审判权、自诉权、律师制度以及国家权力机关、政协、中国共产党、新闻媒体等方面的监督而言，人民监督员制度有没有存在的价值，是否小菜一碟"②，这是确立立法正当性所必须具备的一种理论准备，不能仅以一种政治上的话语宣扬和实证的需要来代替制度改革本身的一种必要性论证。如果连人民监督员制度的这种存在的独立性问题都不解决，立法问题无疑是一种空洞的、不切实际的幻想罢了。

（二）人民监督员制度立法的载体问题

在当前的人民监督员制度的立法研究中，比较普遍的观点是认为立法是解决制度缺陷的最好方式。但何谓人民监督员制度的立法？"法"是一种法理学角度的抽象含义还是有所特指？立法的目的是为了进一步完善人民监督员制度的规范性特质还是基于其他考虑？这些问题在人民监督员制度的立法研究中仍然没有得到明晰。

首先是"法"的内涵和外延的问题。按照对法的经典解释，

① 余锋、谢小剑：《人民监督员制度的冷思考》，载《江西社会科学》2005年第10期。

② 参见徐昕：《人民监督员制度批判》，摘自2005年11月29日西南政法大学司法研究中心"人民监督员制度研讨会"发言整理稿。

"法是一种反映阶级意志的，以权利义务关系为主要内容，确认、保护和发展特定社会关系、社会秩序和社会目标的行为规范体系"①。如果按照这种对法的诠释方式，现行的人民监督员制度规范本身就具备了一种行为规范体系的特质，那么，要宣扬、鼓吹制度立法的意义何在。如果法取狭义的含义，仅指全国性的法律的话，那么从人民监督员制度需要立法到只能立法律之间缺乏一种逻辑上的条件演绎。而目前在谈论到人民监督员的立法问题时，就有这样一种将立法等同于立法律的趋势，是一种简单化的趋同心理的体现。我们认为，在研究人民监督员制度时，必须要解决立法的载体问题，包括确立"法"的内涵，是立"法律"还是立"法规范"？采用何种层级的立法，地方立法能不能涉及人民监督员制度？涉及的度是什么？不能涉及的话，理由又是什么？

其次，在明晰了"法"的内涵和外延的基础之上，人民监督员制度立法的目的尚须进一步明确，是为了使人民监督员制度规范更具可操作性还是为了与现行的法律监督制度相吻合？这将会影响立法的基本走向和法律类别的最终确立。

（三）人民监督员制度立法策略的问题

即使是在人民监督员制度立法须采用中央立法的假设成立的情况下，也存在一种立法策略的选择问题——即采用何种形态法规范。按照《立法法》对法律的位阶分类，法律是有基本法律和一般法律之分的。而且在全国人大常委会制定的具有约束效力的规范文件中，还存在大量没有以法律形态出现的情形。在现行的人民监督员制度立法研究中，尽管大量涉及如何选择立法模式的内容——即在《刑事诉讼法》或者《人民检察院组织法》中列入相应的内容，或者制定单行的《人民监督员法》。但是这种模式的选择只是一种设想，缺乏系统的论证，即选择此种模式的理由何在？有没有其独特性？这些还需要在制度的立法研究中进一步深入探索。

---

① 张文显主编：《法理学》（第二版），高等教育出版社 2003 年版，第 58 页。

第二节　人民监督员制度试点及运行情况的实证分析——实效、问题

一、人民监督员制度试点及运行情况

宪政理念的基本诉求在于权力受制衡。这种制衡既体现为一种法律规则的调控状态，也"深蕴着现代的法治理念、法律信仰、法律制度、司法活动和规则秩序等精神—制度—行为—关系的秩序化进程。这种进程必须去面对权力与权利、权利与权利、权利与义务的规则调控和理性平衡，从而保障权利、自由、正义和秩序"①。

自人民监督员制度试行以来，其监督模式与监督程序经历了从不成熟到逐渐完善乃至深化发展的渐进式过程，大致经过了启动试点阶段、全面试点阶段和深化发展阶段，取得了明显的社会效果，较为有效地解决了检察机关在自侦案件中缺乏监督的问题。

（一）启动试点阶段

此阶段以 2003 年最高人民检察院召开的人民监督员试点工作会议为起点，以《最高人民检察院关于实行人民监督员制度的规定（试行）》的颁布为主要标志。时间跨度为 2003 年 8 月至 2004 年 7 月。在此期间，最高人民检察院决定在天津、河北、内蒙古、辽宁、黑龙江、浙江、福建、山东、湖北、四川 10 个省、自治区、直辖市首先启动试点工作。2004 年 1 月在北京召开了试点工作座谈会，决定将试点省扩大到 13 个。同年 5 月又在成都召开座谈会，对试点工作进行了阶段性总结。②

随即各试点单位相继成立了人民监督员办公室，部分试点单位如山东、福建、湖北、黑龙江等省先后制定了实施细则和监督工作

---

① 马长山：《人民监督员的法治价值及其实现》，载《国家检察官学院学报》2006 年 4 月第 14 卷第 2 期。

② 最高人民检察院办公厅人民监督员办公室：《全国检察机关人民监督员制度试行两周年情况通报》，载《方圆法治·人民监督员专刊》2006 年第 4 期。

文书写作规则，增强了试行规定的可操作性。辽宁等省院将案件监督情况纳入执法质量考评体系，福建等地开展各部门联合试点督察工作。在此阶段，从监督对象来看，人民监督员主要是针对"三类案件"进行监督，相应的规范文件也主要是对"三类案件"的监督方式和监督程序作了详细的规定。从试点范围来看，除福建、四川、湖北等省是全省试点以外，大部分省份是部分检察院实行试点，试点范围还不够广泛。从监督方式来看，各地的监督模式与监督机构还处在一种初步的探索之中，无论是人民监督员的选任还是人民监督员办事机构的配置，均呈现一种多样化的态势。

（二）全面试点阶段

2004 年 7 月，中央批准了最高人民检察院党组的专题报告并同意在全国范围内开展试点工作。同年 8 月，最高人民检察院颁布了《关于进一步扩大人民监督员制度试点工作的方案》，标志着人民监督员制度进入全面试点阶段。

在此阶段，首先体现为试点范围的进一步扩大。在省级检察院中，全面实行人民监督员制度试点；同时，大力推行分、州、市和县级检察院的试点，具体的试点检察院由省级检察院决定报最高人民检察院备案。截至 2005 年底，所有的省级检察院，349 个分、州、市检察院和 2407 个县级检察院都开展了试点，占全国检察院总数的 86％。① 其次，从监督的范围来看，随着 2005 年 11 月 23 日最高人民检察院第十届检察委员会第四十五次会议通过《关于人民监督员监督"五种情形"的实施规则（试行）》，进一步细化了"五种情形"监督的程序，同时规定对于"一种情况"的监督也适用该程序予以办理，从而全面规范了人民监督员制度的监督范围和监督程序，人民监督员制度全面试行并逐步完善。

（三）深化发展阶段

以最高人民检察院提出的 2006 年深化试点工作的意见为标志，人民监督员试点工作进入了深化发展阶段。最高人民检察院在总结

---

① 参见周永年主编：《人民监督员制度概论》，中国检察出版社 2008 年版，第 13 页。

2005 年开展人民监督员制度试点工作的基础上，提出了 2006 年各级检察院在重点抓好"三类案件"的监督、努力提高监督案件质量的同时，加强对"五种情形"监督的要求，进一步将监督员试点工作推向深入。

此阶段可以说是人民监督员制度进一步细化和规范化运行的阶段，并使试点工作规范化和制度化建设进一步强化。在对监督对象的程序与监督方式进一步明确的前提下，开始逐渐重视人民监督员制度与相关制度的协调性。"搞好人民监督员制度与职务犯罪案件报批、报备制度的衔接，不能因为实行报批、报备制度而影响人民监督员发挥作用。"① 同时，各地人民监督员试点工作开始对深化人民监督员制度规范作出积极尝试。如江西、福建等省的试点院规定，在不影响诉讼的前提下尽可能邀请人民监督员列席检察委员会讨论"三类案件"，拓宽监督员履职途径和方式。江苏省院建立了人民监督员参与控申部门联合接待来访机制，有利于人民监督员广泛、直接和真实地获取"五种情形"的信息，进一步增强检察机关执法活动的透明度和公信力，为缓解重访、缠访问题起到积极作用。甘肃省院统一制作《人民监督员监督"五种情形"告知书》，扩展了人民监督员监督"五种情形"的监督渠道。黑龙江、辽宁、江苏、山东、湖北、四川等近 10 个省院将试点工作纳入年终目标考核。河南省院建立案件质量联合检查制度，将监督事项作为案件质量检查的重要内容，并纳入目标考核。②

二、人民监督员制度试点与运行的实效分析

人类生活在一个制度世界里，制度维持着人类的秩序，贯彻着人类的价值目标。而制度的生命力在于其既是一种理性的规则形

---

① 贾春旺：《继续深化人民监督员制度试点工作》，载《人民检察》2006 年第 4 期。

② 参见最高人民检察院人民监督工作办公室人民监督员工作处：《2008 年人民监督员制度试点工作总结》，载《方圆法治·人民监督专刊》2009 年第 1 期。

态，更在于它调控社会所取得的实际效果。人民监督员制度自产生以来，既从目的上表征了制度设计之初所追求的效能，也更好地体现了司法制度本身所蕴含的价值标准，彰显了一项社会制度具备合理性所必须具备的首要前提——社会实效。

（一）人民监督员制度目的性实效的体现——推动了人权保障的进程

人权的保障是现代法治国家所蕴含的基本精神，也是司法制度具备生命力的基本评判标准。2005 年 10 月，国务院新闻办公室发布的《中国的民主政治建设》白皮书将人民监督员制度与公开审判制度、人民陪审员制度、律师制度、法律援助制度、人民调解员制度并列，表明了人民监督员制度是我国保障人民的民主权利和基本人权的一种重要制度，将其正式纳入人权保障制度体系中来。①在 2008 年 2 月 28 日，人民监督员制度作为具有中国特色的司法体制改革工作，被载入了《中国的法治建设》的白皮书，宣示了人民监督员制度在人权保障机制中的特殊地位。

从实质来看，人民监督员制度是专门针对检察权可能对人权造成侵害行为的一种法律救济程序，具有规范性、救济性和价值正当性的特点。在国家权力运行的动态过程中，统治者片面强调权力的权威与权力的效果是一种比较普遍的政治现象。以检察机关行使检察权为例，由于对职务犯罪的立案、侦查、逮捕、起诉等行为都是直接由检察机关作出的决定，为了提高惩治职务犯罪的效果和维护检察机关的权威，往往容易忽视对被诉人权益的保护，使权力行使与权利救济之间的对比严重失衡，使对职务犯罪的侦查行为成为权力滥用的温床。针对此，人民监督员制度设定了针对"三类案件"和"五种情形"的监督模式，从规范权力的运行方式、运行程序和运行结果对自侦案件予以监督。以"三类案件"为例，其中的逮捕、撤案、不起诉是检察机关查办职务犯罪案件工作的重要环节，也是检察机关最容易滥用职权的环节，却在实践中得不到任何

①　该白皮书发表于 2005 年 10 月 19 日，是新中国成立以来首次发表的关于民主政治建设的政府文告。

的监督。将这三个环节交由具有公民权利属性的人民监督员进行监督，检察机关在对直接查办的案件作出处理决定之前必须充分听取人民监督员的意见，实际上就是将检察工作置于人民群众的监督之下，体现了人权保障的基本要求。人民监督员通过对此类案件的监督，有效维护了当事人的合法权利，从制度上实现了打击犯罪与保护人权的有机统一，取得了良好的社会效果。

如沈阳市人民检察院办理的裴某涉嫌贪污案，裴某提出身患疾病不服逮捕决定的申辩，检察机关更换办案人员审查后认为裴某所患的并非不能羁押的疾病，为了办案的顺利和防止社会危害的发生，拟维持原逮捕决定。人民监督员监督后不同意检察机关维持逮捕决定的意见，认为本案证据已经固定，裴某患病也是事实，变更强制措施不会发生社会危害。检察机关采纳了监督意见，依法将逮捕变更为取保候审。① 此类型的案例在人民监督员制度诞生以后大量出现，屡见不鲜。由此可见，人民监督员制度起到了平衡司法权力与诉讼权利的作用，通过监督国家的检察权和保护当事人的人权，实现了打击犯罪与保障人权的有机统一，较好地解决了权力行使与维护权利之间的矛盾和冲突，弥补了公民的诉权在检察机关的自侦案件中缺乏机制保障的真空，是刑事诉讼中人权保护的一大进步。

（二）人民监督员制度极大地推进了诉讼民主

检察权的运行具有专门性、统一性和程序性等专业特征，其对案件的处理不一定能完全体现民众的愿望和要求，特别是在对犯罪行为社会危害性的认识和惩处力度的要求上，尽管也存在有人大监督等监督方式，但这种监督具有对象上宏观性和监督方式的多样性②，不会针对个案的监督，而是一种抽象、长效的民主监督机

---

① 案件来源于最高人民检察院人民监督工作办公室人民监督员工作处：《人民监督员试点工作取得明显成效》，载《方圆法治·人民监督员专刊》2006年第1期。

② 人大监督检察权的行使方式比较多样，主要是代表视察、提出批评建议等，但其启动和监督都不是一种专门监督，只是人大职能的一种体现。

制。因此如何让司法权更好地融合社会性与人民性的特点，也是宪法研究所关注的焦点。

在现行的人民监督员制度框架内，人民监督员通过对案卷的查阅，听取办案人员的汇报和犯罪嫌疑人的意见、评议与表决等方式，参与到检察院自侦案件的诸多环节，将其监督结论反馈给检察机关，使民主监督的理念真正渗入了检察权的行使当中去，改进了职务犯罪侦查长期被封闭的情形。截至 2008 年底，全国各级试点院人民监督员共监督"三类案件"26484 件，监督"五种情形"515 件，已向人民监督员反馈查处或查明情况 500 件①，已初步形成了民众参与检察权行使的制度体系。应当说，人民监督员制度的实行，且不论监督结果的积极影响，单就人民监督员行使监督职责的过程来讲，就是一种司法民主与司法参与的重要体现，是社会主义民主政治在刑事诉讼领域中的全新反映，创建了一条落实民主监督的新途径，是一项契合法治、民主观念且富于时代精神的制度探索和创新。

（三）人民监督员制度有效地维护了司法公正

从结果来看，人民监督员制度有效地防止了检察机关在查办职务犯罪案件中可能出现的偏差，促进了规范执法，保证了查办职务犯罪案件的质量。尽管检察机关相应职权的行使具有很强的专业性，但专业性不应成为检察权被封闭行使的理由，如果缺乏有效的监督，检察官也难免会犯错误。因此，将检察权置于人民的监督之下，对于防范职权上的疏漏的积极意义不言而喻。截至 2008 年底，全国各级试点院共监督"三类案件"26484 件，人民监督员不同意检察机关拟处理决定 1131 件，检察机关采纳 711 件，占 62.8%。检察机关共受理人民监督员提出对"五种情形"的监督 515 件，已向人民监督员反馈查处或查明情况 500 件②。使这些案件的处理

----

① 参见罗欣：《不断推动人民监督员制度走向法制化》，载《检察日报》2009 年 3 月 6 日。

② 参见罗欣：《不断推动人民监督员制度走向法制化》，载《检察日报》2009 年 3 月 6 日。

在合法的基础上更加注重引入价值判断标准，有效防止并及时纠正了在逮捕、撤案、不起诉环节可能出现的问题。同时，这项制度将检察权的行使推向了社会民众的直接监管之下，促使了办案人员的司法作风进一步改变，有效防止和减少了检察机关办案中的违法违纪的发生，进而维护了司法公正。以 2005 年、2006 年两年的统计数据为例，全国检察机关职务犯罪侦查部门的干部违法违纪案件 2005 年同比下降 15.4%，2006 年上半年同比又下降了 37%。①

在监督过程中，人民监督员制度还有效地保障了检察权的独立行使。由于有人民监督员严格履行监督职责，有理有据地提出监督意见，从而帮助检察机关抵制和排除外界干扰，有效地维护了检察机关的法律地位。如四川某市检察院查办镇长王某受贿案前，王某受贿事实经有关部门查实后未被处理反而调任市机关重要职务。检察机关立案后，拟按有关机关的建议作撤案处理，但参与监督的人民监督员一致不同意撤案。检察机关采纳监督意见依法起诉，王某被判处有期徒刑。仅以 2003 年 9 月至 2004 年 4 月间为例，四川省人民监督员说"不"的 21 件案子中，就有 5 件的拟处理决定是外部因素的干扰，监督后均得到了依法处理，在客观上为检察机关起到了排忧解难的作用，支持了检察机关依法独立行使检察权。②

（四）人民监督员制度提升了司法效率

"对公平正义的追求，决不能无视追求它的代价。"经济分析法学派的波斯纳教授在其《法律的经济分析》里提到了这一点，其论证的就是司法效率的重要意义。司法效率是现代诉讼法律价值目标体系的构成要素，其基本出发点在于司法投入的最小化和收益的最大化。它的确立，摒弃了传统的以正义为唯一理念的司法价值观，体现和反映了现代诉讼法律在价值目标取向上的多元性，对实现现代诉讼法律价值目标体系中公正、安全、效益等要素的价值整

---

① 常艳：《人民监督员制度研究》，武汉大学法学博士毕业论文。

② 人民监督员制度理论研究课题组：《人民监督员制度的理论基础与立法问题研究》，http：//fy. jcrb. com/shownews1. aspx？newsid = 652，2009 年 6 月 15 日访问。

合，具有重要的影响和作用。

司法效率在检察权的行使中体现为检察效率，是检察机关在进行检察活动中所得到的效果与投入之间的比率关系。以"三类案件"中的检察机关行使不起诉决定权为例，检察机关对案件的事实、证据审查后，认为不符合起诉条件的，可以（或应当）作出不起诉决定。但由于这种涉及实体后果的处理决定是检察机关依据职权单方面作出的，事先没有倾听其他主体的意见，当事人对不起诉决定不服的，就必须要直接根据《人民检察院刑事诉讼规则》提出申诉，并由上级检察机关作出决定，这就可能使得诉讼拖延，浪费司法资源，降低诉讼效率。而人民监督员介入拟不起诉案件的审查之中，在检察机关作出最终的不起诉决定之前，对不起诉案件事先听取人民监督员的意见，提升了不起诉案件的适用正确性，也使有关当事人对此决议的透明度更加信服，能在追求司法公正的同时，有效地利用司法资源，最大限度地实现司法效率。

以 2005 年、2006 年两年的统计数字为例，在人民监督员制度的作用下，检察机关自侦案件的撤案率、不起诉率 2005 年同比下降了 0.98% 和 4.4%。2006 年上半年的撤案率、不起诉率同比又下降了 0.4% 和 6.4%。① 在相当程度上缩短了诉讼周期，节约了诉讼成本。

三、人民监督员制度试点与运行存在的问题分析

新生的制度体系往往会伴随制度成长与发展的"阵痛期"。人民监督员制度在各地试点过程中，也产生了许多具体的问题。从类型来看，既包括制度性质方面的困惑，也涵盖了运行程序与运行方式的冲突，还包括如何确保制度运行的效果等突出的难题。因此，厘清制度实际运行中的问题，找出解决的路径，也是一项具有重要

----

① 也有的学者认为用撤案率、不起诉率来衡量办案质量是一种较为片面的做法。统计数据来源于新华社：《今年上半年检察干部违法违纪案件同比下降37%》，http：//www.gov.cn/jrzg/2006-09/01/content_375948.htm，2009 年 7 月 1 日访问。

意义的工作。

（一）关于人民监督员产生的问题

1. 人民监督员的构成问题

诸多的试点单位在选任人民监督员时，片面考虑到监督员的知识素养和监督的效果，强调人民监督员本身的素质，却忽视了人民监督员制度存在的基本价值前提。因此，在各地所选任的人民监督员中，具备法学教授、律师、人大代表等特定社会身份的监督员人数占了相当大的比例。此种做法，一方面是导致人民监督员制度的运行丧失了其法理上的正当性；另一方面由于试点检察院选任的"精英化"的人民监督员往往兼任其他职务，尽管其具备实现监督功能的地位，但是从另一个角度讲，会出现难以保障参与监督的事实情况。在目前的解职制度尚不健全的情况下，会使监督工作的经常性和连续性大打折扣，并会实际影响与制约监督的效果。此种现象，已经严重阻碍了人民监督员制度价值目标的实现，值得关注。

2. 人大代表兼任人民监督员的问题

在各地进行的人民监督员试点工作中，都存在大量聘请各级人大代表兼任人民监督员的情况。但是这种做法也有很大的负面作用，值得商榷。首先，《全国人民代表大会和地方各级人民代表大会代表法》明确规定："全国人民代表大会和地方各级人民代表大会代表，代表人民的利益和意志，依照宪法和法律赋予本级人民代表大会的各项职权，参加行使国家权力。"可见，各级人大代表对检察机关的监督权是一种法定的监督权①，是由宪法和法律明确赋予的。聘请人大代表担任人民监督员，会使人大代表的法定职责与由人民监督员制度创设的社会监督权的界限变得模糊。在实践中，有相当数量的人民监督员在个案监督时，往往会以其人大代表的身份来监控检察机关，而不是以一名"人民监督员"的法律身份来施行。此种做法，既存在制度重叠的弊端，也混淆了法定监督与社会监督、刚性监督与程序性监督的不同监督模式。其次，从人大代

---

① 现行法律规定，人大代表可以对检察工作提出建议、批评和意见，可以提议组织关于特定问题的调查委员会，可以联名提出质询案。

表的法律属性来看。人大代表作为国家权力的法定行使者，其职权的行使依赖于国家权力机关。如果同时赋予人大代表以人民监督员的身份，会使人大机关利用人民监督员这一媒介，干涉到司法个案中来，从而破坏现有的诉讼均衡地位。最后，检察机关聘请人大代表担任人民监督员还面临着一个难题——如何确认聘任标准？聘任的对象如何把握？作为代议机关的构成人员，人大代表的身份在此时却被公权机关以聘任的方式加以抉择，此种做法，不仅与人大代表的宪法地位相冲突，也会使人大代表的代表性和公众基础大大降低。

3. 人民监督员的产生方式问题

托克维尔在《论美国的民主》中提到"陪审员的名单应随着选民的名单的扩大而扩大，或者随着缩小而缩小"①，就是针对美国法院陪审制度民意基础的精辟论述，强调陪审员的产生应当像议员的选举制度一样，公开、透明。然而在现行的试点工作中，人民监督员一般是经由有关单位推荐而最终确认，具有主观性、封闭性和非程序性的弊端。

所谓主观性，指的是人民监督员由推荐机关单方面推荐，对推荐人的适格判断完全由其自主进行，由于推荐机关大多数属于国家公权机关，因此，难免会使人民监督员带有较强的任命性的色彩。封闭性指的是人民监督员在被推荐到最后由有关机关予以确认的过程中，基本上处于一种不被外界所知的封闭状态，严重违背人民监督员的社会性特质。而非程序性指的从人民监督员的初步筛选、人选的考核到人员的确认与任命，没有一种规范的操作程序，具有很大的随意性，使得人民监督员制度的严谨性特点大大降低。

（二）人民监督员制度运行方面的问题

1. 监督方式的问题

在实践中，对"三类案件"的监督分为两种方式，对不服逮捕决定的监督是在检察机关作出逮捕决定后，属于事后监督；而对

---

① ［法］托克维尔：《论美国的民主》，董果良译，商务印书馆1991年版，第314页。

于拟撤销案件和拟不起诉案件的监督是在检察机关作出正式决定之前，属于事中监督。这种监督方式的不统一，在实践中也产生了一些问题。

首先是关于人民监督员制度所确立的监督模式——人民监督员不同意检察机关相关部门的意见而引起检察委员会讨论的规定，不具有程序意义上的独立价值。因为，按照既有法律的规定，对于"三类案件"，即使没有人民监督员制度的启动，也需要检察委员会研究决定或报送上级检察院备案或批准①。

其次，容易忽视对犯罪嫌疑人合法权益的保护，导致"三类案件"的犯罪嫌疑人获得了不同的救济途径，"对检察机关直接受理侦查案件的犯罪嫌疑人，在逮捕阶段，较其他犯罪嫌疑人，多得到了一次救济申辩的机会，而在拟不起诉和拟撤销的案件中，却比其他普通行使案件要多接受一个主体的审查"②。

2. 监督期限的问题

由于检察机关的权力行使一般伴随着对相关法律主体自由权的

---

① 《刑事诉讼法》第67条规定："人民检察院审查批准逮捕犯罪嫌疑人由检察长决定。重大案件应当提交检察委员会讨论决定。"

根据《人民检察院刑事诉讼规则》第95条的规定，对自侦案件的审查逮捕，应当报上一级人民检察院备案。

根据《人民检察院刑事诉讼规则》第237条的规定，需要撤销案件的，应当报请检察长或检察委员会决定。

《人民检察院刑事诉讼规则》第286条规定："人民检察院对于退回补充侦查的案件，仍然认为证据不足，不符合起诉条件的，经检察委员会讨论决定，可以作出不起诉决定。"

《人民检察院刑事诉讼规则》第289条规定："人民检察院对于犯罪情节轻微，依照刑法规定不需要判处刑罚或者免除刑罚的，经检察委员会讨论决定，可以作出不起诉决定。"

根据《人民检察院刑事诉讼规则》第292条的规定，人民检察院对直接立案的案件决定不起诉后，审查起诉部门应当将不起诉决定书副本以及案件审查报告报送上一级人民检察院备案。2005年上半年召开的全国检察机关第三次公诉工作会议进一步规定："职务犯罪案件检察机关决定不起诉的，要报上一级检察院审批。"

② 常艳：《人民监督员制度研究》，武汉大学法学博士毕业论文。

限制和剥夺,因此在现行的刑事诉讼法律体系之下,一般对其职权的行使有期限上的限定,以最大限度地保障犯罪嫌疑人的权利。在人民监督员活动的试点中,由于检察机关行使职权期限的法定性,也导致了一系列的问题。

对检察机关而言,随着职务犯罪案件的类型逐渐增多,犯罪手段日益隐蔽,刑事诉讼法规定的办案期间已经显得相对紧张。在此前提下,还必须预留时间以便人民监督员对"三类案件"、"五种情形"予以监督,加重了检察机关在单位时间内的办案压力,也会影响到对案件处理的精确度。而从另一方面看,由于对人民监督员监督案件的时间周期规定得也相对较短,以"三类案件"为例,一般为 7 天,最长不得超过 15 天。在监督过程中,对于比较复杂的案件,有人民监督员认为不能及时了解案情和对法律的适用作出正确的判断,影响了监督的效果①。因此,在后续的立法中如何界定人民监督员的监督期限也是一个比较重要的问题。我们考虑可从科学规范监督的起算时间和延长监督期限两方面予以权衡,找出一种比较科学的立法方式。

3. 监督程序方面的问题

一是在监督程序启动方面的问题。对"三类案件"而言,是由案件承办部门通知人民监督员办公室,然后再由人民监督员予以监督,此种做法无法保证人民监督员每个案件都能介入,具有很强的被动性。对"五种情形"而言,一般是人民监督员发现后向检察机关申请启动监督,但向哪个具体部门申请?是不是任意一位人民监督员都可直接申请?导致在实践中有向人民监督员办公室申请的,有向检察长申请的,也有直接向案件承办部门申请的,这种情况的出现,使得监督的效率大打折扣。

二是在具体的监督程序中,也存在相应的问题。首先,如果检察机关相关案件部门对人民监督员人选存在异议的话,无法申请回

---

① 参见高一飞:《人民监督员制度的正当性探讨》,载《贵州民族学院学报(哲学社会科学版)》2005 年第 1 期;左卫民、吴卫军:《人民监督员:理念和制度的深化和发展》,载《人民检察》2005 年第 1 期。

避。其次，就对"三类案件"实施监督的程序步骤而言，首先是由检察官介绍案情、主要证据，然后听取案件承办人员就适用法律的原因和被适用法律的含义予以说明，但什么是主要证据？其范围、类别没有一个统一的标准，实践中难以操作。同时，人民监督员也可以提问和听取检察官讯问犯罪嫌疑人、询问证人，听取有关人员陈述或者听取本案律师的意见，但对如何听取，应履行何种程序方可听取缺乏规定，导致难以操作。而且对于一般案件而言，人民监督员了解案情和法律适用的情况只是听取检察机关的介绍，而对于重大复杂案件，在必要时才能听取审讯和询问，且两种情况下人民监督员对案情的了解都具有间接性，不能直接询问犯罪嫌疑人和相关案件参与人。这种做法，可能妨碍监督员对案件情况的客观掌握。① 最后，根据现行法律规定，即使是人民监督员要听取检察官讯问犯罪嫌疑人，也一般要进入羁押场所，就产生了如何让人民监督员依法进入羁押场所的问题。

针对"五种情形"的案件，也存在类似的问题。一般而言，对五种情形的监督主要是靠人民监督员自行发现后向检察机关反映，但由于案件的复杂性和缺乏了解检察机关工作动态的平台，人民监督员缺乏"发现"的路径，使得对"五种情形"的监督具有很强的偶然性。

三是人民监督员制度与现行刑事诉讼制度和检察机关工作制度冲突问题。人民监督员制度在运行过程中，由于其监督对象与监督方式的特定性，与刑事诉讼制度和检察机关工作制度存在诸多交叉之处，因此也不可避免地在程序上存在诸多冲突之处。比如说提出不服逮捕决定与申请变更强制的冲突。有的犯罪嫌疑人在提出不服逮捕决定的同时申请变更强制措施。根据《人民检察院刑事诉讼规则》第40条的规定，检察机关对提出取保候审的，必须在7日内答复。但同时现行的人民监督员制度体系将不服逮捕决定的列为必须接受监督的情形。因此，这就产生了人民监督员监督和业务部

---

① 参见龙宗智：《关于人民监督员制度的几个问题探讨》，载《人民检察》2005年第4期（下）。

门审查是否同意取保候审的冲突问题。① 可见，协调人民监督员制度与现行刑事诉讼制度的一致性，充分发挥人民监督员制度的效能，也显得尤为必要。

（三）人民监督员制度的监督效力的问题

在人民监督员制度试行之初，其监督的效力问题就备受关注。时任最高人民检察院检察长的贾春旺就强调"探索一种新的有具体内容和刚性监督程序的外部监督机制"②。在现行制度体系中，人民监督员制度的效力体现为：一是对于"三类案件"，提交人民监督员进行监督是必经程序；二是人民监督员对案件进行监督的表决结果和处理意见，应当报送检察长或检察委员会审查，参加案件监督的多数人民监督员对检察委员会决定持有异议的，可以要求上一级人民监督员复核。

但是，根据人民监督员制度的性质和要求，人民监督员不论是对"三类案件"的监督，还是对"五种情形"的监督，都只是一种程序上的效力，也就是说人民监督员向检察机关提出的监督建议和意见，具备刚性但不具备终局力。以对"五种情形"的监督为例，在试点工作中人民监督员发现人民检察院查办职务犯罪案件中具有"五种情形"之一的，可以提出意见，而不是"必须"或"应当"提出意见。而且检察机关对人民监督员提出的监督建议和意见，可以采纳也可以不采纳。尽管参加监督评议程序的多数人民监督员在不同意检察机关的决定时，可以要求上一级检察机关复核，上一级检察机关应及时向人民监督员反馈复核结果，但这种程序上的约束也不具备完全意义上的刚性，从这一点可以看出，人民监督员的监督效力具有间接性。因此，如何在尊崇制度本身的法律属性的前提之下，又能同时确保监督的法律效力、维护法律效果，从而避免使监督工作流于形式，是人民监督员制度运行实践中一个

---

① 人民监督员制度与刑事检察工作制度的冲突问题，详见人民监督员制度与刑事检察工作制度的衔接部分。

② 参见贾春旺在北京市人民检察院调研时的讲话，载《检察日报》2003年12月3日。

重要命题。

同时在人民监督员制度的运行实践中，对检察机关如果应当引入人民监督员监督机制而没有引入的情形，没有相应的强制性措施来加以规制，导致人民监督员或者是相关案件参与主体缺乏相应的效力救济机制，使检察机关在人民监督员制度体系中居于一种主导地位。

（四）人民监督员制度保障机制的问题

一是关于人民监督员相关权利保障的问题。在人民监督员制度的运行过程中，人民监督员对可被监督案件的事实情况、承办人员、程序进程与拟处理的结果主要是依赖检察机关的通知，缺乏主动监督的平台，人民监督员的知情权难以得到切实保障。

同时，检察人员在向人民监督员介绍案情、出示证据和说明相关法律时，时常会出现对案件作一种带有倾向性的阐述，导致对人民监督员的监督产生不当影响。而且由于有些案件的特殊性，人民监督员在监督案件时，其人身自由权和监督中的言论自由权也往往得不到保障，打击、报复人民监督员的情况也时有发生。最后，在监督过程中，人民监督员的监督经费和监督场所往往得不到保证，严重影响了监督的效果和监督的独立性。

二是其他监督参与主体的权利保障问题。站在犯罪嫌疑人的角度，人民监督员制度在试行中缺乏关于犯罪嫌疑人进行辩解、陈述的规定，犯罪嫌疑人也没有正当的法律途径向检察机关提出要求提请人民监督员监督，对于监督的结果也无从知晓。因此，有学者指出"应在监督程序中增设告知程序，即应向犯罪嫌疑人简要说明人民监督员在监督程序中的独立地位和所起的作用，以及犯罪嫌疑人在此程序中所享有的权利。目的是给予犯罪嫌疑人必要的心理支撑，在监督程序中充分陈述自己的意见和理由，这样也更有利于发现案件的真相"①。

---

① 季卫东：《人民监督员制度的实践思考》，载《人民检察》2005 年第 2期（下）。

（五）监督管理模式的问题

人民监督员的管理模式问题主要包括两个层面。一是人民监督员的选任与日常管理模式，二是人民监督员的管理机构的设置。

就人民监督员的选任和日常管理模式而言，目前主要存在三种模式，一是同级监管模式，即由检察机关自己选任人民监督员来监督本院职务犯罪案件；二是下管一级监督模式，即由上级检察机关来选任人民监督员监督下级检察机关的职务犯罪活动；三是人大监管模式，由同级人大常委会选任人民监督员来监督检察机关职务犯罪活动。此三种监管模式，就同级监管而言，难以跳出自己请人监督自己的模式，监督的社会性效果不强，具有很强的内部性；下管一级模式可以避免检察机关在办理职务犯罪中遭遇地方各种外来消极因素的干扰，提高检察机关的工作效率，但是上级院选任下级院的人民监督员也存在明显的弊端。一是仍然是一种内部选任机制；二是对下级院正常业务程序的一种干涉，如何在法律框架内进行还存在一定的技术难题；三是由上级院统一选任人民监督员，会使监督的成本大大增加，不能保证监督的连续性。相比较而言，人大监管无疑是一种比较合理的方式，但人民监督员与人大之间的关系该如何定位？同时，人大机关对人民监督员工作的重视程度较大地制约了监督效果。此问题有待进一步研究并加以解决。

同时，根据现行规定，检察机关内部应当设立人民监督员办公室。从制度的本意出发，人民监督员办公室的职责主要是为了人民监督员顺利开展工作提供保障性服务。但是在实践中，人民监督员对人民监督员办公室寄予了很大希望，期望人民监督员办公室把从程序到实体都符合监督条件的案件交由其监督，容易使人民监督员急于履行职责，重新把监督和决定的权力完全归还给检察机关，无法实现制度设计的本意。

第三节　人民监督员制度相关规范性文件的规范分析——经验、问题

"规范是法学的核心问题，法学的一切问题，都需要循着规

范而展开。"① "我们所谓的'规范主义',主要指的是相对于各种实证主义理论的一种研究方法,这种研究方法更多的是从规范角度出发、或曰以规范性问题为核心的研究。由于规范乃指引我们如何行动,为此规范主义的研究其实代表了一种实践的理性,并与那种描述性、说明性的科学研究存在径庭之别。"②在人民监督员制度的存在与发展的空间里,从现行规范对人民监督员制度的基本性质加以分析,并总结出可供立法活动吸收的有益尝试,是合法性论证的必备要素和逻辑起点。也就是说,我们界定人民监督员制度,"要从法律规范本身入手,认为规范本身的存在是分析得以展开的前提条件。通过法律的规范分析与概念梳理,以寻求规范背后的意蕴"③。只有首先明白人民监督员制度与现行规范的内在契合性,才能开始其合法性论证,其具体的制度设计也才具有获得和保有合法性的可能,从而使人民监督员制度在制度设计之时就可以选择易于获得认同和承认的性质定位,从而减少制度推行过程中说服的成本和阻力。

一、人民监督员制度相关法规范、规范性文件的梳理

总体而言,现行人民监督员制度规范主要是由最高人民检察院的规范文件和各地的各种制度规范所构成。

（一）最高人民检察院制定的相应规范性文件

目前,人民监督员制度运行的基本框架主要是来源于最高人民检察院颁布的五个文件：（1）《最高人民检察院关于实行人民监督员制度的规定（试行）》（2003 年最高人民检察院第十届检察委员会第九次会议通过,2004 年 7 月 5 日最高人民检察院第十届检察委员会第二十三次会议修订）；（2）《关于适用〈关于实行人民监

---

① 谢晖：《法律规范之为法学体系的核心》,载《学习与探索》2003 年第 6 期。

② 林来梵、翟国强：《有关社会科学方法论的反思》,载《浙江社会科学》2006 年第 5 期。

③ 喻中：《法学方法论视野中的规范分析方法及其哲学基础》,载《新疆社会科学》2004 年第 3 期。

督员制度的规定（试行）若干问题的意见》》（2004 年 7 月 5 日最高人民检察院第十届检察委员会第二十三次会议通过）；（3）《最高人民检察院关于进一步扩大人民监督员试点工作的方案》；（4）《最高人民检察院关于人民监督员制度试点工作若干问题的意见（一）（二）》；（5）《最高人民检察院关于人民监督员监督"五种情形"的实施规则（试行）》。通过这一系列文件，最高人民检察院对人民监督员制度的基本内容和监督方式作出了明确的界定，成为整个人民监督员制度得以运行的最直接的规范依据。其中，主要涉及了人民监督员的选任和产生、权利和义务、监督的对象和范围、监督的程序、监督的效力等内容。

（二）其他主体制定的规范性文件

在人民监督员制度的改革与试点中，地方各试点检察院也制定了相应的规范性文件，作为对最高人民检察院规范文件的细化与补充。从其内容上看，主要涉及人民监督员的选任方式与名额的确定、人民监督员办公室的设立与工作方式、人民监督员提起监督的具体方式与监督程序、人民监督员监督结果和必要经费的保障等内容。从制定的主体来看，可细分为由各级检察机关制定的相关规范性文件和由各级人大常委会以及人大常委会主任会议制定的相关规范性文件。前者如上海市人民检察院制定的《上海市人民检察院关于人民监督员制度的实施意见（试行）》（2004 年 9 月 16 日上海市检察委员会第 6 次会议通过）、《上海市检察机关人民监督员选任办法》、黑河市人民检察院制定的《黑河市爱辉区实行人民监督员制度的实施办法》；就后者而言，各地人大常委会制定相关规范性文件的做法不一。有的地方是由人大常委会通过一个总体规范性文件，如枣庄市人大常委会作出了《关于加强人民监督员工作的意见（试行）》，银川市人大常委会作出了《银川市人民监督员工作办法》；有的地方则是由人大常委会主任会议通过若干具体规范性文件，如四川省广安市人大常委会通过了《广安市人民监督员监督工作实施办法（试行）》、《广安市人民监督员培训考核办法（试行）》和《广安市人民监督员职务确认及解除办法（试行）》。

二、人民监督员制度相关法规范、规范性文件的经验分析

人民监督员制度体系是针对检察机关及其工作人员在直接侦查、起诉的职务犯罪案件中遵守宪法和有关的刑事法律、法规情况的监督，确立了相对固定的成员和组织形态，使监督形式趋于制度化、程序化，并已初步形成宪法指引——法律确立——规范性文件调控的制度规范模式。在这些规范中，纵贯了人民监督员制度的性质定位、人民监督员的产生方式、人民监督员的权利行使程序与效力保障等诸多有意义的内容。既对探索公民以多种途径参与公权力的行使、进而体现司法的民主性起到了巨大的推动作用，也对人民监督员制度的深化发展和如何上升到法律层面提供了经验上的指引。

（一）经验之一——在规范中确立人民监督员的监督性质

"在一般法理学（General Jurisprudence）的角度看来，规范的构成要素不外乎三个，即价值、事实、逻辑。"① 价值判断是解决规范来意存在的基础，任何一个规范体系没有合法性的支撑，将失去其生命价值。在刑事诉讼法、检察官法以及检察院组织法中均强调了检察权的行使必须依靠人民群众的前提之下，这就树立了人民监督员对检察权的监督实质上是一种社会性监督的理念——尽管对这种理念的阐释还是相对简单，对于解决人民监督员制度的具体问题仍然比较抽象，但它涉及了对社会监督本质的解答。可以这样说，对人民监督员制度本质的解读，是制定与完善人民监督员制度的基石。因此，在人民监督员制度的设计与运行中，也应该依据基本法律的规定，将这种监督定位于公民的一种权利性的监督，其合法性来源于法律对于社会监督的宣扬与认可。

在人民监督员制度的具体操作规程中，对监督的性质作出了回应。从中央一级来看，在最高人民检察院制定的《最高人民检察

---

① 孙笑侠、夏立安主编：《法理学导论》，高等教育出版社 2004 年版，第14 页。

院关于实行人民监督员制度的规定（试行）》第 2 条①、《最高人民检察院关于人民监督员监督"五种情形"的实施规则（试行）》第 2 条②中，均将人民监督员制度定位于社会监督，这就为地方各试点院试行人民监督员制度和该制度的发展方向打下了基调，从而为现行的人民监督员制度的纵深发展铺平了道路。在各地的人民监督员制度实施办法中，类似的规定也屡见不鲜，以湖北省内相关的人民监督员制度为例，在《武汉市汉阳区人民监督员工作实施办法》第 2 条③、《襄樊市襄阳区人大常委会关于人民监督员工作实施办法（试行）》第 2 条④中也提到了社会监督的字眼。将监督性质予以清晰定位，为人民监督员制度的监督方式、监督程序乃至监督的效力设定提供了明确的方向指引，为其定位于权利性的监督打下了基调。正如清末法学家沈家本所提出的"立法者明乎事理之当然，究其精义之所在"⑤，是立出好法的必备条件，就是阐述了对一部规范的本质认识程度是规范本身科学与否的关键。

（二）经验之二——要处理好"监督"与"独立"的关系

按照宪法规定，"检察机关依法独立行使职权，不受行政机关、社会团体和个人的干涉"，因此，人民监督员只能在宪政的框架之内对检察机关行使检察权进行外部的监控，而不得干涉检察机关的职权行使。如果在立法中，不科学界定人民监督员的监督权限范围与监督方式，就可能与现行的法律体制相违背，造成事实上的检察官出现。因此，在人民监督员制度的立法构建中，要科学界定人民监督员监督的标准和界限，就必须科学把握宪法和法律所规定

---

① 该条规定：人民检察院查办职务犯罪案件，实行人民监督员制度，接受社会监督。

② 该条第 3 款规定：对于人民监督员提出的监督意见，人民检察院各有关部门应当分工负责，互相配合，依法公正处理。

③ 该条规定：区人民检察院查办职务犯罪工作，实行人民监督员制度，接受社会监督。

④ 该条规定：区人民检察院查办职务犯罪案件实行人民监督员制度，接受社会监督。

⑤ 转引自周旺生：《立法学》，法律出版社 2004 年版，第 266 页。

的监督权行使和检察权行使之间的关系。即当宪法所赋予的"让人民当家作主，依法享有批评、建议、申诉、控告、检举的权利"和检察机关独立行使检察权发生冲突时，两者是否能够同时行使？有没有优先行使的权限？如果不具备，应该如何判断其所蕴含的权力或者是权利的属性？

针对这个问题，我们可以从相关的规范文件中找到相关的处理经验。以上海市为例，《上海市人民检察院关于人民监督员制度的实施意见（试行）》中规定："对人民监督员的表决结果和意见……检察长同意人民监督员表决意见的，有关业务部门应当执行，检察长不同意人民监督员表决意见的，应当提请检察委员会讨论；检察委员会不同意的，应当依法作出处理。……检察委员会讨论人民监督员表决的案件，必要时可以邀请对案件进行表决的人民监督员列席。""参加案件的多数人民监督员对检委会的决定持有异议的，可以要求上一级人民检察院复核。上一级人民检察院应当及时复核并作出决定。"检委会对人民监督员意见不同意作出的处理，既是对高检院规定的回应，也是检察权独立行使的表现。而人民监督员列席检委会案件讨论，实质上是对人民监督员参与决策权的一种认可，但这种权利的行使不存在对检察权的直接制约，仅限于批评、建议、申诉、控告、检举，也就是说这种权利属于一种间接性的权利。但这种建议权也不是完全忽视人民监督员的参与权，其可以引起程序上的延续，即可以引起上级院的复核。客观地讲，此种"立法"策略，在监督权与检察权之间达致了一种良好的平衡，既肯定了人民监督员的监督权在程序上的参与性和效力的某种刚性，又保障了检察权的独立性地位，同时与作为基本法律的刑事诉讼法相呼应，在后续的人民监督员制度的法制化进程中值得借鉴。

此种类似的规定，在《天津市北辰区人民检察院关于人民监督员监督"五种情形"的实施办法》、《福建省人民检察院人民监督员制度实施细则》、《铜陵市人民监督员制度实施办法》等诸多地方检察院实施规范中，均有出现。

（三）经验之三——规范人民监督员制度的产生与选任机制

在人民监督员行使对检察机关的监督权的过程中，对人民监督员组成人员的确认，既关系到制度运行的正当性判断标准，也影响到监督效果的重要因素。因此，选择什么样的人担任人民监督员和以什么样的程序产生出人民监督员，这是关系到该制度能否有效运行的关键。

在各种人民监督员制度的规范性文件中，都对人民监督员的任职条件作出了限制。以《最高人民检察院关于实行人民监督员制度的规定（试行）》为例①，"人民监督员应具有中华人民共和国国籍，拥护中华人民共和国宪法，年满23周岁，作风正派，坚持原则，身体健康，有选举权和被选举权，有一定的文化水平和政策、法律知识"。如果加以简单分析的话，此种条件主要可以分为政治条件、年龄条件和知识条件。就政治条件而言，由于"公民掌握着关于司法机制的权利意味着公民对政治统治的另一种形式的主动与积极态势"②，因此，在宪法与法的实施中，政治秩序的维护者和政治统治的实施者必然也要求公民应具有一定阶级性与政治取向，即只有居于统治地位的属于集合体"人民"的那部分公民才有资格行使这种意义上的监督权。针对此，其他各类的人民监督员制度规范性文件一般均是采用与宪法相一致的最低限制原则，即拥护宪法，具有选举权和被选举权即可，既保证了人民监督员的基本政治取向，又不会对其监督权等权利造成粗暴的干涉。同时，该规定还采用了列举的方式对不具备政治取向的人员予以排除，如"受过刑事处罚或者受到刑事追究的；被开除公职或者开除留用的"。此种规定，在后续的立法过程中也尤为必要。对于人民监督员的知识条件和年龄条件的规定也在规范性文件中较为常见，对知识条件的规定是因为监督工作本身的专业性所必需，有一定的合理性。而对于年龄条件和身体条件的限制，在后续的立法中是否必须

---

① 各地的做法基本上沿袭了该规定的主要内容，如《安徽省人民检察院人民监督员制度实施办法（试行）》、《湖北省检察机关人民监督员制度实施细则（试行）》、《河北省检察机关人民监督员制度实施办法》等规范性文件中，均有类似的规定。

② 李琦：《中国宪法与政治正当性》，http：//www.law-lib.com/flsz/sz_view.asp？no=1360，2009年6月20日访问。

加以采用，尚待进一步商榷。

从人民监督员的产生程序看，以《最高人民检察院关于实行人民监督员制度的规定（试行）》和《关于适用〈关于实行人民监督员制度的规定（试行）若干问题的意见〉》为代表的相关规范性文件，均对产生程序作出了明确规定。其人选一般是通过与机关、团体、企事业单位、基层组织协商产生后，由人民检察院确认并颁发证书。但是，此种做法在对宪法民主原则的体现程度上是存在争议的，主要集中在人民监督员的代表性上。一方面，人民监督员由机关、团体、企事业单位推荐产生；另一方面，检察机关在一定程度上可以选择人民监督员。在当前条件下，这种选拔方式仍然是作为一种由检察机关主导来确定人选的内部监督方式，难以跳出"自己请人监督自己"、"监督流于形式"的诟病。针对此问题，部分地方人民监督员的产生采用了由人大任命的做法，如《武汉市汉阳区人民监督员任免工作细则（试行）》规定了人民监督员的公告、推荐、登记、审查、确定候选人、公示、人大任命的基本程序，既保证了选任程序的公开化，体现了社会监督的民意基础，也与现行的法律规定相契合，是促进人民监督员制度进一步外化的有益尝试。

另外，在某些地方的人民监督员制度的选任中，还规定了人民监督员的自荐制度，由符合条件的社会公民通过自我推荐的形式来担当人民监督员，进一步体现了人民监督员制度的社会性和参加人员的广泛性。如在重庆市出台的《重庆市检察机关人民监督员选任办法》以及《谷城县人大常委会关于县人民检察院实行人民监督员制度的实施办法（试行）》等文件中，均对自荐制度作出了规定。

（四）经验之四——规定完整、明晰的监督程序

在现存各类型的人民监督员制度规范中，对人民监督员职权行使程序的规定较为系统，主要涉及人民监督员的回避程序、监督的提起程序、监督的参与和评议程序。这种程序的设定，主要是与检察机关自身的权力运作体系相适应，并结合"三类案件"与"五种情形"自身的特征和参照刑事诉讼法律制度的相关规定而形成。

从性质上加以定位，人民监督员的监督程序主要是一种技术上的设置，其出发点是保障监督权的有效和独立行使，其基本前提是与现行刑事诉讼制度的契合，也形成了一些具有代表性的经验做法。

在人民监督员的回避程序中，比较普遍的做法是采取了任职回避和监督回避的双重规定。为了保证监督的社会性和监督结果的公正，在《关于适用〈关于实行人民监督员制度的规定（试行）若干问题的意见〉》中，对任职回避作出了明确规定。即通过列举的方式排除了党委、政府、司法机关在职人员和律师、人民陪审员等法律工作者。排除相关公权机关人员的任职资格，可以避免因其身份的原因而造成监督性质的变异，保证了国家权力的配置与制衡在法定的框架内进行。对于监督回避，则主要是采用了与刑事诉讼法相关规定一致的办法①，如《上海市人民检察院关于人民监督员制度的实施意见（试行）》，《山东省人民检察院关于直接受理侦查案件实行人民监督员制度的实施办法（试行）》，《宁安市人民检察院人民监督员工作实施细则》均有类似的规定，其中上海检察院还明确了当事人及其法定代理人未提出回避的，人民检察院应当决定其回避。

在监督的提起程序中，目前就"三类案件"而言，各地的规范一般是参照《最高人民检察院关于实行人民监督员制度的规定（试行）》的规定，由案件的承办部门依职权将案件材料移送给人民监督员办公室，由人民监督员办公室负责组织人民监督员对案件进行监督。而对于"五种情形"的监督，在《最高人民检察院关于人民监督员监督"五种情形"的实施规则（试行）》中规定，是由人民监督员向人民监督员办公室提出监督意见，再由人民监督员办公室报检察长批准后移送给有关部门办理。但在实践中，为了避免案件承担部门不移交材料或者是人民监督员不组织案件监督，有些地方的规范还尝试采用了其他程序启动的规定，如《潍坊市人

---

① 即是本案当事人的近亲属的；本人或其近亲属与本案有利害关系的；担任过本案的证人、鉴定人、辩护人、诉讼代理人的；与本案当事人有其他关系，可能影响正确履行案件监督职责的。

民代表大会常务委员会关于加强人民监督员工作的意见（试行）》规定"人民监督员的监督程序，可以由市检察机关根据工作要求启动，也可以由市人大常委会法制工作委员会根据社会关注和群众反映强烈程度确定启动"，《唐山市检察机关人民监督员管理办法》也规定"人大对带有普遍性、倾向性和群众反映强烈的问题，依法开展专项立案监督"。尽管这种启动的效果尚待在实践中进一步考量，但是拓展了监督的启动方式，具有较强的借鉴意义。

在监督程序中，值得各级立法借鉴的做法也比较多。从各种规范性文件本身而言，普遍性的做法①是形成了人民监督员以材料分析、听取汇报（证据出示与法律适用情况）、询问办案人和当事人、评议和表决为内容的基本程序。通过纵向比较，我们可以将其归纳为分流处理程序（不同的情形由不同的机关处理、存于对"五种情形"的监督之中）、具体监督程序②、监督意见处理程序③、结果反馈程序、复议和复核程序④。此种程序的设定，是结合人民监督员制度的特性与检察机关职权行使的特点而设置，尽管在操作中也存在权限不明以及参与时间和参与方式的规定仍然较为原则的问题，但此种程序的规程应该说是符合刑事诉讼发展规律的，在各种关于人民监督员制度的立法模式选择中均值得参照。

在保障人民监督员监督程序的有效行使中，也有些地方规范的

①　比较典型的是最高人民检察院制定的《最高人民检察院关于实行人民监督员制度的规定（试行）》、《最高人民检察院关于人民监督员监督"五种情形"的实施规则（试行）》以及各省级检察院制定的实施办法。

②　可细分为核实答复程序和评议监督程序，前者是指承办部门对监督情形进行核实，提出处理意见报检察长决定后，由人民监督员办公室向人民监督员反馈即可。评议监督程序是指按照"三类案件"和"五种情形"的区分分别进行无记名投票表决和按照少数服从多数形成集体监督意见。

③　人民监督员同意的，报检察长批准。不同意的，由检委会决定。

④　以对"五种情形"的监督为例，提出监督要求的人民监督员对按照核实答复程序作出的处理决定有异议的，可以要求人民检察院复议。对人民监督员要求复议的，人民检察院应当另行指定人员办理，并在15日内向人民监督员反馈复议结果。多数人民监督员对人民检察院按评议监督程序作出的处理决定有异议的，可以要求上级人民检察院复核。

独到经验值得引起重视。比如：一是对人民监督员询问工作的制度化和规范化的探讨。如四川省资阳市制定的《关于人民监督员制度旁听讯（询）问实施办法（试行）》，对旁听、讯（询）问的程序作出了详尽的规定，涉及了旁听、讯（询）问的案件范围、职责，人民监督员的权利，旁听的启动方式，还创造了人民监督员的回访制度，"对人民监督员旁听的大案、要案、窝窜案件实行人民监督员回访制度"①。对加强检察机关的自我规制、提高执法水平，确保程序的合法性与完整性起到了积极的影响。二是拓展自侦案件的监督方式，将监督由案后监督向全程监督转化。如山西省院制定的《关于加强检察人员执法办案活动监督的暂行规定》，以检察机关自侦案件立案、批捕、起诉以及采取强制措施、扣押财物为重点，实施一案三卡制度。② 三是注意监督程序与刑事诉讼程序的衔接。比如在《最高人民检察院关于实行人民监督员制度的规定（试行）》中，就规定了"案件监督工作应当自人民监督员办公室收到材料之日起 7 日内进行完毕。重大复杂案件，案件监督期限可以延长至 15 日。人民检察院不得因人民监督员的监督而超过法定办案期限"。《武汉市汉阳区人民监督员监督工作细则（试行）》规定的"人民监督员的表决意见经检察长审查同意后，应当根据不同情况，按照下列方式处理：（1）属于检察长法定权限的，依法作出决定，交检察院承办案件部门执行；（2）需要作出撤销案件决定的，检察长可以依职权作出决定或者提交检察委员会讨论决定"，均是对现行刑事诉讼法律制度的呼应。

（五）经验之五——人民监督员职权行使保障制度的设置

为了促使人民监督员更好地履行监督职责，各种规范文件均普遍设置了保障机制。一是物质保障机制，主要体现为将人民监督员的工作纳入财政开支，对人民监督员的工作予以补助。《最高人民

---

① 钟图、陈崇诺：《人民监督员旁听讯（询）问制度的探索与实践》，载《方圆法治·人民监督员专刊》2008 年第 6 期。

② 即每个案件有办案告知卡、办案人员遵守纪律情况反馈卡、办案回访监督卡。

检察院关于实行人民监督员制度的规定（试行）》第 34 条规定
"人民监督员因参加监督活动应当享受的补助，人民检察院为实施
人民监督员制度所必需的开支，列入人民检察院业务经费，向同级
财政申报，纳入财政预算。"《枣庄市人民代表大会常务委员会关
于加强人民监督员工作的意见（试行）》也规定"人民监督员因履
行职责所支出的交通、住宿、就餐、通讯等费用，应由市检察机关
给予补助；无固定收入的人民监督员在参加监督活动期间，由市检
察机关参照当地职工上年平均货币工资，按实际工作日给予相应补
助"。湖北、山东、福建、四川等省院制定的人民监督员实施办法
也均有类似的规定。二是关于人民监督员知情权的保障。首先体现
为会议列席制度，邀请人民监督员列席有关会议，了解检察工作的
情况。如《上海市人民检察院关于人民监督员制度的实施意见
（试行）》（以下简称《上海实施意见》）第 35 条就有类似的规定。
其次是完整的告知与沟通制度。山东省院通过一系列的规范措施，
拓宽人民监督员的知情渠道。如建立检察业务信息不定期传递制
度，建立专项活动通报制度。也规定了人民监督员可视察羁押场
所、参加回访发案单位和当事人。三是人民监督员独立行使监督权
的保障机制，《上海实施意见》第 36 条就规定了"不得干扰人民
监督员对案件的评议和表决，不得泄露人民监督员的评议、表决情
况"，《最高人民检察院关于实行人民监督员制度的规定（试行）》
第 30 条还规定了对干扰、打击报复人民监督员依法履行职责的，
对主要责任人员要追究纪律乃至刑事责任。

（六）经验之六——科学建构人民监督员制度规范体系

在现行的人民监督员规范性文件中，其形式呈现出多样化，显
得较为杂乱，规范与规范之间的体系编排也缺乏逻辑上的严密性。
因此，在后续的立法设计中，应科学编排人民监督员制度的形式结
构体系，使人民监督员的制度规范具备逻辑清晰、层次清晰的特
质。是否可借鉴武汉市汉阳区的模式，采用"一个办法、三个细
则"的工作思路。所谓"一个办法"，就是由全国人大常委会通过
一个《人民监督员工作实施办法（试行）》，参照《全国人大常委
会关于完善人民陪审员制度的决定》的立法结构，侧重于对人民

监督员制度作出原则性的规定，对于一些理论上还不够成熟的问题，暂时回避，这样更有利于人大常委会审议通过。所谓"三个细则"，就是在人大常委会审议通过《人民监督员工作实施办法（试行）》之后，再由人大常委会委员长会议分别通过三个细则，在《人民监督员监督工作细则》中，专门就人民监督员开展"三类案件"的监督、"五种情形"的监督、其他监督、回避、备案等问题，作出详细的程序规定；在《人民监督员任免工作细则》中，专门就人民监督员的名额确定、选任工作小组的组成、选任步骤及方法、人民监督员职务的解除、增补等问题，作出进一步的具体规定；在《人民监督员管理服务工作细则》中，专门就人民监督员的管理机构、工作保障、培训、考核、奖惩等问题，作出详细规定，进一步明确人大内务司法委员会、代表人事任免委员会、人民检察院人民监督员办公室各自在管理服务上的职责定位。总地来说，三个细则侧重于操作性的规定，以便与《人民监督员工作实施办法（试行）》配套实施，同时对于一些理论上尚有争议的问题也作出规定，以便进行探索，积累经验。退一步讲，如果考虑到这种立法策略的周期性较长的问题，在立法中也可采用统一规定的模式，但对人民监督员的任免、监督工作方式、监督的服务工作与监督的效果保障均应分别规定，以达致人民监督员规范体系的和谐统一。

三、人民监督员制度规范既存问题分析

现行人民监督员制度规范是对如何监督检察机关自侦案件的有益尝试，并初步建立起了选任—监督—保障机制，取得了明显的社会效果。但从制度本身的内容出发，人民监督员制度不仅存在形式上的合法性判断问题，在实质上也存在诸多与法治观念和制度设计的初衷相违背之处。

（一）制度运行与制度目的背离——人民监督员制度规范的理念困惑

人民监督员制度的设立目的在于构建一种"外部制约内部"的全新的检察监督机制，在《最高人民检察院关于实行人民监督

员制度的规定（试行）》和各地的人民监督员制度规程中，一般都规定了"为了确保人民检察院依法公正履行职责……实行人民监督员制度，接受社会监督"。此种话语可以视为对人民监督员制度运行目的的宣扬，即通过设立一种外部的监督制度来促使检察机关行使检察权时做到公正、合法。

但在最高检和各地的人民监督员制度规范中，对制度运行的规定却又出现了很多与外部监督的目的相违背之处。以《最高人民检察院关于实行人民监督员制度的规定（试行）》为例①，在第4条规定了"人民检察院实行人民监督员制度应当设立人民监督员办公室，作为人民监督员的办事机构"，第9条规定"地方各级人民检察院人民监督员的名额由各省级人民检察院根据工作需要确定"，第27条规定"人民监督员开展监督工作所需经费，应当在各级检察机关业务经费中支付"。上述这些规范内容，分别涉及了人民监督员的办事机构、选任与保障机制，直接关乎到人民监督员制度的制度性质和监督效果。但同时，这些内容无一例外地带有很强的内部化特质，即人民监督员制度在运行的过程中带有很强的主观判断的色彩，与检察机关的内部机构设置密切相关，制度目的的实现依赖于检察机关的重视程度。这种制度目的受制度运行影响的规范模式，使得人民监督员制度的理念初衷与现实情况存在极大的矛盾，成为影响制度发展的瓶颈。

（二）制度体系的混乱——人民监督员制度的形式合法性质问

在人民监督员制度体系中，监督运作的基本框架依赖于最高人民检察院的几个具体的规范性文件。同时各地在此基础之上，以最高检的规定为蓝本，设定了诸多人民监督员监督的实施办法或者实施细则，共同组成了现行的人民监督员制度结构。但我们对这些规范从法治的角度予以审视的话，有几个问题不得不令人产生疑惑。一是最高检关于人民监督员制度的规范性文件是否具备形式合法性？它的性质该如何定位。二是对地方检察机关和地方人大对人民

---

① 地方的人民监督员制度体系也大多沿袭了这种内部化的运行机制，本文不再作详细的列举。

监督员制度的细化规定分别该如何判断？三是最高检的规定和地方检察机关的规定之间的关系该如何把握？如果这些问题不予以解决，人民监督员制度体系将沿袭现有的混乱，其发展前景和发展方向也不明朗。

首先是关于最高检人民监督员制度规范的法律性质的问题。最高人民检察院作为宪法所确立的法律监督机关，在实现其基本职能的过程中，往往会以规范的形式来调控特定的法律关系。这种规范的存在形态，既有《全国人民代表大会常务委员会关于加强法律解释工作的决议》所确立的司法解释①，也有服务于检察工作的司法文件，其中包括涉及检察机关行政管理事项的司法行政文件和内部工作制度的其他司法文件。从人民监督员制度的调整对象和涉及内容来看，应不属于处于具体应用法律、法令的目的而制定的司法解释，也不属于司法行政文件的范畴，应当属于涉及检察机关内部工作制度的司法文件。人民监督员制度的规范体系，如果仅仅涉及人民检察院内部的工作方式和工作流程，在现行的法律框架之内有其生存的空间。但是由于人民监督员的外部性特质，该制度不可避免地会涉及人民监督员的选任、权利和监督效力的问题，这些法律关系就已经突破了检察机关内部工作制度的范畴，而涉及了对公民基本权利的调整与规定。因此，以司法文件来对法定权利予以调整就存在一种合法性的判断问题。

其次，除了最高检制定的人民监督员制度规范以外，还存在地方检察机关和地方人大制定的相关人民监督员制度体系。从《立法法》的相关规定来看，诉讼与仲裁制度必须是以法律的形态来调控的，尽管对诉讼制度的内涵和外延在现行的法律框架之内缺乏有权机关的解释，其范畴也不尽明确。但是人民监督员制度的相关内容确实与诉讼制度相关，地方检察机关和地方人大就此问题制定规范文件，确实也存在"违法"的嫌疑。

最后，根据宪法和人民检察院组织法的规定，"最高人民检察

---

① 该决议第 2 条规定：凡属于检察院检察工作中具体应用法律、法令的问题，由最高人民检察院进行解释。

院领导地方各级人民检察院和专门人民检察院的工作，上级人民检察院领导下级人民检察院的工作"。上下级检察机关的这种领导与被领导的关系应该视为一种刚性的关系，既包括职能上的领导，也包含规章制度的协调统一。在实践中，也存在地方检察机关规定突破上级院的人民监督员规范体系内容的情况出现。能不能突破，突破的"度"是什么，值得商榷。

（三）选任条件的价值失衡——有违平等权的理念

"平等权在于防止国家公权力对人民不公平的侵害……这种权利，尤其是在因公权力违反原则而致使人民之权利受损时，可赋予人民否认该措施合宪性之依据。"① 在立法的领域中，使立法者必须依照"相同的事件——相同的规范，不同的事件——不同的规范"来规范立法活动，也就是说，立法者应当以事务之本质来考量差别立法的对象，而所谓事务之本质，"是一种常常在实证法之外的一种价值表现，是一种具体的实体正义，也就是一种具体的自然法思想"②。

在现行的人民监督员制度体系中，对人民监督员的选任条件一般规定了要"年满二十三周岁，公道正派、有一定的文化水平和政策法律知识，身体健康"③，还有地方检察院规定"具有广泛的群众基础，善于实事求是地听取和反映群众意见"④，以及要具备一定的社会生活经验等特殊条件⑤。

从生理条件和知识结构条件对人民监督员的任职作出约束时，为何要规定年满"二十三周岁"，这种年龄限制有没有法律上的依

---

① 陈新民：《德国公法学基础理论》（下），山东人民出版社 2001 年版，第 672 页。

② 陈新民：《德国公法学基础理论》（下），山东人民出版社 2001 年版，第 672 页。

③ 《最高人民检察院关于实行人民监督员制度的规定（试行）》和各省级检察院人民监督员实施办法有此规定。

④ 参见《福建省人民检察院人民监督员制度实施细则》。

⑤ 如重庆市在规定公民可以自荐担任人民监督员同时，在实践中却将在读研究生等适格人选排除在外，理由是缺乏社会经验。

据和正当性？年满十八周岁的完全民事行为能力人被排除的理由是什么？制度的设计者是一种客观判断还是主观判断？判断的依据又是什么？这些问题不由地使我们对任职年龄的依据产生一连串的问号。什么是"具有广泛的群众基础和具备一定的社会生活经验"，这是否具备成为衡量人民监督员的标准？是否具有可操作性？是一种不遵从立法规律的宣示性条款还是实质判断条款？

要求人民监督员"身体健康"的任职标准更加使人对人民监督员制度规范的价值合理性产生怀疑。在规范的制定中，适用不确定法律概念对公益考量之时，必须对相同条件之当事人以相同对待。"身体健康"作为人民监督员制度的选任标准，且不论何谓"身体健康"的含义不确定，在实践中存在根本无法判断的难题，单从立法平等的理念角度出发，"身体健康"也不应成为差别立法的"事务之本质"标准。人民监督员制度的价值合理性在于宪法赋予的公民对国家权力的监控权，这种监控权是因为公民的法律属性而产生，其他任何社会因素不构成对公民监督权的差别判断标准，否则，有违宪法所确立的平等对待原则。因此，在人民监督员制度的设计中如何进一步契合法治的理念，也是我们需要进一步关注的焦点。

（四）监督权能否"转让"——人民监督员制度规范的实质合法性疑惑

按照宪法的规定，人民检察院是法律监督机关，而谁来监督监督者是一个宪政发展领域中的难题。现行的人民监督员制度规范似乎也针对此作出了一种全新的解读方式，但是如果我们对此规范体系加以冷静的评判，就会产生一种巨大的疑惑。这种规范制度是否符合宪政运行的一般规律和现行法律体系所确立的权力运行的基本原则？

人民监督员制度设立的逻辑起点在于将检察权置于社会的监督之下，赋予人民监督员一种监督权。从制度的目的来看，是契合权力受制约的一般法治理念，但是现代权力体系是建立在具有主权意识的公民基础上的，它开始把国家体系内的权力与社会体系内的权力连接在一起。于是出现了这样一个命题：现代国家的权力并不来源于国家本身，国家权力来源于社会生活中的公民，公民通过选举、委托、直接参与、监督等多种方式使国家权力得以产生或执行。因此，在权力产生的社会属性前提之下，检察机关能不能自行设定一种制度将其检察权置于社会监督之下，并赋予这种社会监督权一种刚性上的约束力？

也就是说，尽管检察机关作为国家检察权力的行使者，是基于体现民主意志的宪法和法律而产生，如果这种权力一旦丧失了其民意基础，就会变得不值一文。而且从权力的衍生过程来看，它是不可逆的，只能被授予，而不擅自改变诉讼的法定程序，由人民监督员行使检察权。尽管"人民监督员只有审查建议权，但是，审查权是决定权的一个重要的组成部分，人民监督员对案件的审查实际就是在行使本应由检察机关专门行使的职权"①，因此，现行的人民监督员制度规范在现行的法律体系之内，也存在相应的合法性缺失的问题。

----

① 余峰、谢小剑：《人民监督员制度的冷思考》，载《江西社会科学》2005年第10期。

第四章

人民监督员制度立法路径选择与立法原则确立

第一节 人民监督员制度立法路径选择

人民监督员制度立法是人民监督员制度法制化的重要途径。人民监督员制度立法是针对人民监督员制度的各项制度规则的确立、规范和指引。作为一项集成化的系统工程，尤其在我国当前法治国家建设的宏观背景下和宪政国家建设的基本要求下，人民监督员制度立法除了要充分考量作为立法对象的人民监督员制度自身的特质外，还应该充分考量一国宪政体制整体框架的内构性，以及立法活动自身在立法指导思想、立法基本原则、立法基本技术等方面的基本规律性要求。

抛开对人民监督员制度立法的必要性和可行性的宏大叙事，我们这里更为关注的是人民监督员制度立法的实际操作问题，即人民监督员制度立法在我国现行的宪政体制框架内除了要遵循立法的普遍性要求外，还应该遵循由人民监督员制度自身特质所决定的立法特殊性规则要求，以及人民监督员制度立法所采行的具体进路。人民监督员制度立法路径选择的过程是检验我国现今的立法实践的真实状况的有效手段，同时还体现出我国宪政建设的进程和法治建设的真实水平，是对我国立法实践的深化和完善，并进一步推动我国宪政建设的进程以提高我国法治建设的层次。

一、人民监督员制度立法路径选择概念

在现代汉语的语境下，路径一词至少在以下多重含义上使用。一是指道路，用以行车和走人，它是一种静态化的痕迹。这是路径一词最为纯粹的含义。二是指到达目的地的路线，它是一种即将运行或已经实际运行了的动态化的轨迹。无论是静态化的纯粹的道路，还是动态化的路线或轨迹，都是路径一词所具有的客观含义。三是指办事的门路或者办法。这是对路径一词客观含义的主观抽象，是一种形象化的借喻。四是指专有领域的专有词汇，如计算机文件或内容所指向的文本标识。抛开汉语词汇语义的丰富性不论，我们运用汉语词汇表达语义必须信守的一个基本原则就是结合词语所依赖的具体语境来表词达意。它要求我们在运用路径一词表达具体含义时必须结合它的具体语境。

对立法路径的认识依赖于对"立法"和"路径"这两个词语具体含义的理解，以及它们结合之后所生成的具体含义的取舍。无论是在中国还是西方，立法一词古已有之，只是"迄无将立法一词作为一个范畴或概念加以规范化地定义或诠释的论说"①。即便是在当代，人们对立法一词也是在多重意义上使用。从三权分立的角度认识，立法是一种有别于行政和司法的活动或活动的结果。广义的立法和法的制定含义相当，"泛指一切有权的国家机关依法制定各种规范性法律文件的活动"②。狭义的立法是国家立法权意义上的概念③，"是指最高国家权力机关及其常设机关制定和变动法

---

① 周旺生：《立法学》，法律出版社 2004 年版，第 24 页。
② 李龙主编：《法理学》，武汉大学出版社 1996 年版，第 290 页。
③ 李龙主编：《法理学》，武汉大学出版社 1996 年版，第 290 页。

律这种特定规范性文件的活动"①。因此，"立法既指制定或变动法的过程，又指在立法过程中产生的结果即所制定的法本身"②。随着立法学学科的兴起、发展和完善，人们对立法一词含义的理解更多的是从立法学的概念这个角度来认识并形成基本统一的界定的，即"立法是由特定主体，依据一定职权和程序，运用一定技术，制定、认可和变动法这种特定的社会规范的活动"③。因此，在立法研究的具体语境下，立法路径指的就是一定的立法主体依据一定的立法职权和立法程序，运用一定的立法技术，制定、认可或变动法这一特定的社会规范的活动。立法路径的这一界定反映出立法不仅存在其借以依循的客观的动态的线路，而且在立法的过程中，立法主体强烈的取舍意识使得其被深刻地标识了浓厚的主观性色彩，是动态和静态的谐和，也是主观和客观的结合，它对我们深刻认识立法的规律性不无裨益，也为我们对人民监督员制度立法路径选择作了有益的理论认识准备。

人民监督员制度立法路径即人民监督员制度立法主体依据其所具有的立法职权运用特定的立法程序，以及特定的立法技术制定人民监督员制度规范性文件这一特定活动。人民监督员制度立法路径深刻体现了人民监督员制度自身的特质以及立法活动的规律性，是两者结合的体现。

人民监督员制度立法路径选择则指在一国立法体制的框架内，在享有不同立法权主体间进行取舍，最终决定由哪一立法主体对人民监督员制度进行立法，并以此为基础运用其所享有的立法权限和立法程序以特定的立法技术制定人民监督员制度规范性文件的活动。立法路径受到一国宪政体制构架下的立法体制的深刻制约。不同国家因其所处的具体地理环境、所具有的历史文化传统等不同因素的综合作用而形成不同的立法体制。在我国现行宪政体制的整体框架内的立法体制下，人民监督员制度的立法路径具有不同的可

---

① 张文显主编：《法理学》，高等教育出版社 2003 年版，第 234 页。
② 张文显主编：《法理学》，高等教育出版社 2003 年版，第 234 页。
③ 周旺生：《立法学》，法律出版社 2004 年版，第 30 页。

能，人民监督员制度立法路径选择的正是在这些不同的可能性中进行取舍以决定对人民监督员制度立法所具体采行的最佳进路。我国现行立法体制决定了这一选择的关键是确定人民监督员制度立法的主体，即到底由哪一立法主体以何种形式对人民监督员制度进行立法。

在我国宪政体制的框架内，立法体制是有关立法的宏观整体架构，立法模式是有关立法的类型化抽象，而立法路径是有关立法的实践操作体现。立法体制、立法模式和立法路径三者之间存在紧密关系，厘清三者之间的关系是我们对人民监督员制度立法路径选择的逻辑前提和坚实基础。

二、立法路径和立法模式

（一）立法模式的概念

所谓模式是指某种事物的标准形式或可使人照着做的标准样式。① "立法模式是指一个国家制定、修改、废止法律的惯常套路、基本的思维定式和具体的行动序列以及由诸因素决定的法律确认的立法制度、立法规则。"② 立法模式在主观层面是一种思维定式，在规范层面是一种立法规则，在实践层面是一种惯常套路、行动序列。在立法活动的过程中，立法模式总是可资借鉴的标本或模板。这也正是立法模式对人民监督员制度立法活动所具有的功能价值所在。人民监督员制度立法活动过程中必然或多或少要考量一国宪政体制所决定的立法模式。

（二）立法路径和立法模式的辨异

立法路径和立法模式既有紧密联系，又有明显的差异。立法路径是立法模式的动态反映，立法模式是立法路径的静态抽象。立法路径可以是多样化的，立法模式则是对多样化的立法路径进行抽象和归纳后形成的固定"样板"，立法模式在一定程度上引导立法路

---

① 《现代汉语词典》，商务印书馆 2002 年版，第 84 页。
② 关保英、张淑芳：《市场经济与立法模式的转换研究》，载《法商研究》1997 年第 4 期。

径的选择，是立法具体路径的标杆，是衡量立法路径行进是否顺畅的一个"验金石"，立法路径行进是否通畅也恰反向地验证立法模式是否科学、合理。

立法路径和立法模式区分的最为关键的是其质的差异性。立法路径是一定的立法主体依据一定的立法职权和立法程序，运用一定的立法技术，制定、认可或变动法这一特定的社会规范的活动。立法模式是指一个国家制定、修改、废止法律的惯常套路、基本的思维定式和具体的行动序列以及由诸因素决定的法律确认的立法制度、立法规则。立法路径总是具体的形态，而立法模式往往是抽象的总结。立法模式是标杆，立法路径是附随于标杆的旗帜。

立法路径和立法模式这一质的差异性决定了两者间显见的以下差别。

首先，立法模式的类型化和立法路径的动态性。立法模式具有类型化的特质。尽管在不同的历史时期，立法模式有着差异性，即便是在同一历史时期，立法模式也会因各国具体国情的差异而表现出相异性，但是就其"作为一种时空的存在，立法模式可以根据时空标准实行类型化的处理"①，基于这种认识，我们可对立法模式以不同的标准进行不同的分类，从而达到对这一问题的类型化的认识。②而立法路径却不具有立法模式类型化的特质。不同立法事项采行的具体进路会有差异，即便是对同一立法事项，在立法过程的不同阶段立法进路都会有所不同。立法路径不是固定化的也不是类型化的，而是处在不断的变动之中的，具有典型的动态性的特质，无论从何种角度来解读，立法路径的动态性特质总是在实践运作的过程中体现出来的。

其次，立法模式的稳定性和立法路径的适应性。立法模式具有稳定性的特质。正是基于立法模式的类型化特质，使得在同一历史

---

① 江国华：《立法：理想与变革》，山东人民出版社 2007 年版，第 254 页。

② 参见江国华：《立法：理想与变革》，山东人民出版社 2007 年版，第 254～283 页。在江国华教授的著述中，他从时间和空间两个维度对立法模式进行了类型化的归纳，这种对立法模式认识的思维值得借鉴。

时期的特定国家，立法模式具有了相对的稳定性，这种相对稳定的立法模式体现在立法主体的明确、立法权限的划分、立法内容的制定等各方面都是相对确定的。立法模式的这种稳定性对于立法的具体路径提出了更高的要求：在对具体立法事项进行立法时，无论采行哪一立法路径都应力求与一国既存的立法模式相适应。这种适应性所具有的功能是至少能够有力地维持一国法治在形式上的一贯性、稳定性和持续性。

再次，立法模式的变异性和立法路径的变化性。立法模式的类型化并不会否定立法模式的变异性。社会是处在不断发展的过程之中的，社会发展的不同历史阶段表现的特质总会存在差异。社会发展从一个历史阶段到另一个历史阶段是从量变到质变突破的外在表现。作为社会发展推力的立法自不例外。一旦当社会发展突破一个历史阶段进入另一历史阶段时，稳定的立法模式便遭到了破坏，由此产生了变异。以新中国成立后的立法实践为例，综观新中国成立后 50 年来（尤其是 20 世纪 80 年代后）的立法实践，我国基本遵循着"变革性立法"的模式，此乃特有国情下的合理选择。但步入 21 世纪后，随着我国现代化变革逐渐进入正轨以及民间经济力量的酝酿和利益集群的丰富，"变革性立法"的适应性功效呈现递衰的趋势，而其带来的混乱、风险等负效应则日趋明显。因此，我国依据国情的变化，也应在立法模式上进行适当的调整和转变，即逐步缩小和限制"变革性立法"的范围，并向"自治性立法"过渡。①因此，立法模式的变异有其特定的缘由，有其特别的生成机理，并非是由人们尤其是特定社会的统治阶级主观任意而为的，"社会政治、经济、文化条件的发展变化乃立法模式变迁的真正动力"②。立法模式的变异性是质的变化，是事物的根本性的变化，

①　参见秦前红：《宪政视野下的中国立法模式变迁——从"变革性立法"走向"自治性立法"》，载《中国法学》2005 年第 3 期。秦前红教授在这篇文章中给我们解读了"变革性立法"模式产生的背景和存在的合理性，以及向"自治性立法"模式变迁的历史必然性，这种解读正好契合了立法模式变异性的特点。

②　江国华：《立法：理想与变革》，山东人民出版社 2007 年版，第 248 页。

而立法路径的变动表明在具体的立法道路上基于量变的积蓄而具有了不断摸索前行的外在表现，同时也表明了立法的具体操作是处于一个不断完善的过程中，但这种完善是不伤筋动骨，不涉及现存社会既有的骨架，不会损害一国已经稳定下来的立法模式的根本。

人民监督员制度立法路径选择和一国宪政体制架构下立法体制所决定的立法模式总是存在关联的。立法路径和立法模式的辨异所具有的功能恰在于明晰我们在对人民监督员制度立法路径进行选择的时候在一定程度上要依赖于对立法模式的认识及其作为立法活动"样板"的参照或借鉴意义。这种参照或借鉴能够更好地引导和促进我们对人民监督员制度立法进行科学、合理的路径选择。

三、立法路径和立法体制

（一）立法体制的含义

体制，通常指组织制度和规范的系统或体系。立法体制，通常是指有关国家立法权限的划分和国家立法机构设置的系统或体系。[1] 学者虽对立法体制含义的表述并不完全一致，但大都一致同意立法体制的核心内容是关于立法权限划分的制度，即在一个国家中，对各国家机关及其有关人员制定、修改、废止各种规范性法律文件和认可各种法律规范的权限进行划分的制度。[2] 因此，立法体制是确定立法主体、立法权限、立法程序等与立法活动相关的一系列问题的制度体系。立法体制在宏观上构建一国的整体法律制度，为一国法律制度提供整体框架和构建骨架。它在一定程度上构成一国法律制度体系所依存的根基，是一国法律制度最为重要的方面。在同一历史时期，一国的立法体制确立受到诸多因素的影响，比如一国的国体，它决定一国立法体制的性质，还比如一国的政体和国家结构形式，它们决定一国立法体制的具体形态。各国立法体制是

---

① 参见刘升平：《论我国社会主义初级阶段的立法体制》，载《政法论坛》1989 年第 1 期。

② 参见朱力宇：《立法体制的模式问题研究》，载《中国人民大学学报》2000 年第 4 期。

在其国家结构形式的框架内形成的，立法权限的划分，不可能突破政体和国家结构形式的制约。① 大致上，当今世界各国普遍存在的立法体制，有单一的立法体制，有复合的立法体制，还有制衡的立法体制。② 但是我国现行的立法体制却不属于这三者中的任何一个，而是有着甚为浓厚的中国特色，根据周旺生教授的阐述，"现行中国立法体制是中央统一领导和适当分权的、多级并存、多类结合的立法体制"③。

这一认识在第九届全国人民代表大会第三次会议于 2000 年 3 月 15 日通过的《中华人民共和国立法法》（以下简称《立法法》）的规定中得到充分验证，根据《立法法》的规定，在我国享有立法权的主体，除了全国人民代表大会及其常委会外，还包括国务院、国务院的组成部门、有权的地方人民代表大会及其常委会和有权的地方人民政府。从这些享有立法权限的主体来看，除了权力机关外，还有行政机关，除了中央立法主体外，还有一定范围内的地方有关国家机关。并且，不同立法权限主体制定的规范性文件的层级、效力和名称等也不尽相同，全国人民代表大会及其常委会有权制定法律，国务院有权制定行政法规，国务院部门和有关地方人民政府有权制定规章，有关地方人民代表大会及其常委会有权制定地方性法规，除此而外，在我国的立法体制中还体现了民族自治地方特别立法权限，即民族自治地方的人民代表大会有权制定自治条例和单行条例。总之，我国既存在横向的国家机构之间的立法权限的

---

① 参见朱力宇：《立法体制的模式问题研究》，载《中国人民大学学报》2000 年第 4 期。

② 参见周旺生：《论中国现行立法体制》，载《北京大学学报》（哲学社会科学版）1989 年第 3 期。

③ 周旺生：《论中国现行立法体制》，载《北京大学学报》（哲学社会科学版）1989 年第 3 期。

划分，又存在纵向的中央和地方之间立法权限的分工。①

（二）立法体制对立法路径的规制

立法路径显然和立法体制不同。立法体制是从宏观方面确定立法主体及其立法权限、立法程序等内容，立法路径则是针对具体立法事项怎样确定立法主体或者确立哪一立法主体以及具体立法的形式。立法体制在一国现阶段是唯一的，而立法路径针对不同的立法事项不同，甚至在同一立法事项的不同阶段也具有差异性。立法体制是一国宪政体制构架下的宏观法律制度的架构，它为立法相关活动提供赖以支撑的骨架和生存的空间。脱离这种生存空间的任何立法活动无异于无源之水，无本之木。由此，立法体制规束立法路径的选择，即立法路径选择只能是在一国现行立法体制内进行的立法活动的体现。立法体制对立法路径的规制恰反映了立法路径对于立法体制的依存。从我国《立法法》所确立的立法体制来印证，作为对一国立法权限进行划分的制度，立法体制深刻地烙印上了我国的现实国情即当前的政治、经济、文化等各方面因素的印迹。其中尤以一国政体和国家结构形式等国家形式的影响为甚。这种立法体制的影响因素同样深刻地影响着具体立法事项的立法路径选择。

具体到对人民监督员制度立法路径选择，以我国宪法和《立法法》为基础构建的立法体制构成了人民监督员制度立法路径选择的生存根基，人民监督员制度立法路径选择必须在我国现行的立法体制内进行，而绝不能够"另起炉灶"去造就所谓的"空中楼阁"。任何制度的创建都必须依存于其所赖以生存的土壤才能够具有长久的生命力并保有持续不断的活力。人民监督员制度立法路径选择以我国立法体制为前提进行取舍才能够具备其合理性并具备其

———————————

①　根据朱力宇教授的研究，他指出，在横向的立法权限的划分上有四种不同的理论：其一，立法机关优越的模式；其二，行政机关优越的模式；其三，三机关平列制约的模式；其四，立法机关至上的模式。而在纵向的立法权限的划分上也有四种模式：其一，中央完全集权的模式；其二，地方完全分权的模式；其三，分权—集权的模式；其四，集权—分权的模式。朱力宇教授并对横向和纵向两个向度的划分都作出了评析。详见朱力宇：《立法体制的模式问题研究》，载《中国人民大学学报》2000 年第 4 期。

合法性的依据，也才能够保有长久的生命力和持续不断的活力。

四、人民监督员制度立法路径选择

（一）人民监督员制度立法路径选择的规束——我国现行立法体制

人民监督员制度立法路径选择并非任意而为，而是在我国现行的立法体制框架内，以我国立法模式为标尺作出恰当的选择，以使人民监督员制度能够在法制化的过程中最大限度地发挥其独特的功能。通过对《立法法》的内容进行解读，其所规制的立法体制的具体内容如下：

第 7 条规定"全国人民代表大会和全国人民代表大会常务委员会行使国家立法权"，并进而明确了全国人大制定和修改刑事、民事、国家机构和其他的基本法律，全国人大常委会除有权制定和修改除应当由全国人大制定的法律以外的其他法律，而且有权在全国人大闭会期间，在不同全国人大制定的法律的基本原则相抵触的前提下对其进行部分补充和修改。

第 8 条明确了只能制定法律的九类事项，并且以一个兜底的条款——必须由全国人大及其常委会制定法律的其他事项——对除此之外的事项给予了保留。从第 8 条的规定来看，其中明确的九类国家专属立法律事项是显的，能够为我们所直观感受到，而兜底条款所保留的立法律事项是隐性的，需要借助一定的条件才能够确定其具体范围。单纯从显性事项来看，国家立法权即立法律权的事项范围是限定的，但若从隐性事项来考察，立法律权的事项范围却是无限的，即只要是全国人大及其常委会认为是"必须由全国人民代表大会及其常务委员会制定法律的其他事项"，它们都可以行使国家立法权对其进行立法。由此可见，国家立法权的范围表面上看似狭窄，但实际却是非常广泛的。

第 9 条、第 10 条和第 11 条规定了授权立法。它们至少明确了以下内容：

其一，授权主体和受权主体。第 9 条规定："本法第 8 条规定的事项尚未制定法律的，全国人民代表大会及其常务委员会有权作出决定，授权国务院可以根据实际需要，对其中的部分事项先制定行政法规，但是有关犯罪和刑罚、对公民政治权利的剥夺和限制人身自由的强制措施和处罚、司法制度等事项除外。"因此，授权立法的授权主体是全国人大及其常委会，而受权主体只能是国务院而非任何其他主体，比如国务院组成部门、地方有关人民政府、地方有关权力机关等。

其二，授权前提和授权范围。上述第 9 条明确规定了授权前提，即在全国人大及其常委会对立法律权的事项尚未制定法律的前提下，才能够"授权国务院根据实际需要"先行制定行政法规。而通过对《立法法》第 8 条规定的立法律权事项的解读，国家立法权的范围实际上是非常广泛的，那么，在这个范围内所有事项都是全国人大及其常委会可以授权国务院先行制定行政法规的，只要满足了全国人大及其常委会"尚未制定法律"这个前提条件就行。因此，授权立法事项的范围也应当是极其广泛的。但是这个非常广泛的范围却有几个例外，也就是第 9 条规定的"有关犯罪和刑罚、对公民政治权利的剥夺和限制人身自由的强制措施和处罚、司法制度等事项除外"，即对于这些除外事项，即便是全国人大及其常委会"尚未制定法律"，国务院也不得且无权先行制定行政法规，甚或是在全国人大及其常委会有授权的前提下亦如此。①

其三，授权方式和授权内容。第 10 条第 1 款规定："授权决定应当明确授权的目的、范围。"因此，授权的方式是全国人大及其常委会以"决定"方式作出的，决定的内容写明的是授权的目的以及授权事项的范围。

其四，授权限制和授权终止。授权的限制体现在两个方面。第一，对于授权主体而言，全国人大及其常委会在授权时必须以"授权决定"的方式明确授权目的和授权范围；第二，对于授权主

① 事实上，全国人大及其常委会也不会在《立法法》明确作出此等除外规定的情况下仍然授权国务院对"有关犯罪和刑罚、对公民政治权利的剥夺和限制人身自由的强制措施和处罚、司法制度等事项"先行制定行政法规，否则的话，它们就会置于违反《立法法》的风险之中，是对其自身职权的违反。

体来讲，第 10 条第 2 款、第 3 款要求国务院应当严格按照授权目的和范围行使该项权力且不得将该项权力转授给其他机关。第 11 条明确了授权终止的事由，即"授权立法事项，经过实践检验，制定法律的条件成熟时，由全国人民代表大会及其常委会及时制定法律。法律制定后，相应立法事项的授权终止"。

《立法法》第 7~11 条涉及的基本上是对国家立法权，即中央国家权力机关的立法权限范围的明确。①《立法法》在其他条文的规定中也明确了国务院制定行政法规的权限范围②，省、自治区、直辖市的人大及其常委会、较大的市的人大及其常委会制定地方性法规的权限范围③，民族自治地方的人大制定自治条例和单行条例的权限范围④，国务院组成部门和具有行政管理职能的直属机构制定规章的权限范围⑤，以及省、自治区、直辖市和较大的市的人民政府制定规章的权限范围⑥。除了以上普通立法机关的立法权限范

---

① 授权立法涉及中央立法权限的分工，它表明了中央权力机关和中央行政机关之间立法权限的衔接。参见《立法法》第 11 条和第 56 条第 3 款的规定。

② 参见《立法法》第 56 条。对立行政法规权的享有为国务院所独享，这不仅有宪法的最高依据，更有《立法法》的直接依据。

③ 参见《立法法》第 64 条。根据我国《宪法》及其他有关法律所确立的行政区划，有权制定地方性法规的地方人大及其常委会只限于所有的省级（省、自治区、直辖市）人大及其常委会和"较大的市"（根据《宪法》和《立法法》的规定，较大的市的范围具体包括各省、自治区人民政府所在地的市，经济特区所在地的市，以及"经国务院批准的较大的市"）的人大及其常委会。

④ 参见《立法法》第 66 条。根据《宪法》和有关法律的规定，民族自治地方的人大具体是指自治区、自治州和自治县三级人大。这三级自治地方的人大都享有制定自治条例和单行条例的权力。其中，我们应该注意区分的是，在制定地方性法规的权限上，自治区人大及其常委会都享有，但制定自治条例和单行条例的权限却只能够为自治区人大所独享，自治区人大常委会无权制定自治条例和单行条例。

⑤ 参见《立法法》第 71 条、第 72 条。按照学理通说，国务院组成部门和具有行政管理职能的直属机构制定的规章称之为部门规章。

⑥ 参见《立法法》第 73 条。按照学理通说，省、自治区、直辖市和较大的市的人民政府制定规章称之为地方规章。制定规章的权限主体和制定地方性法规的权限主体存在级别的对应性和一致性，即省级和"较大的市"的人民政府。

围的划分外，我国《立法法》还规定了特别立法机关的立法权限范围①。

可以明确的是，我国《立法法》规定的普通立法权限的划分从技术层面明确了其三个构成部分②：

其一，明确了立法权限的主体。立法主体是指拥有制定、认可、修改、补充、解释和废止法律（广义的法律）权力的机关（机构）。它包括全国人大及其常委会，国务院，省级人大及其常委会、较大的市的人大及其常委会，民族自治地方的人大，国务院组成部门及具有行政管理职能的国务院直属机构，省级人民政府和较大的市的人民政府，其中既有权力机关，又有行政机关，既有中央机关，又有地方机关。③ 若以立法主体来确立我国的立法体制，它既是中央和地方分权的立法体制，又是立法和行政分权的立法体制。

其二，明确了立法权限的形式。立法权限形式是指立法主体以何种方式行使立法职权及其结果的表现形式。由于立法表现形式的不同，构成了以位阶关系组合的法律体系。④ 从广义上讲，宪法也是立法权限形式的一种。在《立法法》规定的内容上，立法权限形式还包括基本法律、法律、行政法规、地方性法规、自治条例、单行条例、部门规章和地方规章等。在这些立法权限形式的种类中，宪法的效力最高，全国人大及其常委会制定的法律的效力其

---

① 特别立法机关的立法权限是指中央军事委员会制定军事法规的权限，以及中央军事委员会各总部、军兵种、军区制定军事规章的权限。参见《立法法》第 93 条。

② 中国社会科学院法学研究所研究员李林博士认为，"从技术层面来看，我国宪法和法律对立法权限的划分主要由三部分构成：立法主体、立法权限形式和立法权限内容"。详见李林：《关于立法权限划分的理论与实践》，载《法学研究》1998 年第 5 期。

③ 参见李林：《关于立法权限划分的理论与实践》，载《法学研究》1998年第 5 期。

④ 参见李林：《关于立法权限划分的理论与实践》，载《法学研究》1998年第 5 期。这里的法律体系并不是一国现行所有的法律规范以一定的标准划分的不同法律部门构成的体系，而是指法律规范体系。

次，而行政法规的效力又高于地方性法规、自治条例、单行条例、规章。作为立法的形式，法律、行政法规等规范性文件受制于立法的内容即立法的权限范围，是其外在的表现形式，但是，它同时又约束着不同的立法权限主体行使立法权限事项的范围。

其三，明确了立法权限内容。立法权限划分的实在要求主要还应包括立法事项即立法内容的归属的确定。① 我国《立法法》第7～11条、第56条、第64条、第66条、第71条、第72条、第73条等条文分别对全国人大及其常委会制定法律的立法权限范围，国务院制定行政法规的立法权限范围，省级人大及其常委会、较大的市的人大及其常委会制定地方性法规的立法权限范围，民族自治地方的人大制定自治条例、单行条例的立法权限范围，国务院组成部门及具有行政管理职能的国务院直属机构制定部门规章的立法权限范围，省级人民政府和较大的市的人民政府制定地方规章的立法权限范围进行了明确。

（二）人民监督员制度立法路径中地方立法的否弃

从《立法法》规定的内容层面解析我国的立法体制为我们对人民监督员制度的立法路径进行选择明确了方向。我国《立法法》关于各立法主体立法权限的划分为人民监督员制度立法提供了据以选择的具体路径。一般而言，人民监督员制度可能的立法路径如下：

其一，由全国人大或全国人大常委会立法律。即对人民监督员制度立法选择的是由全国人大或全国人大常委会这一立法主体依照其立法职权和相应程序立法律的路径。

其二，由国务院立行政法规。即对人民监督员制度立法选择的是由中央人民政府即国务院依照相应的立法职权和立法程序立行政法规的路径。

其三，由有关地方人大及其常委会立地方性法规。有关地方人大及其常委会包括省级（省、自治区、直辖市）人大及其常委会，

---

① 参见李林：《关于立法权限划分的理论与实践》，载《法学研究》1998年第5期。

较大的市（省级地方政府所在地的市，经济特区所在地的市，国务院批准的较大的市①）的人大及其常委会。对人民监督员制度立法选择由有关地方人大及其常委会立地方性法规的路径即是指由省级和较大的市的人大及其常委会依照其各自的立法职权和相应的立法程序立地方性法规的活动。

其四，由民族自治地方的人大立自治条例、单行条例。此种路径选择即是指由自治区、自治州、自治县的人大根据本民族区域内的政治、经济、文化等方面的特色对人民监督员制度制定自治条例和单行条例。

其五，由国务院组成部门和具有行政管理职能的国务院直属机构立部门规章。即对人民监督员制度立法路径的选择是由国务院各部、各委员会、中国人民银行、审计署和具有行政管理职能的国务院直属机构依照其相应的立法职权和立法程序立部门规章。

其六，由有关地方人民政府立地方规章。有关地方人民政府和有关地方人大存在对应性，即其范围包括省级和较大的市的人民政府。由省级或较大的市的人民政府对人民监督员制度立地方规章的路径选择是指由其依照相应的立法职权和立法程序立地方规章的活动。

人民监督员制度立法路径选择就是明确以何种方式对人民监督员制度进行立法。在这些可能的立法路径里，其一、其二、其五属于中央立法，而其三、其四、其六则属于地方立法②。对人民监督

---

① 除去北京、上海、天津、重庆四个直辖市以及台湾省，香港、澳门特别行政区外，我国还有27个省会城市，经济特区所在地的市则为深圳、厦门、珠海、汕头共4个，另外，国务院先后四次共批准18个"较大的市"，这样，到目前为止，享有地方性法规制定权的"较大的市"有且只有49个。

② 中央立法和地方立法的划分以存在立法在纵向上的分权为前提，其划分的标准是享有立法权限的主体是中央国家机关还是地方国家机关。在我国的中央立法层次，享有立法权限的主体限于全国人大及其常委会，国务院，国务院组成部门和具有行政管理职能的国务院直属机构。在我国的地方立法层次，享有立法权限的主体限于省级人大及其常务会和省级人民政府，较大的市的人大及其常委会和较大的市的人民政府。另外，民族自治地方的人大的立法虽具有特殊性，但一般仍将其归为地方立法的层次。

员制度立法路径的选择首先要面对的就是在中央立法和地方立法之间作抉择。

地方立法和中央立法是一对对应的范畴。所谓地方立法，是指特定的地方政权机关，依据一定职权和程序，运用一定技术，制定、认可、修改、补充和废止效力不超出本行政区域范围的规范性文件的活动。① 而所谓的中央立法就是中央政权机关依照法定职权和程序立、改、废一定规范性文件而具有普遍适用效力的活动。

地方立法具有与中央立法相比较的优势。地方立法的优势在于它针对地方事务立法的自主性，即地方立法机关在不违背中央立法的前提下充分发挥自己的积极性、自主性，根据本地区的政治、经济文化发展的要求进行立法。② 地方立法的优势还在于它针对地方立法事务的针对性，即各地区要针对本行政辖区的实际需要和具体情况制定具有法律效力的规范性文件。我国地域性比较复杂，各地区的实际情况不同，所要解决的问题也有很多差异，所以地方立法必须根据本行政区社会关系提出的实际问题，有的放矢地进行立法。③ 地方立法的优势还在于它针对地方事务立法的及时性，对于地方一些特殊问题或者突发问题要及时处理和调整，地方立法的及时性就显得特别重要，以及在某些特殊情况下，国家急需用法律规范调整某种社会关系，但因立法条件又不成熟，法律不能及时出台，这时地方立法的及时性就显得特别重要。④

但即便如此，对人民监督员制度进行立法仍不宜以地方立法为之，其理由如下：

首先，地方立法的特质决定了人民监督员制度立法不得以地方立法方式为之。地域性是地方立法的最大特质所在，它既体现在其立法主体的属性是地方立法机关，也体现在其所涉及的立法权限范

---

① 参见周旺生：《关于地方立法的几个理论问题》，载《行政法学研究》1994 年第 4 期。

② 参见许俊伦：《地方立法的特征》，载《法律科学》1996 年第 5 期。

③ 参见许俊伦：《地方立法的特征》，载《法律科学》1996 年第 5 期。

④ 参见许俊伦：《地方立法的特征》，载《法律科学》1996 年第 5 期。

围仅仅针对所在地区的地方事务，还体现在其所立之规范性法律文件的效力只在其所在的特定区域生效实施。地方立法的这一特质与中央立法的特质显然相异，中央立法无论是在主体的地位，还是所涉及的立法事务，甚至最为重要的是立法的效力所及的范围都是在一个主权国家的全部领域内①。地方立法的这一特质所衍生的其他属性还表现在地方立法的低位性。所谓地方立法的低位性仅就其效力特质而言，是指地方立法所产生的规范性文件的效力一般而言低于中央立法所产生的规范性文件的效力，以我国为例，地方性法规的效力低于法律的效力，地方政府规章的效力低于行政法规的效力。

其次，地方立法之地方性的特质还决定了地方立法更大的复杂性，使得人民监督员制度立法不便以地方立法方式为之。一者我国地方单位层级不同，数量众多，不同层级的地方单位，不同地域的地方单位在社会发展程度上总存在差异，使得不同地域地方立法在内容上表现出很大的差异。二者根据我国《宪法》和《立法法》的有关规定，制定地方性法规，或者制定自治条例、单行条例，或者制定地方政府规章，至少存在它跟上位法诸如宪法、法律、行政法规之间关系的处理问题，而且这三类地方立法自身都存在着复杂的关联。比如，以在同一行政区域内为前提，省级人大及其常委会制定的地方性法规和本行政区域内较大的市制定的地方性法规的关系问题，省级人民政府制定地方政府规章和较大的市制定地方政府规章的关系问题，以及地方性法规和地方政府规章之间的关系问题。

再次，从人民监督员制度实行的整体情况来看，人民监督员制度不适宜地方立法。

第一，人民监督员制度是最高人民检察院 2003 年 9 月 2 日通过并下发的《关于人民检察院直接受理侦查案件实行人民监督员制度的规定（试行）》决定开始试行的一项制度。试行人民监督员

---

① 在我国，基于历史的特殊性，港澳台等地区虽是我国主权之下的地方单位，但并不是中央立法的所有规范性文件都在其自治领域内生效实施。

制度是检察机关贯彻党的十七大精神，在司法体制改革中推进检察体制改革的一项重要任务。① 因此，决定实行人民监督员制度的主体是最高人民检察院，且试行人民监督员制度也是在我国各级人民检察院系统内进行的，这样，从实施人民监督员制度的主体角度审视，人民监督员制度是一项不折不扣的司法制度。

第二，在我国《立法法》所规定的立法权限分工里，司法制度的立法权限明确归属于全国人大及其常委会，是国家立法权的事项，且是典型的法律保留事项。这意味着对司法制度进行立法只能由全国人大及其常委会行使法律权，其他任何享有立法权限的主体都不得行使对司法制度的立法权，这些不得享有对司法制度行使立法权限的主体当然包括地方立法的各个主体。

第三，地方立法自身除了前述比较于中央立法的劣势外，自身仍然存在不少问题。蔡定剑在《地方人大立法的发展、成就和问题》一文中对这些问题进行了归纳②：首先，地方人大在自主性立法方面可以制定哪些法规，不能制定哪些法规，仍不十分清楚。其次，地方人大存在着某些形式主义。照搬照抄国家法律的内容多，地方立法的具体化、规范性和可操作性较差。再次，对地方立法的宏观协调和监督不力。地方立法的相互协调和前后一致，是法制统一的环节。由于地方立法的局限性和利益考虑，立法中的地方保护主义在一定程度上存在。《立法法》虽对立法权限问题给予了相当大的注意，但与其说《立法法》对立法权限进行了重新设计，毋宁说只是对现实的认可，对现行的立法及立法权限划分状况由默许到承认。③

从以上几方面来看，地方立法对人民监督员制度进行立法在我国目前的立法体制中是不切实的。立地方性法规，立自治条例、单

---

① 参见周永年主编：《人民监督员制度概论》，中国检察出版社 2008 年版，第 12 页。

② 参见蔡定剑：《地方人大立法的发展、成就和问题》，载《人大工作通讯》1994 年第 4 期。

③ 参见张中秋、张明新：《对我国立法权限划分和立法权运行状况的观察与思考》，载《政法论坛》2000 年第 6 期。

行条例和立地方政府规章这三种路径是我们在对人民监督员制度立
法进行路径选择时要明确予以否弃的。

（三）人民监督员制度立法路径中行政立法的剔除

在对人民监督员制度的立法路径选择上否弃了地方立法，是否
就是对问题的彻底解决呢？在中央立法层次，是否立法律、立行政
法规和立部门规章都可行呢？在这三种具体可能的人民监督员制度
立法选择的路径里，立法律属于一般被认为是狭义的立法，基于其
立法主体是中央国家权力机关，我们也可称之为权力立法，而立行
政法规和立部门规章的立法主体是行政机关，我们又称之为行政立
法。①

首先，人民监督员制度立法路径只能在中央层次进行立法是基
于以下基本认识。

第一，人民监督员制度涉及的事项不是局限于地方性的事务，
而是全国性的事务。从宪政实践中来考察人民监督员制度，它从产
生到试行至今已经走过将近 6 年的光阴，期间经历了从初创到逐步
完善，从试点到范围的逐步扩大的过程。在这一过程中，最高人民
检察院始终是主导者，而具体实施的主体也是全国各级人民检察
院，基于我国司法体制的特殊性，检察体制属于我国司法体制的范
畴。从宪政国家的一般权力理论来解读，司法权总具有相对独立的
地位，不像行政权有级别之分，也不像立法权有地域之别。关于司
法制度的立法都是中央有关国家机关立法权限范围内的事务，是全
国性的事务而不是地方性的事务。

第二，由中央层次的国家机关对人民监督员制度进行立法符合
有关立法理论和立法实践。在立法理论上，根据立法权限的分工，
地方立法主要是针对地方事务进行立法。而中央立法却主要是针对
国家事务进行立法。在立法实践上，根据我国《立法法》的规定，

---

① 权力立法和行政立法在一定程度上也是一对对应的范畴，这一立法种类
划分的标准是享有立法权限的主体是权力机关还是行政机关。在我国的立法体制
内，权力立法有多层级，行政立法同样具有多层级性，都是既有中央层次的立
法，又有地方层次的立法。

全国人大及其常委会的立法权限范围涉及的都是关于国家主权，国家机构的权限分工，民事、刑事等基本制度以及司法制度等。在明确列举的立法律权的事项范围内，部分事项可在满足特定条件时授权给国务院行使立行政法规权，但其中的部分事项却是国务院无论在何种情形下都无权享有立行政法规权的事项，这部分事项是由法律予以绝对保留的事项，这就意味着对于此部分事项，只能由全国人大或全国人大常委会制定法律来进行规范，比如司法制度。

其次，我们认为对人民监督员制度的立法路径进行立法律的选择有明确的理由。

《立法法》第7～11条明确了全国人大及其常委会立法律权的事项范围，第56条明确了国务院立行政法规权的事项范围，第71条、第72条明确了国务院部门立部门规章权的事项范围。依据以上诸条款对三类中央立法主体各自立法事项范围的明确，部门规章规定的事项只能是属于执行法律或者国务院的行政法规、决定、命令的事项，国务院组成部门制定部门规章的行为只是执行性立法；行政法规能够规定的事项范围一是为执行法律的规定需要制定行政法规的事项，这是国务院的执行性立法，二是《宪法》第89条规定的国务院行政管理职权的事项①，这是国务院的职权性立法，除了这两类的立法事项范围外，国务院还在全国人大及其常委会的授权下对法律的有关事项先行制定行政法规；法律规定的事项采取了列举式规定和概括式规定两种方式，以此表明全国人大及其常委会立法律的事项范围的广泛性及其干涉事项的重要性程度，全国人大及其常委会制定法律的行为都是职权性立法。

据此，就部门规章而言，国务院组成部门无权对人民监督员制度这一司法体制内的创新制度进行立法，因为人民监督员制度到目前为止既未由全国人大及其常委会制定法律，也未由国务院制定行政法规，因此，国务院组成部门就失去了制定部门规章的

---

① 我国现行《宪法》第89条规定了作为最高权力机关的执行机关即中央人民政府的国务院享有的诸如政治、经济、文化、外交、国防等各方面的广泛的管理权限。

依据。

就行政法规而言，国务院或可依据全国人大已制定的法律进行执行性立法，或可依据《宪法》第89条的规定进行职权性立法，或可根据全国人大及其常委会的授权进行先行性立法。对第一种可能性而言，全国人大及其常委会迄今为止并未对人民监督员制度进行任何实质性的立法律的操作，这也使得国务院对人民监督员制度进行执行性立法失掉了其前提和基础；对第二种可能性而言，《宪法》第89条规定的国务院享有的各项职权里并没有关于司法制度的管理职权①，从宪政的分权原则来看，我国宪法的这种规定正契合了权力分立的理论主张，这也就使得国务院也不得以职权性立法的方式涉足人民监督员制度立法；对第三种可能性而言，全国人大及其常委会可以在一定的条件下授权国务院对本属于其立法律权的事项先行制定行政法规，但是这些可授权国务院先行制定行政法规的事项却不包括司法制度，这也在某种程度上契合了权力分立的理论主张，因此，国务院不会也不可能从全国人大及其常委会那里得到授权对人民监督员制度先行制定行政法规。

（四）人民监督员制度立法路径中国家立法的采行

人民监督员制度作为一项司法制度，在我国《立法法》的规定中，它是国家专属立法权的事项之一。国家专属立法权是指在多层次立法的国家中，有些立法事项的立法权只属于法律，法律以外的其他规范，一律不得行使，其目的在于保证人民群众对国家重大问题的最后决策权，保障国家法制的统一和公民的权利。② 对于我国《立法法》第8条、第9条规定的国家专属立法权，我国学者也有将之称为法律保留。"法律保留"是立法领域里一个比较重大的问题。作为一项理论，它最先为19世纪德国行政法学者奥托·迈

---

① 根据古典自然法学派经典作家的阐述，为防止权力的腐化，国家的立法权、行政权、司法权应该由不同的机关掌握和行使，我国《宪法》第89条作这样的规定显然是吸收了这种理论主张。关于三权分立的思想，参见洛克、孟德斯鸠等的相关著作。

② 参见应松年：《〈立法法〉关于法律保留原则的规定》，载《行政法学研究》2000年第3期。

耶提出，经发展演变，至今已发展出全部保留和部分保留、宪法意义的法律保留和行政法意义的法律保留、绝对保留和相对保留等不同主张而构成的相对完整的体系。我们将可授权的部分称为相对保留，不可授权的称为绝对保留。①《立法法》第9条关于"有关犯罪和刑罚、对公民政治权利的剥夺和限制人身自由的强制措施和处罚、司法制度等"的规定是法律绝对保留的事项。而人民监督员制度作为完善检察体制的一项创新制度是司法改革的重要内容之一，因此，对于人民监督员制度的立法权的行使只能够由全国人大及其常委会以制定法律的方式为之。

但根据我国《宪法》第62条、第67条和《立法法》第7条的有关规定，全国人大行使立法权的事项和全国人大常委会行使立法权的事项仍存有一定的差异。其中，全国人大制定和修改刑事、民事、国家机构的和其他的基本法律，全国人大常委会制定和修改除应当由全国人大制定的法律以外的其他法律，并且于全国人大闭会期间，在不同全国人大制定的法律的基本原则相抵触的前提下对其进行部分补充和修改。因此，在这里，就又存在一个应由全国人大立基本法律抑或全国人大常委会立基本法律之外的法律的选择问题。

根据《宪法》和《立法法》的有关规定，并结合现有理论对人民监督员制度立法路径主张的分析，由全国人大或全国人大常委会立法律的具体子路径又存在以下可能性：

第一，由全国人大立基本法律，即由全国人大对人民监督员制度制定基本法律以规范之。

第二，由全国人大常委会立基本法律以外的法律，即在全国人大闭会期间由全国人大常委会对人民监督员制度制定属于全国人大制定基本法律以外的法律以规范之。在由全国人大常委会立基本法律以外的法律这一路径下，全国人大常委会的立法形式又存在以下多种可能性：

其一是由全国人大常委会立单行的《人民监督员法》。

---

① 参见应松年：《〈立法法〉关于法律保留原则的规定》，载《行政法学研究》2000年第3期。

其二是由全国人大常委会修改与人民监督员制度有着密切关联的《刑事诉讼法》、《人民检察院组织法》等。

其三是由全国人大常委会制定类似于《全国人大常委会关于完善人民陪审员制度的决定》的《全国人大常委会关于完善人民监督员制度的决定》。

下文着重对这五种可能性进行逐一解析以最终明定哪一种为当前人民监督员制度立法的最佳路径。

首先，立基本法律。《宪法》第62条第（3）项规定"制定和修改刑事、民事、国家机构的和其他的基本法律"专属于全国人大。《立法法》在第7条第2款对全国人大的这一专属立法权给予了同样的认定。对《宪法》和《立法法》的这些规定予以解读，我们至少可以看出两点：一是《宪法》和《立法法》对法律这一规范形式进行了分类，即基本法律和基本法律之外的法律，其中基本法律的制定权专属于全国人大；二是基本法律至少包括刑事法律、民事法律、关于国家机构的法律，至于其他基本法律的范围有哪些，《宪法》和《立法法》都没有予以明确，但笔者以为，从《立法法》第8条、第9条规定的内容来考量，这些属于其他基本法律范围内的事项至少还应该包括关于国家主权的事项，民族区域自治制度、特别行政区制度以及基层群众性自治组织制度①，以及对公民政治权利的剥夺、限制人身自由的强制措施和处罚等②。在

①　从立法实践来考察，我国《宪法》规定的居民委员会、村民委员会等基层群众性自治制度的规范性文件《中华人民共和国居民委员会组织法》、《中华人民共和国村民委员会组织法》都是由全国人大常委会行使立法权的结果。而关于民族区域自治制度的规范性文件《中华人民共和国民族区域自治法》和关于特别行政区制度的规范性文件《中华人民共和国香港特别行政区基本法》、《中华人民共和国澳门特别行政区基本法》都是由全国人大行使立法权的结果，这种不对等地位的对待现象值得思考。

②　在现代国家宪法所构筑的宪政体制下，在宪法的内容规定性里，公民权利的有效保障相比较于国家权力的正确行使而言处于支配地位，公民权利制约国家权力是宪法关系的基本精神。参见周叶中主编：《宪法》，高等教育出版社、北京大学出版社2004年版，第38页、第149页。

以上所明确的全国人大立基本法律的事项范围内，并不包括人民监督员制度。从人民监督员制度的性质定位来看，人民监督员制度是我国司法体制改革中对检察体制进行完善的一项重要举措，因此，人民监督员制度是司法制度的内容，而不是刑事基本制度。根据法治原则的要求，严格按照法律的要求办事是法治原则的基本要求，所以，对于人民监督员制度的立法，无须全国人大来行使立法权限。

其次，立基本法律以外的法律。基本法律以外的法律相对于基本法律而言，它的制定权专属于全国人大常委会，这在《宪法》第 67 条第（2）项以及《立法法》第 7 条第 3 款中得以明确。对《宪法》和《立法法》规定的以上有关内容进行解读，有以下几点值得我们关注：一是从《立法法》第 8 条、第 9 条规定的内容来考量，专属于全国人大制定基本法律的事项包括刑事、民事、国家机构的法律，民族区域自治制度、特别行政区制度和基层群众性自治制度，以及对公民政治权利的剥夺、限制人身自由的强制措施和处罚等，其他事项属于全国人大常委会制定基本法律以外法律的事项，即对非国有财产的征收，基本经济制度以及财政、税收、海关、金融和外贸的基本制度、诉讼和仲裁制度等；二是就全国人大和全国人大常委会的关系而言，全国人大常委会是全国人大的组成部分，是其常设机关，二者在权力的属性上具有一致性，但是在地位上具有不对等性，虽都具有权力机关的属性，但《宪法》却在第 62 条和第 67 条对二者规定了不同的权力事项。以制定法律权和制定基本法律以外的法律为例，全国人大有权制定基本法律，全国人大常委会有权制定基本法律以外的法律，但是这种区分并不是绝对的，就全国人大的地位而言，全国人大在我国国家机关体系中具有最高地位，是中央国家权力机关，从一般原理上讲，它对于作为其常设机关的全国人大常委会职权范围内的事项是有管辖权的，但是，反过来却不能够如此，也就是说，全国人大是有权制定基本法律以外的法律，但全国人大常委会却无权制定全国人大享有的制定基本法律的权限。因此，全国人大常委会对专属于其制定基本法律以外的法律的权力只具有相对性，并不具有绝对性，全国人大对专属于其制定基本法律的权力却是绝对的。但就立法实践的层面而言，全国人大除非在认为必要的时候才会行使全国人大常委会所享有的职权。亦即对人民监督员制度而言，全国人大虽在理论阐述中可对其进行立法，制定属于基本法律层次的规范性文件，但结合对现实的考量和对《宪法》和《立法法》等规范性文件的探究，由全国人大常委会对人民监督员制度进行立法更符合两者间分工和运作的常态化要求。人民监督员制度由全国人大常委会进行立法是适当的，也是必要的。

再次，在由全国人大常委会对人民监督员制度立法律的具体形式上，存在制定专门的《人民监督员法》，还是修改《刑事诉讼法》和《人民检察院组织法》等相关法律，抑或制定《全国人大常委会关于完善人民监督员制度的决定》的差异。

第一，制定专门的《人民监督员法》。单从立法效果层面来考量，制定专门的《人民监督员法》是最理想化的立法路径选择。但从人民监督员制度试行的整个过程的实践层面来考量，人民监督员制度试行的规范依据是最高人民检察院自己制定的文件，而试行人民监督员制度的范围也仅是在人民检察院组织架构内。再者就此项制度当前所处的整体环境而言，制定《人民监督员法》在立法的程序上和所具备的要求上具有更高的要求，因此，由全国人大常委会专门制定《人民监督员法》的时机尚不成熟，并且也会产生更大的立法成本，不符合人民监督员制度效益价值的要求。并且，人民监督员制度作为司法制度是法律所绝对保留的事项，全国人大常委会又不得授权国务院先行制定行政法规，所以，虽作为最理想化的立法路径选择，但制定专门的《人民监督员法》这一途径在目前的现实境况中暂时显得行不通。

第二，修改《刑事诉讼法》的有关规定或者修改《人民检察院组织法》的有关规定。① 在理论界和实务界有相当多的主张，提出了很多方案。他们认为应抓住《人民检察院组织法》和《刑事

① 立法活动从广义的形式上来讲，既包括立法主体制定规范性文件的行为，又包括立法主体修改既存规范性文件的行为，还包括立法主体废除或废止已经失效的规范性文件的行为。在专门制定《人民监督员法》这一途径行不通的时候，转而寻求修改《刑事诉讼法》或者是修改《人民检察院组织法》被许多人认为也不失为一个恰当的选择。

诉讼法》修改的机会，基于现阶段人民监督员制度立法的可行性论证，借鉴国外的有关做法和人民陪审员立法的经验，积极争取将业已形成共识而又具备条件能够采纳的内容写进去。① 如十届全国人大代表何素斌提出的修改法律的建议案为在《刑事诉讼法》和《人民检察院》组织法中增加相应的规定②，十届全国人大代表靳军提出的修改法律的建议案为在《刑事诉讼法》和《人民检察院组织法》中增加相应的规定，并实行人民监督员制度与《刑事诉讼法》和《人民检察院组织法》全面对接③，十届全国人大代表陈文清提出的立法建议案为在《人民检察院组织法》中增加相关规定，并实行人民监督员制度与《人民检察院组织法》的全面对接④。

第三，其他选择。除了前述主张外，还有主张对人民监督员制度立法可分三步走，即首先积极开展人民监督员制度立法调研，在《人民检察院组织法》和《刑事诉讼法》中对人民监督员制度作出规定，制定《人民监督员法》对人民监督员制度作出全面、系统的规定。⑤ 有的主张在《人民检察院组织法》中作出原则性规定并在《刑事诉讼法》中作相应修改外，对是否单独立法，应当从长计议。⑥ 当然，还有的主张首先对《宪法》进行修改，明确规定"人民检察院实行人民监督员制度"、"依法担任人民检察院人民监

---

① 参见罗长喜、周建高：《关于人民监督员制度的立法思考》，载《人民检察》2005 年第 1 期。

② 参见周永年主编：《人民监督员制度概论》，中国检察出版社 2008 年版，第 355 页。

③ 参见杨建顺：《代表呼吁将人民监督员制度写入法律》，载《法制日报》2004 年 3 月 9 日。转载于周永年主编：《人民监督员制度概论》，中国检察出版社 2008 年版，第 356 页。

④ 参见周永年主编：《人民监督员制度概论》，中国检察出版社 2008 年版，第 357 页。

⑤ 参见柯汉民：《人民监督员制度立法可分三步走》，载《检察日报》2005 年 11 月 7 日，第 3 版。

⑥ 参见周士敏：《人民监督员制度的性质和功能》，载《国家检察官学院学报》2004 年第 4 期。

督员是每一个公民的应有权利，人民监督员在监督工作中应当积极
履行法定职责"。然后尽快在《刑事诉讼法》和《人民检察院组织
法》中作出规定，并在条件成熟时，由最高人民检察院向国家立
法机关提出立法建议，制定具有一定法律位阶的、系统的《人民
监督员法》。① 很显然，在上述其他各种选择中，对《宪法》进行
修改而专门对人民监督员制度进行规定显得不切实际。

周永年主编的《人民监督员制度概论》在对上述各种立法方
案进行梳理后，并对其作出了评价，指出了它们之间存在的相同点
和分歧。② 其中相同点表现在两个方面：一是大多数无须对《宪
法》进行修改，二是人民监督员制度应在《刑事诉讼法》和《人
民检察院组织法》中增加相应的规定。而分歧却存在于三个方面：
一是是否需要制定专门或单行的《人民监督员法》，二是是否需要
将人民监督员制度与《刑事诉讼法》和《人民检察院组织法》全
面对接，三是在《刑事诉讼法》和《人民检察院组织法》中应增
加关于人民监督员制度的哪些具体内容的看法不一。

我们认为，这些关于人民监督员制度立法路径的主张及其评价
来自于人们对人民监督员制度实践运作的经验归纳以及对人民监督
员制度法制化展望的美好预期。但无论如何，人民监督员制度立法
路径选择一定是在综合考量我国宪政体制架构所决定的立法体制的
框架和从立法实践中所归纳总结出的立法模式的基础上作出的。

（五）人民监督员制度立法路径的选择

作为前述关于人民监督员制度立法的具体路径的设计方案，既
有其合理的因素，又有其不合时宜的弊端。而作为一项司法体制改
革的成果，人民监督员制度的立法完全有其可资借鉴的既有成果。
我国的司法体制既包括审判体制，又包括检察体制。其中和审判体
制密切相关的是人民陪审制度，而和检察体制密切相关的是人民监

---

① 参见李泽明、江红鹰、陈晓东：《人民监督员制度研究》，载《行政与
法》2004 年第 12 期。

② 参见周永年主编：《人民监督员制度概论》，中国检察出版社 2008 年版，
第 362 页。

督员制度。从司法体制的关联性上讲，二者之间具有密切的相似性。因此，我们认为，对于人民监督员制度进行立法，可借鉴人民陪审员制度的立法模式。即参照《关于完善人民陪审员制度的决定》的方式由全国人大常委会制定《关于人民监督员制度的决定》。

中国特色人民陪审员制度从无到有、从简略到完善、从零散规定到专门立法，已经走过了近八十年的风雨历程。作为人民司法的优良传统，人民陪审员制度形成于民主革命时期，发展于社会主义革命时期，成熟于改革开放和现代化建设时期。① 而人民陪审员制度的立法在新中国历史时期也经历了一个曲折的过程。1998 年，最高人民法院开始研究通过专门立法推进人民陪审员制度的完善，2000 年 9 月，最高人民法院第一次将《关于人民陪审员制度的决定（草案）》提请全国人大常委会审议，但终因各方意见分歧不能够弥合而被搁置。2004 年 2 月，最高人民法院再次向全国人大常委会提请审议《关于完善人民陪审员制度的决定（草案）》。2004 年 4 月，十届全国人大常委会第八次会议分组审议了最高人民法院再次提请审议的《关于完善人民陪审员制度的决定（草案）》。2004 年 8 月 28 日，讨论、起草、审议、修改达 6 年之久的全国人大常委会《关于完善人民陪审员制度的决定》获十届全国人大常委会第十一次会议通过。②

虽说人民监督员制度是一项制度创新，并没有如人民陪审员制度的历史传统和法制作为其合法性的重要依据③，但是两种制度却有着很多相似的地方，主要有以下三个方面：一是政治意义相同。两种制度都是我国社会主义制度下，广大人民群众当家作主的政治权利和参与管理国家事务的宪法权利的直接体现。都是通过让非法

---

① 参见王斗斗、丘栋辉：《细数人民陪审员制度近八十年风雨历程》，载《法制日报》2007 年 9 月 6 日，第 8 版。

② 参见司英：《坚定地推进人民陪审员制度——关于完善人民陪审员制度的决定立法回顾》，载《中国人大》2005 年第 12 期。

③ 人民陪审员制度与人民监督员制度一样，《宪法》中只有概括性依据，并无明确直接的依据。《宪法》第七节规定了人民法院及相关司法制度，但对人民陪审员制度并无明确具体的规定。参见周永年主编：《人民监督员制度概论》，中国检察出版社 2008 年版，第 363 页。

律职业的普通公民参与到国家的司法活动中来，使我国的社会主义司法制度更具依靠人民群众的实质，更具司法民主的本质属性，让广大人民群众对司法工作的认同感不断加深。二是参与主体相同。参与这两种制度的人民陪审员和人民监督员都是来自社会各界的普通公民，都具有广泛的代表性和群众基础。二者都能够把社会公众的认知角度、伦理道德、价值观带到司法工作中，与从事审判、检察专业的法官、检察官形成思维互补，从而让司法机关更好地体现出司法为民，维护社会公平正义的精神，使办案效果做到社会效果与法律效果有机统一，促进社会和谐。三是作用相同。两种制度都能促进司法公正。人民陪审员制度的实施和人民监督员制度的试行，使我国的司法工作直接置于人民群众的监督之下，有效地提高了司法的公开、透明程度和社会公信力，提高了司法机关的权威性。① 除上述两者存在的三点相似性外，人民监督员制度和人民陪审员制度至少在以下三方面还有着共通性：实质体制的同构性、监督主体的人民性、监督形式的同质性。②

　　人民陪审员制度和人民监督员制度的相似性和共通性，使我们完全有理由借鉴人民陪审员制度的立法对人民监督员制度进行立法。人民陪审员制度法制化的过程具有立法路径示范作用，可参照人民陪审员制度，不需要在《宪法》中增加人民监督员制度的相关规定，在《刑事诉讼法》和《人民检察院组织法》中增加原则性规定，由全国人大常委会制定《关于实行人民监督员制度的决定》，由最高人民检察院会同司法部制定实行人民监督员制度的具体细则，由司法部制定关于人民监督员的选任、考核表彰、职务免除等方面的具体规定，由司法部会同财政部制定人民监督员经费保障方面的规定。③ 在立法路径的选择上，我们认为这一方案是目前

---

① 参见钟黎明：《人民监督员制度和人民陪审员制度的比较与思考》，http://www. law-lib. com/lw/lw_ view. asp? no=7781，2006 年 6 月 15 日访问。

② 参见周永年主编：《人民监督员制度概论》，中国检察出版社 2008 年版，第 362 页。

③ 参见周永年主编：《人民监督员制度概论》，中国检察出版社 2008 年版，第 365 页。

最为合适的途径。全国人大常委会对需要法律加以规范，同时又不成熟或者又不具有单独制定法律条件或法律解释的事项采用决定的方式作出，已形成制度法制化的路径依赖。这种方式较正式的法律颁布而言具有灵活性，且由于其不需要严格依照法律规范的形式要件，较正式法律文本的制定而言阻力更小、成本较低。人民监督员制度较人民陪审员制度而言，其合法性还存在较多争议，且其成熟性不够，采用决定的形式是较为可行的。待制度成熟完善之后再行制定单行法律。中央层级的法律修改和立法，再制定具体的司法解释或实施细则是目前最为可行和最优的途径。①

第二节　人民监督员制度立法原则确立

在我国现行的宪政体制架构内，由立法体制决定的对人民监督员制度立法路径选择有多种可能性，我们宜择其最佳路径为之。而人民监督员制度立法原则确立同样受制于一国宪政体制所制约的立法体制。人民监督员制度立法活动是一项系统化的工程，其路径的选择如此，其立法原则的确立亦如此。人民监督员制度立法原则确立和人民监督员制度立法路径选择存在关联，同时，人民监督员制度立法原则确立和一国立法指导思想也存在紧密联系，并且，基于人民监督员制度自身的特质，人民监督员制度立法原则既具有立法原则的共性又具有其自身的特性。

一、人民监督员制度立法路径选择和制度立法原则确立之关系

（一）人民监督员制度立法路径选择和制度立法原则确立之差别

作为人民监督员制度法律化两个不同的侧面，人民监督员制度立法原则确立和人民监督员制度立法路径选择是两个不同的立法问

①　参见秦前红、宦吉娥：《人民监督员制度发展完善的若干思考——以人民陪审员制度与人民监督员制度之比较为视角》，载《湖北民族学院学报》（哲学社会科学版）2009 年第 1 期。

题，这种不同有多方面的体现。单就两者质的规定性来看，人民监督员制度立法路径选择更多地体现在实践层面，是立法具体活动的体现。当然，不可否认的是，在对人民监督员制度法律化路径的选择上仍然存在很多理论上的争议，但立法路径的选择相对于立法原则确立而言是实践性更强烈的一个问题，它明确的是对人民监督员制度立法如何进行具体操作，而理论上的争议都最终服务于如何选择有效的立法路径以进行科学、合理的立法。人民监督员制度立法原则确立在质的规定性上更多的属于理论层面的问题。立法原则总是理论化的观点和主张，但这些理论主张一旦被人民监督员制度立法实践所遵循并被明确在立法所制定的规范性文件中，它就具有了很大的实践操作性，从而转化成一种可被运用的规则。即便如此，立法原则作为概括和抽象的规则，其理论色彩更为浓厚是一个不争的事实。

（二）人民监督员制度立法路径选择和制度立法原则确立之联系

1. 人民监督员制度立法路径选择决定人民监督员制度立法原则确立

人民监督员制度立法路径选择是在我国宪政架构下的现行立法体制内对人民监督员制度进行立法所采行的具体操作方式的实践问题。对人民监督员制度立法作出何种立法路径的选择需要明确立法体制的相关问题，如立法权限主体、立法权限范围、立法的具体程序和立法的效力等，也需要明确立法路径和立法模式的区别问题。在具体立法过程中，立法权限主体除了要遵循立法的基本原则外，还要针对立法事项自身的特质设定特别原则，这些特别原则正是对每一具体立法事项特质的反映。正是基于人民监督员制度的特殊性，人民监督员制度立法除了要遵循立法一般原则，还要遵循相应的特别原则。人民监督员制度立法是一项全新的立法实践，它所遵循的具体原则必须和人民监督员制度的特质相关联并受其约束。

2. 人民监督员制度立法原则确立指导人民监督员制度立法路径选择

立法原则具有抽象性和概括性，这种抽象性和概括性使得立法原则具有了普遍性。立法基本原则对于一切立法事项都有约束性，人民监督员制度立法自不例外。人民监督员制度立法的特有原则是基于人民监督员制度的特质和特殊性而形成的，在人民监督员制度立法过程中也是必须遵循的。人民监督员制度立法具体活动的展开正是对人民监督员制度立法原则的贯彻，是受其指导作用的结果。具体而言，《宪法》和《立法法》的相关条文里明确了立法的基本原则，人民监督员制度立法就是要在我国现行《宪法》和《立法法》所确立的立法体制内进行，严格遵守有关基本原则的要求。并且人民监督员制度立法原则尤其是作为其自身特质体现的人民监督员制度立法特别原则在立法结果即所形成的规范性文件中得以体现是对人民监督员制度立法实践的有效指引的前导。

二、人民监督员制度立法原则确立概述

（一）人民监督员制度立法原则概念

1. 立法原则的概念

立法原则是在立法活动过程中被立法实践者所遵循的一系列规范、规则的总和。立法活动有多方面的内容，既包括立法项目的调研论证，也包括立法的具体步骤，既有立法权限主体的分工，又有立法权限范围的明确等。对不同立法活动共性的抽象和概括形成的为立法权限主体所普遍遵循的规则就是立法原则。立法原则是立法主体据以进行立法活动的重要准绳，是立法的内在精神品格之所在。①

2. 人民监督员制度立法原则概念

人民监督员制度立法原则是在人民监督员制度立法活动过程中有关立法权限主体所遵循的规则体系。人民监督员制度立法的具体活动大体包括立法调研论证等准备活动、立法案的提起、立法案的审议和讨论、立法案的通过和公布等，在这些立法活动的过程中，人民监督员制度立法主体必须严格遵循作为立法的内在精神品格之

---

① 参见周旺生：《论中国立法原则的法律化、制度化》，载《法学论坛》2003 年第 3 期。

所在的立法原则。

（二）人民监督员制度立法原则特征

一是立法规律性的体现。立法规律反映立法活动的整体要求，是对立法活动的普遍性要求，这种规律性贯彻在立法活动的各个层次。比如，立法权限主体的确定必须结合特定国家和特定历史时期才能够确定，而立法原则正是对诸如此类的立法规律性的体现。规律是客观的，是不以人的意志为转移的。在人民监督员制度立法过程中，立法权限主体既要遵循作为一般立法规律性体现的基本原则，又要遵循作为人民监督员制度立法规律性体现的具体原则，在《宪法》的规制下，依照《立法法》等的要求，体现人民民主的要求，进行科学的立法。

二是立法权限，主体的规范要求。一般而言，立法权限主体在进行立法活动时要对立法项目进行调研，明确立法项目的指导思想，确立立法项目的基本原则，以及采取具体的操作规程和立法步骤。立法权限主体行使立法职权有两个前提要求：首先其立法权限是被宪法和法律授权的，在立法的过程中，立法权限主体必须严格遵守宪法和法律的规定，宪法和法律构成了立法权限主体立法活动的权力边界；再就是立法权限主体要充分尊重立法的科学规律，立法活动的规律性使得立法主体要想保有立法活动所产生规范性文件的长久生命力，就必须遵循相应规范的要求，立法科学规律的集中反映就是立法的原则。人民监督员制度立法主体在立法过程中应该充分考量立法原则的规范要求并严格遵照执行，努力使立法达至一种理想化的状态。①

三是立法活动的概括和抽象。作为立法权限主体的规范要求和立法规律性的体现，立法原则必须是对全部立法活动的整个过程的抽象和概括。作为抽象和概括的规则，它约束和指导立法权限主体

---

① 江国华认为，立法既蕴含着立法者所欲求规导的一种生活图景和范式，也蕴藉人们对于其生活世界的公序良俗所抱之期望，是实现人们美好信念、愿景和价值期望的理想通道。参见江国华：《立法：理想与变革》，山东人民出版社2007年版，第319页。

能够更好地立法以反映立法规律性的要求。人民监督员制度立法原则对人民监督员制度立法主体的约束体现为立法主体要严格按照立法的权限，遵循立法的规律，严格立法程序并运用合理的立法技术进行科学的立法。

（三）人民监督员制度立法指导思想

1. 人民监督员制度立法指导思想之确立

立法指导思想是指立法实践所遵循的规则及所确立的规范的认识来源。立法思想是多样化的，既可以是人们对立法的一般理解，也可以是系统化的理论主张，在一定条件下甚至可以是一国特定历史时期领导者的观点。但能够成为立法指导思想的只是其中上升为统治阶级意志的立法思想。

在不同的历史时期，立法指导思想都有不同。

在西方，古希腊时期的亚里士多德的立法思想对整个西方世界的立法理论产生了深刻持久的影响力。到了近代，古典自然法学家的立法理论对当今西方世界以及世界其他国家的立法实践产生了重要的影响。

在新中国历史时期，单就国家领导人的立法思想而言，对立法理论及立法实践产生重要影响力的先后有毛泽东的立法思想、董必武的立法思想、邓小平的立法思想、彭真的立法思想。学术上对这些重要领导者的立法思想进行了系统的研究梳理。① 梳理并归纳之，可以明确的是我国立法指导思想体现在以下几个方面：

第一，立法工作必须以我国的现实国情为依据。立法不仅要为我国各方面的改革和建设提供依据，而且还要为其提供有效的保障，做到符合我国社会主义法制"有法可依，有法必依，执法必严，违法必究"的基本要求。这就要求立法工作一定要从实际出

---

① 就目前的理论成果来看，主要有孙红旗：《论毛泽东的立法思想》，载《理论建设》1993 年第 5 期；吴家友：《董必武立法思想探析》，载《人民法院报》2004 年 10 月 13 日；余正滚、程吉生：《论邓小平的立法思想》，载《江西社会科学》1998 年第 8 期；曾长秋、彭帅：《论彭真的立法思想》，载《零陵师范高等专科学校学报》2002 年第 4 期，等等。

发。立法绝不能脱离我国的现实国情，而应该根据我国政治、经济、文化等各方面的特质而非立法者的主观想象，根据科学立法的要求，从立法工作的调研准备，立法工作程序的启动，立法工作的实体运行等立法工作的各阶段都通过深入的调查研究，认真地进行科学论证，立法的成果才能够有持久的生命力。

第二，立法工作必须走领导和群众相结合的路线。从立法的性质上讲，它是一国有权机关行使立法权限的职权。并且在一国立法体制内，立法主体作为国家机关都相应地具有对某一方面国家或地方事务的管辖权，这是其领导者地位的体现。但是，从立法的结果上来看，立法是提供公共产品的活动，涉及社会的公共利益，因此，它离不开广大人民群众的参与。民众参与立法，是立法民主的体现。在民主国家，人民意志通过立法加以表达，作为国家政权活动的立法，必须遵循民主原则。立法的过程就是集中人民意志、反映人民利益的过程，立法的目的就是要保障和实现人民的权利。[1]我国是人民民主专政的社会主义国家，国家的一切权力属于人民，从这一国家性质的要求上来说，我国在立法工作的要求上必须坚持走领导和群众相结合的路线这一指导思想。

第三，立法工作必须以宪法为最高准则。我国宪法是国家主权权力行使的结果，它明确了各国家机构的职权。其中立法权是由立法机关行使的具体国家职权之一。因此，立法工作是宪法规定的国家职权的内容，是人民行使国家主权权力的体现。宪法构成了立法工作的最高准则。宪法在其自身的内容规定性上也明确了这一点："本宪法以法律的形式确认了中国各族人民奋斗的成果，规定了国家的根本制度和根本任务，是国家的根本法，具有最高的法律效力，全国各族人民、一切国家机关和武装力量、各政党和各社会团体、各企业事业组织，都必须以宪法为根本的活动准则，并且负有维护宪法尊严、保证宪法实施的职责。"[2] 因此，宪法作为立法工

①　参见江国华、易赛键：《论立法民主》，载《中南民族大学学报》（人文社会科学版）2007 年第 4 期。

②　参见《中华人民共和国宪法》序言第十三自然段。

作必须遵循的最高准则，是有关立法主体维护宪法尊严的要求、履行宪法实施职责的体现和保证。

总地来说，我国立法工作的指导思想概括起来就是：以宪法为最高准则，以我国的现实国情为根据，走理论和实际相结合的路线，坚持科学立法、民主立法的精神原则。结合人民监督员制度立法的特性，人民监督员制度立法在贯彻这一立法指导思想时的特殊要求就在于，在进行人民监督员制度立法时，对立法原则的确立、立法路径的选择，以及诸如人民监督员的选任及其权利义务等各项具体制度的法律化都要以宪法为最高准则，遵循宪法的基本原则，考虑我国的现实国情，最大限度地发扬我国社会主义的民主，充分调动一切积极因素进行科学立法，以更好地监督我国检察机关合法有效地履行其职责，促使我国检察体制逐步走向完善。

2. 人民监督员制度立法指导思想和人民监督员制度立法原则之辩证

对立法思想进行阐述有其显然的必要性，这一必要性在于厘清立法原则和立法思想的区别，以及构建立法思想和立法原则之间的联系。

立法指导思想是人们关于立法的思想观念的集中表达，就其存在的形式而言，立法指导思想无论古今中外都是存在于人们观念中的事物，属于意识层面。立法原则作为对立法活动的概括和抽象，具有普遍性的特质，是立法活动规律性的体现，是对立法权限主体的规范要求，可能存在于人们的观念之中，也可能体现在规范性法律文件所构成的法律渊源之中，在被宪法和法律明文确定后，便具有了一定程度上的直接操作性。在学术上，很多人对立法原则的阐述显然仅停留在立法思想的层面，只是其中一些观点能够被立法者采纳直接规定在法律的条文中从而转化为具体实在的立法原则，其他没被立法者采纳的观点则并不能构成立法原则。其间的差别就在于立法思想能否被立法者所采纳并写入相应的规范性文件中。

但这种差异性恰好反证了立法思想和立法原则之间的关联性，即立法思想尤其是立法指导思想构成立法原则的思想来源，甚至在满足一定条件时，立法指导思想直接转变成立法原则。这一条件是立法者采行特定的立法指导思想。我们在人民监督员制度立法的过程中也应该考量目前学术界和实务界对人民监督员制度立法的认识，从这些思想观点中吸纳有益合理成分，在人民监督员制度立法实践中予以适用，把它们作为指导人民监督员制度立法的思想源泉，甚或将其中的有益认识作为人民监督员制度立法原则在立法文件中予以明确认可，促使人民监督员制度立法更加完善。

三、人民监督员制度立法原则确立

（一）确立人民监督员制度立法原则之理据

1. 立法一般原理之普遍要求

宏观上，人民监督员制度立法原则确立从根本上深受我国现实国情的制约和影响。我国现阶段仍然处于社会主义建设的初级阶段。这一最大的现实国情决定：我国现仍处在深化经济体制改革、完善社会主义市场经济体制的过程中；我国政治体制改革也处在不断的完善和发展之中；在我国既有的深厚历史文化积淀的基础上，在当今世界各国交往日益加深的背景下，我国的文化建设也还大有可为之处。我国的这种现实国情是我国现阶段一切立法事项都必须考量的客观因素，是立法一般原理的体现。立法一般原理是对立法普遍规律的反映。人民监督员制度立法应该符合立法一般原理的要求，充分尊重立法普遍规律。我国社会主义初级阶段的现实国情为人民监督员制度立法原则的确立提供了最为深厚的现实依据。立法原理作为关于立法的带有普遍性和基本规律性的事物的理论表现，对立法实践有重大意义。一定的立法原理既是一定的立法实践的理论基础，又是这种立法实践的指南。① 因此，立法一般原理之普遍要求构成人民监督员制度立法基本原则确立之理据。

2. 人民监督员制度之特质体现

微观上，人民监督员制度立法原则确立还受到人民监督员制度自身特质的制约和影响。人民监督员制度立法遵循立法一般原理并不意味着否定人民监督员制度立法自身无所作为，人民监督员制度

---

① 参见周旺生：《立法学》，法律出版社 2004 年版，第 42 ~ 43 页。

自有其特质性，虽然人们对人民监督员制度的性质存在不同的认识，但我们以为，就其性质定位来讲，人民监督员制度是我国公民行使宪法所赋予的监督权的体现，其实质是一种权利监督。而这种特质体现了人民监督员制度立法自身的特殊要求，比如，在人民监督员制度立法的内容规定性上就应该更多地体现人民监督员的权利保障，这也是现代宪政原理的基本要求。人民监督员制度立法在遵循立法共有原则之外，也因其自身所具有之特质而体现出人民监督员制度立法的特有原则。人民监督员制度之特质体现构成人民监督员制度立法具体原则确立之理据。

（二）确立人民监督员制度立法原则之类别

人民监督员制度立法原则确立所依赖的理据在于立法一般原理之普遍要求和人民监督员制度之特质体现。遵循立法一般原则的普遍要求，人民监督员制度立法和任何其他立法事项一样都有其共同遵循的基本原则。遵循人民监督员制度自身的特质体现，人民监督员制度立法便具有了其他立法事项所不具有的特别的具体立法原则。

1. 人民监督员制度立法基本原则

立法基本原则是各种立法活动所共同遵循的准则，是不同立法主体在其立法活动中都应该考量的因素，是其展开立法活动的重要准绳，是立法基本理念在立法实践中的重要体现。学界对立法基本原则各说各话，主张不一。如全国人大法律委员会主任委员杨景宇认为，立法应当遵循这几条原则①：一是坚持以邓小平理论和"三个代表"重要思想为指导，二是坚持党的领导，三是坚持全心全意为人民服务的宗旨，四是坚持服从并服务于发展这个第一要务。在孙国华、沈宗灵主编的全国第一本统编法理学教科书中所阐述的立法基本原则有以下几项②：一是以马列主义、毛泽东思想为指

---

① 详见杨景宇：《我国的立法体制、法律体系和立法原则》，载《吉林人大工作》2003 年第 12 期。

② 详见孙国华、沈宗灵：《法学基础理论》，法律出版社 1982 年版，第 242～250 页。

导，从中国实际情况出发；二是领导与群众相结合；三是原则性与灵活性相结合；四是要保持法的稳定性和连续性；五是制定法律规范要考虑到社会主义法具有纲领性的特点。到 20 世纪 80 年代末，较为广泛的看法是，中国立法应当包括这样几项基本原则：一是实事求是从实际出发；二是总结实践经验与科学预见相结合；三是借鉴本国历史上和外国的有益经验；四是以最大多数人的最大利益为准，立足全局、统筹兼顾；五是法制统一，原则性与灵活性相结合；六是民主与集中相结合、领导与群众相结合；七是保持法的连续性、稳定性与及时废改立相结合。①

很显然，以上关于立法基本原则的诸多主张仅仅停留在观念层面，属于立法思想的范畴，而不能构成科学立法实践所遵循的规则性要求。"立法基本原则的主要价值在于它有直接的实践性"②，仅仅停留在观念层面的立法思想很显然不能够实现立法基本原则的这一价值，而要达至立法基本原则的价值，就必须"对学界关于立法基本原则的研究成果予以挑选，再以法律制度的形式予以固化，实现立法基本原则的法律化和制度化"③。2000 年 3 月 15 日九届全国人大三次会议通过的《立法法》相关规范条文确立了我国立法权限主体所应遵循的普遍要求，即宪法原则、法治原则、民主原则和科学原则。《立法法》这一规定的意义在于使立法基本原则"实现了由观念形态向法律化和制度化的转变"④，正是观念化的立法原则理论主张转化为制度化法律化的立法基本原则，使得立法基本原则为立法实践提供了切实的操作规则要求，使得立法活动更易达至立法权限主体所期望的立法效果。

---

① 详见沈宗灵主编：《法学基础理论》，法律出版社 1988 年版，第 320 ~ 330 页；转引自周旺生：《立法学》，法律出版社 2004 年版，第 77 页。

② 周旺生：《立法学》，法律出版社 2004 年版，第 77 页；周旺生：《论中国立法原则的法律化、制度化》，载《法学论坛》2003 年第 3 期。

③ 周旺生：《立法学》，法律出版社 2004 年版，第 78 页；周旺生：《论中国立法原则的法律化、制度化》，载《法学论坛》2003 年第 3 期。

④ 周旺生：《立法学》，法律出版社 2004 年版，第 78 页；周旺生：《论中国立法原则的法律化、制度化》，载《法学论坛》2003 年第 3 期。

（1）理论上对立法基本原则的争议。一方面，在中国，立法基本原则以往通常都以一定的观念形态存在。最近二十多年，中国立法获得较大发展。但有关立法基本原则存在形态，"在立法法之前，也只是存在于立法学教科书中和立法者的实践中，以法律的形式对立法基本原则予以确定，使其成为人们必须遵循的立法制度，这种情形在立法法之前一直并不存在"①。另一方面，正是由于立法基本原则是观念形态存在于人们的头脑之中，并没有使立法原则得以法律化、制度化，认识的不同最终导致立法学理论上和立法实践中对立法基本原则无法达成最终共识。我国老一辈已故知名法学家张友渔先生就认为，我国社会主义法制的立法原则主要有以下几个②：一是从实际出发的立法原则，二是坚持社会主义的立法原则，三是社会主义民主的立法原则，四是立法不苛、重在教育的原则。原国家经贸委经济法规司副司长陈丽洁认为立法的指导思想则有以下几项③：一是立法要符合、体现党和国家的方针政策，为党的中心工作服务；二是立法要与改革决策相统一，与改革进程相适应，为改革服务；三是立法要从全局出发，从维护国家和人民的根本利益出发，维护法的统一性；四是立法要从中国实际出发，同时要借鉴国外的有益经验。

理论上的主张总是观念形态的，不同的理论主张反映了不同的观念形态。但是观念形态要转化成实践状态还需要一个过程：首先就是对立法原则理论主张的系统研究，从其中分辨出哪些属于立法思想的范畴，哪些才是属于符合对立法基本原理认识的立法原则的范畴；其次就是对符合立法规律的立法原则进行鉴别，区分出具有普遍性的基本原则和针对特别事项的具体原则；最后就是应该将具有普遍性的立法基本原则制度化、法律化，为立法的具体实践提供

---

① 周旺生：《论中国立法原则的法律化、制度化》，载《法学论坛》2003年第3期。

② 参见张友渔：《我国社会主义法制的立法原则》，载《东岳论坛》1980年第1期。

③ 参见陈丽洁：《论立法原则与立法技术》，载《中国经贸导刊》1996年第19期。

可操作性的规则，实现立法基本原则的实践价值。

（2）法律文本中对立法基本原则的确立。观念形态的立法基本原则的不同认识在《立法法》颁行后得以消弭。在《立法法》的相关条文规定中，它明确了以下立法基本原则：

一是宪法原则。《立法法》第3条规定"立法应当遵循宪法的基本原则"，宪法序言第十三自然段规定"全国各族人民、一切国家机关和武装力量、各政党和各社会团体、各企业事业组织，都必须以宪法为根本的活动准则，并且负有维护宪法尊严、保证宪法实施的职责"，《宪法》第5条规定："一切法律、行政法规和地方性法规都不得同宪法相抵触。"《立法法》和《宪法》的规定明确了立法所遵循的基本原则之宪法原则。《宪法》规定了国家的根本制度和根本任务，具有最高的法律效力。遵守宪法的基本原则是立法活动最重要的原则。① 现代各国宪法所确立的一般原则主要有人民主权原则、基本人权原则、权力制约原则和法治原则。② 而遵守宪法的基本原则就是要求在立法活动中按照这些原则的要求进行活动。

作为普遍性的要求，人民监督员制度立法对宪法基本原则的遵守体现在它要求人民监督员制度立法必须符合宪法的规定并不得违背宪法所体现的精神和原则。从人民监督员制度的内容规定性来看，有关的立法应该着力在以下两个方面下功夫：加大对检察机关自侦案件的监督力度和加强对检察机关自侦案件的监督效力，充分体现人民主权原则的要求；加强对监督主体和犯罪嫌疑人权利的保障，充分体现基本人权原则的要求。《宪法》通过规定公民广泛的权利和自由来体现人民主权。人民监督员对"三类案件"和"五种情形"的监督是其行使《宪法》赋予的监督权的体现，加大对这些案件的监督力度并赋予其一定的监督效力，正是对公民享有的

---

① 参见张世诚：《立法法的基本原则及立法权限的划分》，载《中国行政管理》2000年第4期。

② 详见周叶中主编：《宪法》，高等教育出版社、北京大学出版社2004年版，第97～114页。

宪法基本权利的实现，也是实现人民主权的重要途径。人民监督员作为"三类案件"和"五种情形"的监督主体，在监督的过程中通过享有一定的权利，促使其更为积极地履行监督的职权，这些权利的享有是人民监督员有效履行职责的必要条件，在人民监督员制度立法时应充分考量赋予人民监督员适当的权利；人民检察院要求人民监督员来监督所谓的"三类案件"和"五种情形"，这在一定程度上表明检察院在办理案件的过程中或多或少存在对其自身职责的违反和对犯罪嫌疑人权利的侵害，加强对犯罪嫌疑人权利的保障恰能起到消弭人民检察院违法失职的情形，同时也能够有效地促使其合法有效地履行职责，这样既达到了保障犯罪嫌疑人人权的目的，同时又起到了促使人民检察院合法履行职权的效果，是一种典型的"双赢"。

二是法治原则①。《立法法》第 4 条明确规定"立法应当依照法定的权限和程序，从国家整体利益出发，维护社会主义法制的统一和尊严"，《宪法》第 5 条规定"中华人民共和国实行依法治国，建设社会主义法治国家"、"国家维护社会主义法制的统一和尊严"。《立法法》和《宪法》的这些规定明确了立法所遵循的基本原则之法治原则。我国是单一制国家，坚持社会主义法制统一，是法治原则的应有之义，是我国法制健全和法治建设的基本要求。

法治原则作为一种理念最具影响力的是由亚里士多德提出的。亚氏的法治观有两层含义：已成立的法律要获得普遍的服从，而大家所服从的法律又应该是本身制定得良好的法律。② 亚氏的这一法治观影响极为深远，至今仍为世界各国在立法时作为基本原则要求

---

① 法治原则一般被认为是宪法的一项基本原则，但这里的法治原则是基于《立法法》所作的具体要求。作为一般性宪法原则，法治也称"法的统治"，是指统治阶级按照民主原则把国家事务法律化、制度化，并严格依法进行管理的一种治国理论、制度体系和运行状态。其核心内容：依法治理国家，法律面前人人平等，反对任何组织和个人享有法律之外的特权。参见周叶中主编：《宪法》，高等教育出版社、北京大学出版社 2004 年版，第 110 页。

② 参见周叶中主编：《宪法》，高等教育出版社、北京大学出版社 2004 年版，第 7 页。

被遵循，甚至直接反映在宪法内容的规定里。

作为立法活动普遍要求的一项准则，法治原则的基本要求和主要内容突出体现为：一切立法权的存在和行使都应当有法的根据，立法活动的绝大多数环节都依法运行，社会组织或成员以立法主体的身份进行活动，其行为应当以法为规范，行使法定职权，履行法定职责。① 依法治国，建立社会主义法治国家，已经成为宪法所明确的治国方略。立法的法治原则首先就要求必须完善立法体制，使立法权限划分、立法主体设置、立法程序运行等立法的主要方面都有法律上明确的依据。而人民监督员制度立法对法治原则的遵守，就意味着人民监督员制度立法必须在我国宪政体制构架下的现行立法体制内，由有权的立法权限主体在其立法权限范围内按照立法运行的程序并运用一定的立法技术手段进行，以使人民监督员制度在法律规范的框架内获得更为持久的鲜活生命力。具体来讲，全国人大常委会在制定《关于完善人民监督员制度的决定》的过程中以我国现行的立法指导思想为前提，运用《宪法》及《立法法》所赋予的立法权限和相应的立法程序对人民监督员制度进行科学、合理的立法。如此才是人民监督员制度立法对法治原则的贯彻和遵循。

人民监督员制度立法的法治原则要求人民监督员制度立法必须对人民监督员制度运行机制的各环节都要有明确的法律依据并严格遵照其规则在实践的各环节中运行。法治是一个动态的概念，它不仅要求法律制度的健全，而且还要求对健全的法律制度进行严格的执行以使其在实践中发挥其应有的作用。从《立法法》的明文规定来看，立法法治原则有两个方面的要求，"立法应当依照法定权限和程序"反映了现今各国立法的法治原则的共性方面，"从国家整体利益出发，维护社会主义法制的统一和尊严"突出地反映了中国立法的法治原则所具有的国情特色。②

---

① 参见周旺生：《立法学》，法律出版社 2004 年版，第 81 页。
② 参见周旺生：《论中国立法原则的法律化、制度化》，载《法学论坛》2003 年第 3 期。

我国现行《宪法》和《立法法》确立的我国现行的立法体制是所谓的一元两级多层次的立法体制。这种立法体制设置的初衷在于在我国主权范围内和中央统一领导下，充分发挥中央和地方两个积极性。但单就地方立法而言，既存在所谓的省一级地方立法和较大的市一级的立法，同时也存在权力机关的立法和行政机关的立法，并且这两类立法种类往往存在交叉，这种现实状况的存在使得地方立法的复杂性"精彩纷呈"，大有叫人"应接不暇"之势。不可否认的是，在总体上它能够发挥地方立法的因地、因事制宜性，但却使得地方这一积极性表现得"过于积极"：妨碍了法制统一这一更为根本的原则的贯彻，固化了地方利益；妨碍了统一市场秩序的建立，增加了交易成本；浪费了有限的立法资源，桎梏了社会发展所需的制度供给与制度创新。① 因此，在对人民监督员制度进行立法的时候，我们应该摒弃的是走地方立法的路径，选择的是中央立法的路径。这也正是法治原则在人民监督员制度立法过程中的深刻体现。

三是民主原则。《立法法》第 5 条明确规定："立法应当体现人民的意志，发扬社会主义民主，保障人民通过多种途径参与立法活动。"《立法法》的这一规定明确了立法基本原则之民主原则。立法是表达人民意志的国家主权活动的直接体现，立法的特质就在于立法是利益博弈的结果和民主的集中体现。立法更强调民主是"因为只有在广泛民主的基础上，才能够真正集中和表达人民的意志和利益要求"②。中国立法所应遵循的民主原则，其含义和内容应当包括三个要素：其一，立法主体是广泛的，人民是立法的主人，立法权在根本上属于人民，由人民行使。立法主体是多元化的，中央与地方、权力机关与政府机关应当有合理的立法权限划分体制和监督体制。其二，立法内容具有人民性，以维护人民的利益

---

① 参见秦前红：《较大市的地方立法权是否有续存的必要》，http：//qin-qianhong. fyfz. cn/blog/qinqianhong/index. aspx？blogid = 487893，2009 年 6 月 14 日最后访问。

② 肖金明、尹凤桐：《论中国立法基本原则》，载《文史哲》1999 年第 5 期。

为宗旨，注意确认和保障人民的权利，而不是以政府的意志或少数人的意志为依归。其三，立法活动过程和立法程序是民主的，在立法过程中注重贯彻群众路线，使人民能够通过必要的途径，有效地参与立法，有效地在立法过程中表达自己的意愿。①

《立法法》明文确立的民主原则实际上涉及两个方面：一是民主原则的本质方面、根本方面，也就是立法应当体现人民的意志。这是各国立法民主原则的普遍性要求。二是民主原则的方法方面，也就是发扬社会主义民主，保障人民通过多种途径参与立法活动。这主要是中国特色的立法民主原则。②

人民监督员制度立法遵循立法民主的基本原则，就要求立法要有更多的公众能够切身参与进来，最大限度地体现人民的意志和利益。在人民监督员的选任上要体现作为监督主体的人民监督员来源的广泛性，体现人民监督员的平民化，使更多的人能够有机会参与到对检察机关办理案件的监督上来，使民意能够最大限度地贯彻到检察监督上来，而不仅仅追求所谓的精英化，致使人民监督员制度的监督达不到民主的要求。在人民监督员制度立法内容上也要更多地体现对人民检察院行使权力的限制和制约，体现保障犯罪嫌疑人的合法权利和利益的内容，以及体现对人民监督员行使监督权保障的内容。在人民监督员制度立法技术手段上要求在条件许可的情形下，还应该允许公众参与对人民监督员制度立法的起草和讨论，最大限度地集中民意，发挥其参与立法的积极性。在人民监督员制度立法程序上要求做到立法程序公开，即除了向社会公布人民监督员制度立法草案外，还可以允许新闻媒体的采访报道，并且对涉及公众重大利益的问题，有权要求采取立法听证。③ 程序公正体现实体公正，人民监督员制度立法以程序公正最终实现保障人民监督员权

---

①　参见周旺生：《立法学》，法律出版社 2004 年版，第 82 页。

②　参见周旺生：《论中国立法原则的法律化、制度化》，载《法学论坛》2003 年第 3 期。

③　一般而言，立法听证是公民参与国家政治活动，影响立法机关决策、监督公共权力（立法权）公正行使、保障自己合法权益的一项程序性权利。参见高卫民：《论立法听证权》，载《中南财经政法大学研究生学报》2007 年第 2 期。

利和犯罪嫌疑人人权并促进检察权的合法有效行使这一实体公正。

四是科学原则。《立法法》第 6 条规定："立法应当从实际出发，科学合理地规定公民、法人和其他组织的权利与义务、国家机关的权力与责任。"《立法法》的这一规定明确了立法基本原则之科学原则。周旺生认为，立法遵循科学原则，第一，需要实现立法观念的科学化。要把立法当作科学看待，以科学的立法观念影响立法，消除似是而非贻误立法的所谓新潮观念和过时观念。第二，需要从制度上解决问题。要建立科学的立法权限划分、立法主体设置和立法运行体制。第三，更具直接意义的，是要解决方法、策略和其他技术问题。① 因此，立法的科学原则主要体现在科学的立法观、科学的立法制度、科学的立法方法和技术等方面。

人民监督员制度立法遵循科学立法的基本原则，就是要求在立法的过程中，首先要确立人民监督员制度立法的指导思想以确立科学的立法观，在我国目前宪政体制的框架内，我国立法工作的指导思想概括起来就是，以宪法为最高准则，以我国的现实国情为根据，走理论和实际相结合的路线，坚持科学立法、民主立法的精神原则。其次要对人民监督员制度的立法路径进行选择以明确科学的立法方向，在我国当前宪政体制构架内，由全国人大常委会制定《关于完善人民监督员制度的决定》应当是最佳的路径。再就是在立法方法和立法技术上体现人民监督员制度立法的特殊性，诸如在立法的具体程序上将人民监督员制度立法草案向社会公布以使最大限度的公众切实参与到立法的过程中来就不失为一个好方法和适当的技术手段。在立法过程中，应极力做到对人民监督员制度立法进行科学的规划、论证，反映人民监督员制度的科学规律，以科学的立法观作指导，并以科学完备的制度配套，努力促使人民监督员制度立法达到人们所期望的效果。"立法应当注重立法效益，这是科学立法的明确追求"，"立法行为应当符合经济学的效应最大化原理，树立和强化立法的成本观念和效益意识"。② 唯通过将以上诸

---

① 参见周旺生：《立法学》，法律出版社 2004 年版，第 82~83 页。

② 肖金明、尹凤桐：《论中国立法基本原则》，载《文史哲》1999 年第 5 期。

多因素综合考量以共同达至科学而合理的人民监督员制度立法活动及其结果，这是科学立法基本原则的普遍性要求。

人民监督员制度立法所遵循之宪法原则、法治原则、民主原则和科学原则相互促进、相辅相成。在人民监督员制度立法具体活动中遵守之，则人民监督员制度立法的成果生命力鲜活持久；在人民监督员制度立法具体活动中背离之，则人民监督员制度立法寸步难行。

2. 人民监督员制度立法具体原则

（1）民族自治地方立法提供的借鉴。立法的具体原则是对立法基本原则的具体化和细化，它是在具体立法活动中所遵循要求的体现，表明了不同立法权限主体的不同种类立法活动的特殊性。在我国现行的立法体制内，普通地方立法和民族地方立法除了都要遵循立法基本原则的要求外，其各自所遵循的立法具体原则有所不同。就民族地方的立法而言，其最大的特质就是民族性，这一特质决定民族地方立法遵循具体原则的最大不同。《宪法》和《立法法》都明确民族自治地方有权对法律、行政法规作出变通规定正是基于民族性这一特质。但民族自治地方立法作"变通规定"应该至少满足以下各项要求：

一是法制统一的要求。民族自治地方制定自治条例和单行条例对法律、行政法规作变通规定绝无随意性，而应在不同《宪法》所规定的内容和体现的精神相违背的情况下作出。因此，民族自治地方立法首先以维护我国社会主义法制的统一为立足点。"法制统一原则是我们进行社会主义民族立法工作的最高原则"[1]。"任何离开法制统一原则的民族立法，亦即离开宪法和法律总原则的民族立法，都不是社会主义的民族立法，而只能是法制上表现出的民族分离或独立。"[2]《宪法》序言中明确规定："中华人民共和国是全国

---

① 王仁定：《论民族立法的基本原则》，载《内蒙古大学学报》（哲学社会科学版）1982 年第 Z1 期。

② 王仁定：《论民族立法的基本原则》，载《内蒙古大学学报》（哲学社会科学版）1982 年第 Z1 期。

各族人民共同缔造的统一的多民族国家"①，通过民族立法的手段行使破坏社会主义法制的统一以及破坏祖国统一的目的是我国政府和广大各族人民群众所绝对不允许的。

二是民族自主的要求。我国是多民族的单一制国家。采取这种国家结构形式很重要的一个原因就是我国民族分布和民族成分状况。就全国范围来看，绝大多数少数民族都与汉族相互交错地居住在某一个地区，逐渐形成大杂居、小聚居的局面。② 基于这种事实状况，从民族地区特点和民族特点出发，是民族自治地方立法的着重点。民族立法③只有根据本地区的特点和民族特点才能够有效地贯彻执行国家的法律，保证变通立法的行之有效。④ 事实上，民族自治地方根据本民族地方的特点进行自治立法恰是其民族自主的要求，又是其民族自主的体现，并且也在一定程度上保障了各民族平等权利和合法权益。通过立法体现各民族平等，反映各民族的共同利益。民族自治地方的人大作为我国各民族地方的自治机关，有权在其自治权限范围内根据本民族自治地方的特殊性对经济、社会、文化等各方面的社会事务以立法的方式进行自主管理。民族立法不但要充分反映民族自治地方的自主权，而且还要充分保障这种自主权。⑤ 我国民族区域自治制度是对民族自主权进行保障的制度性要求。

三是民族发展的要求。民族自治地方立法在保证社会主义法制统一的前提下力求实现民族自主并以促进民族发展为目的。由于历

---

① 参见《中华人民共和国宪法》序言第十一自然段。

② 参见周叶中：《宪法》，高等教育出版社、北京大学出版社 2004 年版，第 240 页。

③ 这一称谓实乃不严谨。并不是所有的民族或者民族地方都有立法权，根据宪法和相关法律，享有立法权的是民族自治地方的人大。这里为了行文的方便称为民族立法。

④ 参见阎文义：《论民族自治地方立法原则及特点》，载《新疆社科论坛》1992 年第 3 期。

⑤ 参见王仁定：《论民族立法的基本原则》，载《内蒙古大学学报》（哲学社会科学版）1982 年第 Z1 期。

史原因，少数民族地区的经济文化相对来说较为落后，帮助少数民族发展经济文化教育事业，改变其落后状态，既是实行民族平等、团结和互助的重要方面，也是实行民族区域自治的重要措施。① 民族地方立法的一个重要功能就是通过法律的手段对社会经济事务进行规范以促进经济的发展，并不断改善民族地区公民的生活水平。《宪法》序言第十一自然段明确"国家尽一切努力，促进全国各民族的共同繁荣"，《民族区域自治法》在序言中对宪法的这一规定给予了具体化，"国家根据国民经济和社会发展计划，努力帮助民族自治地方加速经济和文化的发展"。《宪法》和《民族区域自治法》这些明文规定构成了民族自治地方立法之民族发展要求的直接宪法和法律依据。

民族自治地方立法具体原则的确立至少说明以下两点问题：一是不同的具体立法事项有其特殊性；二是这种特殊性决定了其立法具体原则的独特性，它要求在对这一具体立法事项进行立法的过程中要遵循相应的特别原则。人民监督员制度立法亦如此。民族自治地方立法这一特例为人民监督员制度立法具体原则提供了鲜活的样板，为我们确立人民监督员制度立法的具体或特别原则提供了分析问题的思路。

（2）人民监督员制度自身特质的决定。人民监督员制度自身的特质何在？这是我们对人民监督员制度立法特别原则确立的逻辑前提。我们对此的基本认识是，人民监督员制度作为我国检察体制内自主的制度创新，其特质既体现在人民监督员制度自身内容的规定性，诸如人民监督员的选任机制、职权职责、监督方式、监督效力等方面，又体现在其与其他制度，比如人民陪审员制度等相关制度所具有的特殊性上。作为认识问题的逻辑起点，其中最主要是涉及对人民监督员制度的性质定位，即人民监督员制度的监督性质到底是什么？

在当前人民监督员制度实际运作的过程中，人们基于不同的认

---

① 参见周叶中：《宪法》，高等教育出版社、北京大学出版社2004年版，第246页。

识角度对人民监督员制度的监督性质产生了不同的认识，对之梳理归纳，大致有以下有代表性的观点。

有的认为，人民监督员制度是一种外部监督，不是检察机关的内部制约。这种监督不是权力机关的监督，而是权利对权力的监督。他还认为，人民监督员制度是一种社会监督，是检察机关引入人民群众参与司法活动，并直接参与个案监督的一种新形式，它符合司法民主发展的潮流与趋势，也是中国特色社会主义制度的自我完善和发展。① 有的认为，人民监督员制度是权力制约制度。② 也有的认为，人民监督员制度属于社会监督，相对检察机关自身的内部监督而言，是一种外部监督。并且"根据人民监督员制度的规定和试点实践可以看出，人民监督员制度对职务犯罪案件中的'三类案件'而言是一项必经的程序，体现了制度的刚性"③。有的认为，人民监督员制度的性质是一种柔性监督和一种准外部监督机制。④ 有的认为，人民监督员制度不是检察机关的外部监督也不应成为检察机关的外部监督。⑤ 有的认为，人民监督员制度的本质特征主要表现在：它是一种社会监督，不是检察机关的内部监督与制约；它是一种有特定范围的监督，不是泛泛的监督；它是一种刚

---

① 参见周永年：《关于人民监督员制度法律定位的思考》，载《法学》2006年第6期。

② 参见申占群：《人民监督员制度是权力制约制度》，载《学习时报》2005年1月17日。申占群从三个方面对其观点给予了论证，这三点都是围绕其核心观点"人民监督员制度是权力制约制度"来展开的，因此，他对于人民监督员制度性质的认识归属于权力监督。

③ 童建明：《人民监督员制度的法律依据与监督性质》，载《检察日报》2005年11月9日，第3版。这种刚性通过对"三类案件"的监督具有的三个特点体现出来，即监督符合宪法和法律的原则精神，程序严格规范和监督结果受到高度重视。

④ 以上对人民监督员制度的定性参见彭慧玲：《人民监督员制度的性质和社会价值》，载《海南师范学院学报》（社会科学版）2004年第4期。

⑤ 详细参见周海林：《论人民监督员制度的性质及其完善》，载《福建公安高等专科学校学报》2004年第6期。

性监督，不是一般性监督。①

其他理论界学者和实务界专家对人民监督员制度监督性质的不同认识，在此不再一一列举说明。单就上述认识来看，人们对人民监督员制度监督性质认识的差异主要在于是外部监督还是内部监督，是刚性监督还是柔性监督，是权利监督还是权力监督等方面，而对于社会监督定性的认识基本一致。以上诸多认识都有其合理性的一面，但同时也只具有片面的真理性，虽能够把握人民监督员制度监督性质的某一方面，却不足以反映其性质的全貌，或表面上是对人民监督员制度监督性质定性，然则实质上仅仅是把握住了人民监督员制度监督性质的表征。但无论如何，这些理论认识的应然价值在于给人们对人民监督员制度的监督性质进行定性提供了范式，其实然作用在于给人们对人民监督员制度的监督性质进行定性积累了经验。

准确把握人民监督员制度的定性是明确人民监督员制度立法具体原则的关键和前提。我们认为，对人民监督员制度的监督性质进行定位，至少内含以下三个方面的要素：人民监督员制度的性质定位的场域为我国的宪政框架，定位的核心为公民权利与国家权力，定位的依据在于公民权利与国家权力间的结构和功能差异。② 基于此，我们把人民监督员制度的监督性质定位为权利监督。在权利监督这一监督性质定性之下的人民监督员制度监督性质的表征恰在于其监督主体的社会性或广泛性、监督范围的外部性和监督效力的柔性。

首先，人民监督员制度的监督性质表征为监督主体的社会性，即人民监督员制度是一种社会监督。社会监督泛指国家机关以外的各政党、社会组织和人民群众通过各种手段和途径对执法、司法、

---

① 详细参见罗建喜、周建高：《关于人民监督员制度的立法思考》，载《人民检察》2005 年第 1 期。

② 参见秦前红、周伟：《人民监督员制度在我国宪政框架下的性质定位》，载《法学评论》2009 年第 3 期。

守法等各种法律活动合法性的监督。① 社会监督之监督主体的广泛性体现在它可以涵盖各政党、社会组织和人民群众。从人民监督员制度的试点实践和规范文件的规定来看，无论人民监督员产生于社会的精英阶层，还是更为广大的平民阶层，他们都是区别于人民检察院检察官之外的社会大众。人民监督员制度是一种典型的人民群众的监督。社会监督的特点是不依国家的名义和授权、不具强制性法律后果，但具有广泛性和自发性。②

其次，人民监督员制度的监督性质表征为监督范围的外部性，即人民监督员制度是一种外部监督。外部监督对应于内部监督。在我国，人民检察院组织法确立的各级人民检察院之间是领导和被领导的关系，这就决定了在人民检察院查办职务犯罪案件过程中，检察体制内部的监督体现了其权力属性的特质，并且具有上下的层级关系。而人民监督员制度作为人民检察院查办职务犯罪的外部监督机制与人民检察院体制内的监督显然不同。人民监督员制度的监督主体是非职业检察官的人民群众，内部监督和外部监督的边界除了外在的主体差异性外，内在的是主体间享有权利或权力的差异性。尽管人民监督员办公室作为办事机构设在检察机关内部，但人民监督员办公室仅是起到协调、保障、反馈和联系的作用，对人民监督员并无任何约束、管理的作用。所以，人民监督员制度是一种独立于检察机关之外的外部监督。③

最后，人民监督员制度监督性质表征为监督效力的柔性，即人民监督员制度是一种柔性监督。就监督效力而言，柔性监督和刚性监督相对应。监督效力的刚性就是指人民监督员对检察院查办职务犯罪案件的监督意见具有强制性的约束力，反之就是监督效力的柔性。从人民监督员制度产生和试行的实践状况来考察，人民监督员制度的监督效力取决于人民检察院是否采行人民监督员的监督意

---

① 参见李龙主编：《法理学》，武汉大学出版社 1996 年版，第 406 页。

② 参见李龙主编：《法理学》，武汉大学出版社 1996 年版，第 406 页。

③ 参见周永年：《关于人民监督员制度法律定位的思考》，载《法学》2006年第 6 期。

见，这也就表明人民检察院的决定是最终的，而人民监督员的监督意见并不具有最终性，这一点恰好标识了人民监督员制度监督效力的柔性。另外，人民监督员制度监督效力的柔性是人民监督员制度监督主体的社会性和监督范围的外部性的逻辑递延。

（3）人民监督员制度立法具体原则的确立。与由人民监督员制度权利监督的监督性质决定的其表征属性相适应，人民监督员制度立法具体原则相应表现为社会监督原则、外部监督原则、柔性监督原则。

其一，人民监督员制度立法的社会监督原则。社会监督原则要求人民监督员制度在立法过程中要充分保障群众广泛地参与到对人民检察院"三类案件"、"五种情形"的监督，充分保障司法民主。为体现这一具体原则的要求，在对人民监督员制度进行立法的时候就要在人民监督员的选任上广开门路，从各阶层中选取合适的人员充任人民监督员，而不仅仅局限于某一个或某一些阶层。从现有的人民监督员产生的人员的分析上来看，他们更多的是来自人大、政协等部门的人员，他们自身对法律事务较为熟悉，因此，对于他们而言，人们一般称之为社会的"精英阶层"，但从设立人民监督员制度的初衷来看，试行人民监督员制度是检察机关贯彻党的十七大精神，在司法体制改革中推进检察体制改革的一项重要任务，其目标是在全社会实现公平和正义。① 所以，仅仅将人民监督员的人选范围限定在少数精英阶层，很显然会达不到检察体制改革的目的，实现不了真正的社会公平和正义，起不到对检察权的有效监督的作用。因此，对于人民监督员选任机制在立法中的规范是人民监督员制度立法内容规定性要遵循的一个重要准则。

其二，人民监督员制度立法的外部监督原则。外部监督相对于内部监督而言，虽则两者之间的边界在于显在的主体差异性以及潜在的权利权力属性的差异，但这并不意味着在人民监督员制度立法的过程中，对人民监督员这一主体享有的监督权利不能够有所作

---

① 参见周永年主编：《人民监督员制度概论》，中国检察出版社 2008 年版，第 12 页。

为。事实上，最高人民检察院最初创设人民监督员制度的初衷恰在于以外部的公民权利来制约内在的检察权力。基于此，在人民监督员制度立法时，明晰人民监督员这一外部监督主体在监督过程中的不同于检察机关自身所享有的权利显得尤为重要，它构成了人民监督员制度立法过程中为立法主体所应遵循的又一重要准则。

其三，人民监督员制度立法的柔性监督原则。人民监督员制度的监督效力的刚性和柔性具有相对性。从表象上看，人民监督员的监督意见是否采行取决于检察机关而使得人民监督员制度的监督效力表现为柔性，但"这也并不意味着检察机关可随意决定是否接受其监督结果"①。这就对我们的人民监督员制度立法提出了这样的一个要求：如何规制人民监督员和人民检察院的关系以使人民监督员制度在具体实施过程中能够更好地发挥其功效。作为一项被遵循的具体原则，柔性监督原则为人民监督员制度立法规制人民监督员和检察机关的关系提供了准则，它要求在立法规范性文件的内容规定性里充分考量创设人民监督员制度的初衷是有效监督检察权的行使，这种监督的有效手段也及时充分保障人民监督员的权利，这也正契合了公民权利制约国家权力的现代宪政原理。

人民监督员制度立法的社会监督原则、外部监督原则和柔性监督原则有其天然的一致性，这种一致性统一于人民监督员制度权利监督的监督性质定位。定位为权利监督的人民监督员制度，其发展趋势是将更注重公民的自愿参与性、民主性、程序性、外部性。②

人民监督员制度立法具体原则和人民监督员制度立法基本原则共同构成了人民监督员制度立法原则的有机统一体，是人民监督员制度立法所遵循的规则体系。

---

① 秦前红、周伟：《人民监督员制度在我国宪政框架下的性质定位》，载《法学评论》2009 年第 3 期。

② 参见秦前红、周伟：《人民监督员制度在我国宪政框架下的性质定位》，载《法学评论》2009 年第 3 期。

第五章
人民监督员立法的制度构建

第一节　人民监督员的选任与解职机制

为了科学建构人民监督员的选任与解职机制，我们试图将其分解为如下几个命题：人民监督员由什么主体来选任和解职更加合适？这是明晰人民监督员制度性质的关键所在。如何确定人民监督员的选任范围？即选任机关在选任人民监督员时，到底是凸显人民监督员的社会性，还是从监督效果的角度出发，更加强调人民监督员的专业性。人民监督员的选任程序如何设定？在确立了人民监督员的选任主体与人民监督员的选任范围之后，如何在选任中契合制度本身所蕴含的程序公正原则，也是一个不容忽视的命题。再就是人民监督员的管理和解职机制的问题。这是因为对监督者的合理限制也是制度本身的应有之义。

一、人民监督员选任主体的确立——由人大常委会选任人民监督员的模式

按照现行规定，人民监督员一般是在党委、人大、政协以及相

关单位的推荐后由检察机关进行选任。这种做法作为权宜之计不无道理，却无法避免检察机关在选择人民监督员上的倾向性，"也容易使人民监督员这一外在的监督力量——可以说是异体监督——异化为自体监督"①，从而削弱了监督的效力和效果。从前文对人民监督员制度的定性来看，作为一种独立于检察机关外部的人民监督制度，人民监督员应当由检察机关之外的机构产生并独立于检察机关，实现从"体制内"向"体制外"的转变，才能拉开监督者和被监督者的距离，从而使监督更具权威和实效。

从我国目前的司法体制来看，由人大常委会来进行人民监督员的选任与管理工作更具合理性和可行性。

首先，由人大常委会选任人民监督员具备合法性基础。按照相关法律的规定②，地方人大常委会作为地方人大的常设机关，有权保证宪法和法律在本地域内的适用。人民监督员制度的设立是人民群众行使社会监督权的体现，是一种法定权利。在保障法定权利向实然权利的转化过程中，地方人大应起关键作用。同时，按照《中华人民共和国地方各级人民代表大会和地方各级人民政府组织法》的规定，地方人大可以决定本行政区域内政治民主与法制建设的相关事宜。各地人大常委会在法定职权范围之内，就人民监督员的产生与管理进行制度设计，正是行使法定职权的体现。

其次，由人大常委会选任与管理人民监督员，可以使人大机关对检察机关的监督更加具体化。由于人大对检察机关监督的抽象性和宏观性特点，往往使这种监督流于形式。而将人民监督员的选任和管理机关置于人大常委会，人大机关可以全面、直观地了解和掌握检察机关的工作情况，既可实现"宏观—具体"监督模式的有机统一，又可增强人民监督员制度的权威性，从而提高人民监督员参与监督的公开化和法治化。

---

① 刘清生：《人民监督员选任和管理制度改革研究》，载《湖南社会科学》2008 年第 6 期。

② 具体内容参见《中华人民共和国地方各级人民代表大会和地方各级人民政府组织法》第 44 条。

最后，就我国现行的法律体制来看，"人民监督员的产生还是以同一权力源的选任模式为好"。因为，"若要采取独立机构选任模式，则首先要成立一个独立的机构，这个独立的机构要依法产生，涉及机构、编制等问题，实行起来较为复杂。而采取同一权力源的选任模式则与我国的国家机构设置相符合。因为，我国的检察机关是法律监督机关，由人大产生，对它负责，受它监督。如果人民监督员由人大选任，则检察机关和人民监督员具有相同的权力源，制度实行比较简单并具有很强的现实性和可操作性"。①

然而，也有学者对人大常委会选任人民监督员提出了质疑："这种做法，看似可以将人民监督员的社会监督与人大的权力监督结合起来，增强监督实效，但是人大在我国具有立法机关和权力机关的双重公法人格，由人大常委会聘任会使人民监督员的监督蜕变成一种权力性监督，与其本源意义的社会性、权利性监督南辕北辙……也容易使人民监督员依附于国家权力机关，为人大及其常委会干预检察机关个案办理提供特殊媒介，使各级人大及其常委会与人民监督员的关系，就会如身使臂，如臂使指，使人大监督从诉讼程序之外进入诉讼程序之内，这样，不但会打破现有诉讼主体间的地位均衡，而且会贬损人大监督的地位和权威"②。对此，我们需要对人民监督员由人大选任和人民监督员代表人大来行使监督权予以区分。首先，从"选任"和"代表"的本质来看，选任的逻辑起点在于程序任免，其基本任务是通过特定的程序对参与主体予以资格判断，其存在的根本价值在于其外部中立性；而代表是一种实质判断，表明了权力的行使者与权力源之间的一种事实委托。其次，人大常委会与人民监督员之间不是一种隶属关系。设立由人大常委会选任人民监督员的机制，只是立足于破解检察机关自己请人监督自己的质疑，人大机关不会参与到人民监督员对具体案件的监

① 王昕：《人民监督员制度初论》，http：//www.scdujiangyan.jcy.gov.cn/xuestantao/rmjdy.htm，2009 年 7 月 3 日访问。

② 刘清生：《人民监督员选任和管理制度改革研究》，载《湖南社会科学》2008 年第 6 期。

督之中，二者之间是一种指引与被指引的关系，并不存在对监督权的混淆和干涉问题，也不必然导致人大机关通过对人民监督员的控制使监督从诉讼之外进入诉讼之内，更不会改变人民监督员社会监督的性质。

二、人民监督员选任范围的确立——以"大众化"作为选任标准

从制度的诞生之日起，人民监督员选任范围就有"精英化"、"大众化"和"折中化"之争。① "大众化"的拥护者认为人民监督员的监督体现的是社会监督而不是专业监督，符合人民监督员制度的本质属性。"精英化说"认为设置人民监督员制度的目的是为了提高检察机关的监督水平，因此，人民监督员应该具备相当的法律技能和法律素养，从而能与检察机关的专业人员更好地沟通。"折中说"认为人民监督员既要具备一定的"专业化"特点，同时还应当兼顾"平民化"，过分强调"专业化"或"平民化"的观点都有失偏颇②。

人民监督员的选任到底应该大众化还是精英化，还是二者折中？我们认为，"大众化"应成为人民监督员选任的基本准则。具体而言，包含两个基本的含义：一是从制度的性质而言，选任人民监督员，并非是构建专家监督体制，不是要建立一支专业水平很高的法律专家队伍来实施对检察机关工作的监督；二是选任人民监督员，只要符合社会性的基本特质，即可在各国家机关、各社会团体、各企事业单位和基层民主管理组织中加以确定，不能将其限定在具备某一种身份的特定社会成员。因此，在人民监督员制度的试

---

① 参见周士敏：《人民监督员制度的性质和功能》，载《国家检察官学院学报》2004 年第 4 期；姚强、梅屹松：《人民监督员制度争议问题探讨》，载《法学》2005 年第 3 期。

② 参见戴中祥：《人民监督员制度探讨》，载《探索与争鸣》2005 年第 8期；张浪：《关于人民监督员制度理论和实践问题的探讨》，载《中国司法》2005年第 3 期；吴卫东：《试论构建大众化与专业化二元结构的人民监督员选任模式》，载《广东行政学院学报》2007 年 6 月第 3 期。

点工作中，从律师、人大代表、国家公职人员或者其他法律工作者中选任人民监督员的做法都应该摒弃。

（一）以"大众化"作为人民监督员的选任标准具有价值上的正当性

宪政体制的构建有一个基本前提，那就是国家权力从根本上来源于人民的授予。在西方社会，现代刑事司法体制正是通过社会一般民众的有效参与，确保了司法的价值正当性，因为"陪审员在某种程度上对法律的无知，在刑事审判中已经被看作是一种美德和补充"①。人民监督员的大众化，其实质是促进来自基层社会的一般民众参与到国家权力体系中来，其监督的基础具有民间性、社会性。其基本出发点是试图创造一种崭新的路径，将"一般人的理性标准纳入检察执法中来。此种理念，来源于这样一个古老的人性假设，人们的朴素情感和正义观念，并不为特定阶层或人群独占"②。而且，从目的上看，人民监督员的大众化有利于实现监督主体的广泛性、平等性。而人民监督员选任的精英化虽然有利于从结果上提高司法活动的质量和权威，但也有副作用：精英化的法律人员的思维和视角与检察官存在很大的相似性，可能会使其对案件的观点与职业检察官并无二致，从而导致监督结论的片面性。

（二）逻辑的悖论——选任的"大众化"和"精英化"之争

在人民监督员的选任中，"精英化"的理念支撑在于复杂的刑事案件更需要完备的法律知识体系，因此，对于人民监督员也必须要求其具备相应的文化知识特别是要具备相应的法律素养。但是，"我们设立人民监督员的目的是什么。难道真的是检察官的法律水平有限，需要一个具有更高法律水平的外来人员监督纠正吗？如果是这样的话，那么专家咨询委员会就行了，何必再设人民监督

---

① 吴卫东：《试论构建大众化与专业化二元结构的人民监督员选任模式》，载《广东行政学院学报》2007年6月第3期。

② 参见刘清生：《人民监督员选任和管理制度改革研究》，载《湖南社会科学》2008年第6期。

员?"① 在这里,有必要将人民监督员选任的价值正当性和效果的有效性作出区分。"精英化说"的实际立足点在于人民监督员的工作具有专门性,如不具备这种专门性,可能危及人民监督员制度的法律功能和社会功能的实现。但是从实质上探究,这种理论的支撑来源于一种效果判断,而不是一种合法性判断。制度效果的好坏与制度本身是否具备合法性是不同层次的命题,正如同专制的统治者也可能推进民生与社会的发展一样,因此此种理论具有片面性。

因此,人民监督员选任的大众性,是人民监督员制度能够正当存在的基本前提,属于第一层次的命题,是一种价值判断的问题,丧失了这种价值上的支撑,其制度将丧失合法性的根本属性。而人民监督员选任的专门性,属于监督职能的问题,属于第二层次的命题,是一种效果判断的问题。如果以效果判断代替价值判断,制度是缺乏生命力的。可以这样说,"监督职能要求人民监督员的知识化,并非苛求人民监督员必须是知识精英、法律专家,否则违背其人民性要求。对于符合人民性的人民监督员,可通过选后培训等方式使其知悉并掌握适应职能需求的基本法律、基本原则、基本方法等。这种法律知识上的特殊要求,与人民监督员监督职能的专门性、监督评议的独立性、监督活动的程序性、监督内容的广泛性等密切相关"②。

因此在设计人民监督员的选任范围时,不能苛求人民监督员是具备良好法律素养的法律精英人士,而只能要求人民监督员具备一定的认知能力和具备一般的价值判断和理性判断即可,可在立法中将《最高人民检察院关于实行人民监督员制度的规定(试行)》第5条所规定的具备一定的"文化水平和政策、法律知识"的任职条件修正为具有一定的"认识能力和表达能力",同时建立起人民监督员的培训机制,达致制度的正当性和监督的有效性的完美结合。

---

① 张怀顺、吴明磊:《关于人民监督员选任问题的思考》,载《中国司法》2008 年第 10 期。

② 刘清生:《人民监督员选任和管理制度改革研究》,载《湖南社会科学》2008 年第 6 期。

在具体的培训方式上，可设立初任培训和年度培训相结合的方式。所谓初任培训是指人民监督员在选任完毕后、正式履职之前，由选任机关组织相关人士对人民监督员予以的法律专业培训；年度培训则是对任期内的人民监督员的一种定期培训方式。培训的内容应包括与监督活动相关的基本法律知识、监督程序、监督工作纪律和职业道德等内容。

同时，针对人民监督员制度的特性，可对人民监督员任职的政治条件和行为能力条件作出规定。在现行的人民监督员制度规范体系里面，要求人民监督员必须拥护《中华人民共和国宪法》和具备选举权和被选举权，我们认为此种规定契合我国的政治体制，应当在后续的立法活动中予以借鉴。同时，按照我国民事法律对于公民自然人民事行为能力的一般划分标准——年满 18 周岁即具备完全民事责任能力，应将人民监督员的任职条件从现行的 23 岁降低为 18 岁，既可以扩大人民监督员的选任范围，又摒弃了制度原先的盲目性，使其与法律的规定相契合。对于现行制度规范体系中的"身体健康"的任职要求，因其既违背了宪法上的平等保护原则，也不具备实际的操作性，应该予以删除。综合而言，对人民监督员的任职条件，可规定为：（1）拥护中华人民共和国宪法；（2）有选举权和被选举权；（3）年满 18 周岁；（4）具备一定的认识能力和表达能力。同时对"受过刑事处罚或者受到刑事追究的，被开除公职或者开除留用的"人员①，应当禁止选任。

三、人大常委会选任人民监督员的程序设定

在人民监督员的选任程序上，中央立法最好只作出原则性的规定，具体的操作办法可以由各地人大常委会根据当地的实际情况来具体施行。可以由人大常委会设立人民监督员选任机关——人民监督员选任委员会，负责对人民监督员的选任和解职工作。在具体的选任程序上，首先是将担任人民监督员的条件、名额、程序、报名

---

① 参见《最高人民检察院关于实行人民监督员制度的规定（试行）》第 6 条。

的方式和报名的时间在当地的各种新闻媒体上进行广泛宣传和公告。其次是通过个人自我推荐和有关单位、社会组织的推荐，确定初步的考察人选。选任委员会对考察人选进行考察后，报经人大常委会确定候选人。最后人大常委会将拟选任的人民监督员名单向社会进行公示后予以确认，并由人大常委会主任向人民监督员颁发证书。

四、人民监督员的管理和解职机制

（一）人民监督员的管理机关的设置

对人民监督员的"管理"涉及任免、奖惩、解职等实质性的管理工作和个案监督人选确认、监督意见存档、督促人民监督员监督等服务性的管理工作。实质性的管理是对人民监督员任职资格和任职能力的一种判断，服务型管理是对人民监督员工作的沟通与促进。由于人民监督员行使职权的外部性特点，为充分保障人民监督员行使监督权的独立性，对人民监督员的实质判断应当完全脱离于人民检察院。在将来的人民监督员立法中，可设计由人大常委会对人民监督员的任免、奖惩和解职工作进行管理。

对现存制度体系之内的人民监督员办公室，应当将其定位为一种服务协调机构。其存在的出发点是运用其专业知识指导人民监督员的监督工作，传递人民监督员的监督意见，沟通人民监督员与检察机关之间的看法，督促检察机关相关部门履行人民监督员的决议。但也应同时赋予人民监督员办公室对人民监督员的监督工作具有建议权，即可建议人大常委会对人民监督员予以奖惩和解职，但不具备直接的决定权。

（二）人民监督员的解职条件

在立法中，应当将人民监督员的解职条件分为自然解职和强制解职两种。自然解职是指符合法定条件的解职。主要是人民监督员依法辞去职务或出现不宜担任人民监督员的情形，还包括人民监督员任期届满。为了凸显监督效果和保证监督的公正性，对人民监督员的任期不宜规定过长，以两年为宜，且不得连任。

强制解职是指人民监督员不履行法定监督职责或者在监督活动

中存在严重违法现象的，由管理机关依法解除其职务的情况。可具体规定为：人民监督员在任期内无故不参加监督活动两次以上（包括两次）的，在监督工作中有徇私舞弊等违法现象，造成不良后果的，由选任机关解除其职务。人民监督员办公室具有建议解除人民监督员职务的职权。

第二节　人民监督员及其他监督参与人的权利和义务

法律关系实质上是一种权利和义务的关系。从某种意义上讲，人民监督员制度的核心问题就是人民监督员和其他监督参与人的权利和义务的问题。在现行的人民监督员制度规范中，对人民监督员以及其他参与人的权利和义务规定得较为模糊和松散，同时在权利的范围上还有拓展的空间。因此，在后续的立法设计中，明确人民监督员制度相关主体的权利和义务，对规范制度本身、提高制度的效能具有积极意义。

一、人民监督员的权利和义务

（一）人民监督员的权利界定

"监督是一个否定之否定的发展过程，合理怀疑是监督权运作的主观动因"①。可以这样讲，人民监督员监督的基本前提在于其对检察机关行使职权的一种不信任，是对现行内部监督的再监督。如果从本质上来看，可将人民监督员的所有权利定性为一种质疑权，并具有公权力的部分属性。同时如果从逻辑上来界定的话，正确的质疑判断必须有合理的判断标准、科学的判断方式和具备对判断结果的监控方式。因此，以质疑为基本属性的人民监督员制度，也必须合乎质疑判断的一般规律。在此前提之下，人民监督员的质疑权就可以体现为服务合理判断的权利——对监督

① 邱景辉：《人民监督员的权责及其保障制约机制》，http：//www.dffy.com/faxuejieti/zh/200406/20040624212829.htm，2009 年 6 月 15 日访问。

对象的知情权，服务科学判断方式的权利——对自侦案件的监督权，服务结果监控的方式——提请复核权和结果监控权，服务监督的基本外在保障——人身自由权、获取报酬权。

1. 人民监督员的知情权

知情权的行使者必定具备市民社会的属性，是宪政理念下社会与国家的一种博弈。如果把知情权作为一种数学意义上的媒介的话，媒介的两边必定是公民权利和国家权力。赋予人民监督员对检察机关行使检察权的理由、程序的知情权，既是作出正确价值判断的基本前提，也是制度运作存在合理性的基本保障。这种意义上的知情权如果予以类别上的区分可以体现为对监督案件相关情况的知情权以及对案件适用证据和理由的知情权。

对监督案件相关情况的知情权。在立法中要明确确认人民监督员对案件的基本情况享有知情权，包括应知晓基本案情、承办部门与案件的承办人，并赋予人民监督员对相关承办人予以提问以详解案情的权利以及赋予人民监督员可以旁听案件承办人讯（询）问犯罪嫌疑人、证人的权利，从而理解和掌握案情。在此基础上，应当赋予人民监督员直接询问犯罪嫌疑人、证人以了解相关案情的权利。需要说明的是，立法赋予人民监督员行使此种权利，并不是认可人民监督员对案件享有实质上的独立调查权，而只是立足于希望人民监督员对案情进一步了解的目的。针对于此，有学者提出按照现行法律规定，进入看守所等羁押场所必须符合专门规定，人民监督员则不具备此条件。① 对此问题，可在立法中设计人民监督员有必要时②，可在人民检察院相关人员的陪同下，进入羁押场所就案情事实对犯罪嫌疑人进行询问。

对案件适用证据和适用理由的知情权。在立法中应赋予人民监督员可以向案件的承办部门询问作出处理决定的理由和适用法律情况，并享有可就此向案件承办人提出问题、并要求案件承办人对被

---

① 参见周永年：《人民监督员制度概论》，中国检察出版社 2008 年版，第149 页。

② 应仅限于基于对案情了解之目的。

适用法律的内容作出解释的权利。如果人民监督员存在疑义，可以另行就相关法律问题向有关专家或者实践工作者咨询，不必当场作出决定。同时应赋予人民监督员可以查阅与案件处理结论相关的法律文书的权利。

2. 人民监督员的监督权

人民监督员的监督权与法律意义上的监督权在性质上存在根本差异。法定意义上的监督是一种刚性监督，属于权力的范畴。而人民监督员的监督权是指人民监督员对案件的事实与适用理由有发表监督意见的权利，从而给检察机关作出最终的结论提供参考。从性质上讲，人民监督员的监督权是一种程序上的监督，属于公民权利的范畴。具体而言，此监督权包括启动监督权、独立行使权、评议权、表决权和提交监督意见权。启动监督权指的是人民监督员可以依法启动监督程序；独立行使权指的是人民监督员行使职权时不受任何机关、团体和个人的干涉，其人民监督员的资格除法定条件外不得被取消，这也是人民监督员制度设立的初衷；评议权是指参加监督的人民监督员可以就案件的事实部分、法律适用情况与处理的结论作出事实和法律判断的权利；表决权指的是人民监督员可以就彼此之间的不同判断行使表决，最终形成一个统一意见的权利；发表监督意见权指的是人民监督员可以就表决结果向人民检察院提交，供人民检察院作出最后的判断。在现行的人民监督员制度规范中，已经基本确立了人民监督员在监督过程中所应当具备的相关权利，在后续的立法中有较强的参考价值。

3. 提请复核权和结果监控权

基于人民监督员的监督权和检察机关检察权的关系，对自侦案件的最终处理结果必须由检察机关来独立施行。需要指出的是，如果对最终的结果判断丧失了任何监控，人民监督员制度将完全走上一种以"粉饰太平"为目的的归宿。因此，在立法中应当规定人民监督员在提请监督意见后，对检察机关的最终处理结果与监督意见不一致时，有权提起异议。但是由于人民监督员的监督性质，这种异议应当界定为程序意义上的，即人民监督员可以要求相应的检察机关对处理结果予以复议或者复核并重新作出决定。同时赋予人民监督员对结果的进一步监控权，即人民监督员发现相关部门在处理职务犯罪案件中有违纪、违法现象的，具有向纪检监察部门检举、控告的权利。

4. 人身自由权与获得报酬权

从性质上看，此两种权利均属于人民监督员正常行使监督权的外在保障性权利。人身自由权指的是人民监督员在行使监督权的过程中，其监督活动和监督言论受到保护，其人身自由和人身安全不被剥夺和限制；获得报酬权指的是人民监督员依法参加监督活动，有要求从相关部门获得劳动报酬和误工补偿的权利。

（二）人民监督员的义务设定

在法律关系的范畴下，权利与义务相生相伴。从性质上看，"法律义务作为关于社会主体行为的要求，在表面的和感性直观的意义上，是由法律规则所确定的……乃是一种观念形态的社会现象，是对社会主体从事某种行为做或者不做的要求"①。可见，法律义务的核心是一种"做"或者"不做"的要求，而这种要求既是基于法律价值的一种判断，也是由法律规则所明确确认的。人民监督员制度产生的基本动因在于对司法正义的诉求，同时从实证的角度看，人民监督员的"为"与"不为"也必须契合现行的制度规范，服从于刑事诉讼制度体系。因此，人民监督员的义务既是服务于司法正义的基本理念，也是国家制度体系所强行设定的制度准则。据此，可以将人民监督员的义务分为维护司法公正的义务和维护制度职能和法律体系的义务。

1. 维护司法公正的义务

司法公正指的是在司法活动中不偏不倚。人民监督员维护司法公正，首先要以特定价值评判标准作为指引，做到行使职责的公正。其监督权的行使在于维护检察权的正当行使，维护社会公平正义。其次是在监督评议中，评议结果必须要有明确的法律依据和事实判断，不能基于主观好恶。再次，为了维护评议结果的公正，人

---

① 姚建宗：《法理学——一般法律科学》，中国政法大学出版社 2006 年版，第 125 页。

民监督员必须遵守"利害关系回避"的基本准则，不得参与到可能会影响公正评议的案件中去，为维护结果公正，也不得私自会见案件的当事人以及其委托人。最后，对其他人民监督员的表决不能加以干涉，也不必盲从其他监督员的意见，必须无条件服从客观事实，维护司法公正。

2. 服从国家法律制度的义务

人民监督员制度应服从国家强制性规范。由于职务犯罪的特点，人民监督员在监督过程中可能会涉及大量关于国家机关运行制度和运行工作中的保密性规定。因此，人民监督员必须遵守国家相关法律的规定，严守国家秘密，不得泄露任何关于案情和评议表决的情况。

同时，人民监督员必须严格遵守人民监督员履职规定，遵守案件监督的基本流程，不得无故缺席和推诿参加监督评议。但由于对人民监督员的义务有国家强行法的约束，因此在立法设计中，我们应当更加强调对人民监督员权利保障的倾斜，以促进制度效能的更好实现。

二、犯罪嫌疑人及其他诉讼参与人的权利和义务

在刑事诉讼法律体系中，对犯罪嫌疑人的权利规定比较系统，如有申请回避的权利、请求法律帮助的权利、申请取保候审的权利、要求解除强制措施的权利、申诉的权利等。在人民监督员制度规范中，犯罪嫌疑人的权利设定则应主要围绕人民监督员的监督效果而展开，使其具有较强的针对性。基于此种出发点，可考虑在立法中"凸显对犯罪嫌疑人程序选择权和程序参与权的尊重，体现打击犯罪和保障人权并重的理念"[1]，赋予犯罪嫌疑人启动监督权、案情陈述权和辩解权、监督结果知情权和回避权。

申请启动监督权与申诉控告权。在现行的人民监督员制度框架之内，针对"三类案件"一般是由检察机关通知人民监督员介入

---

[1] 左卫民、吴卫军：《人民监督员：理念与制度的深化和发展》，载《人民检察》2005 年第 1 期（下）。

监督程序，监督的启动在于检察机关。这样的监督启动方式，难以保证人民监督员介入所有可能的案件，使检察机关对被监督案件具有选择权，因此可以考虑赋予犯罪嫌疑人申请对"三类案件"予以监督的权利①。针对"五种情形"的案件，由于尚待有关部门对案件的真实性予以甄别，因此如果是经犯罪嫌疑人发现的"五种情形"，应规定犯罪嫌疑人具备向人民监督员予以申诉和控告的权利，由人民监督员来依法启动监督程序。

案情陈述权和辩解权。从其陈述和辩解的对象来看，不应是检察机关，而应当是人民监督员，这也是同人民监督员有权就案件事实询问犯罪嫌疑人的呼应。从陈述和辩解的内容来看，应该是案件的事实和犯罪嫌疑人对案件的认知情况。

监督结果知情权。即犯罪嫌疑人对人民监督员监督的与其相关的案件有知情权。"应当向犯罪嫌疑人宣读人民监督员的监督意见和人民检察院的处理决定，并制作笔录，由犯罪嫌疑人签字。"②

申请回避权。回避权既是司法公正的基本要求，也是犯罪嫌疑人的基本诉权。即犯罪嫌疑人对本案有利害关系或者有其他情形可能影响案件公正的人民监督员，可以要求其回避。

犯罪嫌疑人的义务设定主要是一种如实告知的义务，但这种如实告知主要是针对"三类案件"和"五种情形"本身，与案件的其他情节无关。因为如果拓展犯罪嫌疑人如实告知义务的内涵，将"违背了犯罪嫌疑人分担义务的程序性不作为义务原则，不利于犯罪嫌疑人沉默权的保障"③。

在人民监督员的监督活动中，可能会参与到监督程序中的还有与案件有直接利害关系的当事人、犯罪嫌疑人的法定代理人、被害人、自诉人、附带民事诉讼的原告人、附带民事诉讼代理人、辩护

---

① 一般是针对犯罪嫌疑人不服逮捕决定的案件。

② 周永年：《人民监督员制度概论》，中国检察出版社2008年版，第170页。

③ 刘梅湘：《犯罪嫌疑人义务探析》，载《西南政法大学学报》2007年第6期。

人、证人等，因此，对相关诉讼参与人的权利保护也是在人民监督员制度设计中不可忽视的问题。

首先是相关参与者的控告、申述权。即相关人员可以向人民监督员反映自侦案件中的"五种情形"问题，使其纳入监督程序。如针对应当立案而立案的，受害人可以向人民监督员反映；证人针对暴力取证的情况，也可以向人民监督员反映，使其纳入法定的监督程序。

其次是与案件处理结果有利害关系的参与者，有申请回避权。如受害人对应当给予刑事赔偿而不依法确认或者不执行刑事赔偿决定的，如果人民监督员与本案的被告人有利害关系或者有其他情况可能影响监督结果的，均可以要求其回避。

三、检察机关相关部门的义务

（一）检察机关相关案件承办人的义务

在权利与权力的关系中，往往呈现出一种制约和监督的状态。在人民监督员的制度规范中，人民监督员和相关监督活动参与人权利的实现也意味着对检察机关权力的一种制衡。针对人民监督员的知情权、监督权、提请结果复核权和人身自由权以及其他案件参与人的权利，在立法中也必须明确检察机关相关案件承办人的义务。

一是告知的义务。首先是告知人民监督员拟被监督案件的基本情况、具体承办人，并须将相关的案件材料移交给人民监督员。考虑到案件承办人的具体职责，在立法中可设计为由案件承办人将相关材料移交给人民监督员办公室，再由人民监督员办公室转交给人民监督员。其次是告知相关案件参与者享有相关权利的义务。如告知犯罪嫌疑人有提请人民监督员监督的权利，告知犯罪嫌疑人和相关利害关系人有申请人民监督员回避的权利。最后是告知犯罪嫌疑人和相关案件参与人的监督结果情况。

二是接受监督的义务。首先是向人民监督员介绍案件的基本构成和主要证据情况。其次是向人民监督员解释适用的相关法律情况，包括适用法律条款的基本含义和适用理由。最后是回答人民监督员提出的各种问题，安排人民监督员旁听询（讯）问犯罪嫌人和证人，必要时配合人民监督员向相关案件参与者直接询问相关案情。

三是保证监督公正。检察机关的案件承办部门不得干涉人民监督员依法独立评议案件，也不得泄露评议结果。对人民监督员提起复议和复核的案件，应当积极予以配合。

另外，针对"五种情形"的特点，检察机关案件承办人对人民监督员提请的监督情形必须及时予以审查和调查核实，并及时将结果反馈给人民监督员，做好受监督的准备。

（二）人民监督员办公室的义务

从性质上对人民监督员办公室予以定位，其实质是一种服务于人民监督员监督的工作机构。因此，人民监督员办公室的义务主要应是一种协调、服务的义务。

公正确定个案监督人选的义务。人民监督员办公室必须依照随机抽取的方式保障人民监督员确定的中立性。

协助人民监督员的义务。包括受理人民监督员的监督申请，邀请人民监督员参加与职务犯罪相关的会议和其他执法检查活动；履职保障的义务，为人民监督员履行职责提供必要的工作条件，保障人民监督员的知情权、人身自由权和获得报酬权，保障人民监督员履行职责的独立性。组织监督工作的义务，应提前告知人民监督员监督的时间和地点，并科学组织案件的评议监督会议。

督促检察机关的义务。首先是督促案件的相关承办部门配合人民监督员的监督，将案件的相关材料准备齐全；其次是督促相关部门切实履行人民监督员的监督结果和意见，确保监督效果；在"五种情形"的案件中，还有分流处理相关监督材料的义务。

此外，人民监督员办公室还应承办其他与监督案件相关的工作。包括保存人民监督员名单、对监督案件案卷存档、对人民监督员参与监督等活动加以记录、统计，与上下级人民监督员办公室的业务联系和沟通，完成检察长和检委会交办的其他工作等。

第三节　人民监督员监督范围

人民监督员监督什么，在《最高人民检察院关于实行人民监督员制度的规定（试行）》第13条、第14条、第15条中有明确规定，均是与检察机关自侦案件相关。"一是对拟撤案的、拟不起诉的和犯罪嫌疑人不服逮捕决定的监督；二是发现人民检察院办理直接受理侦查案件中，对应当立案而不立案、超期羁押、违法搜查扣押冻结、应当给予刑事赔偿而不依法予以确认或者不执行刑事赔偿决定或办案人员徇私舞弊、贪赃枉法的监督；三是人民监督员可以应邀参加人民检察院查办职务犯罪案件工作的其他执法检查活动，发现有违法违纪情况的，可以提出建议和意见"。概括地讲，也就是我们俗称的"三类案件"、"五种情形"和"一种情况"。

该规定以自侦案件为坐标明确了监督的对象，在后续的立法中具有很高的参考价值。但是，在人民监督员制度的试行中，学界也存在对监督范围的反思和重构。同时在各地关于人民监督员制度的规定之中，对于监督范围的规定也不尽相同，甚至影响到了人民监督员制度的性质界定和存在方式的基本走向。所以讨论人民监督员监督范围的问题，厘清争议的实质，对于人民监督员的立法取向至关重要。本书认为，对人民监督员监督范围的立法确认，不能仅从制度存在的某一角度予以界定，更不能基于某种抽象的理论支撑而使对人民监督员制度的理解停留在一种美好的愿景中，而应当从制度本身存在的目的出发，对制度的实际运行情况、其与检察制度的关系予以综合考量，明确人民监督员制度的监督范围。基于此种考虑，我们认为在现阶段将人民监督员制度的监督范围定位于"三类案件"、"五种情形"和"一种情况"是比较合适的选择，当然随着司法民主改革的进一步深化，在后续的立法中存在进一步扩大的空间。

一、人民监督员监督范围之争

在人民监督员制度的试点中，关于人民监督员的监督范围存在

"扩大论"和"缩小论"的不同观点。

在"扩大论"中，比较有代表性的观点认为要将人民监督员的监督范围从检察院的自侦案件扩大到所有的刑事案件之中，要涉及刑事诉讼的各个环节，对所有参诉机关的职权行使予以监督，他们认为："从整体建构的角度出发，应当考虑将非自侦案件也一并纳入人民监督员的监督范围。……检察机关通过建立人民监督员制度，让公民参与或监督检察机关司法决定的思路是正确的，但这一思路不应该只局限在自己直接受理侦查的案件上，随着试点工作的开展，在取得经验和实效的基础上，最高人民检察院应该积极向国家立法机关提出立法建议，制定具有法律阶位的《人民监督员法》，将人民监督员监督案件范围扩大到普通案件上，体现程序公正的要求。"① 还有的学者从当事人的基本权利保护出发，进一步阐释了扩大监督范围的理由，认为"单纯强调加强检察机关直接受理侦查案件的监督会带来程序不公的问题，因为不同的犯罪嫌疑人、受害人在刑事诉讼中受到了不同的待遇。检察机关直接受理侦查案件决定逮捕的犯罪嫌疑人在不服时，可以由人民监督员去监督，而其他被检察机关批准逮捕的犯罪嫌疑人却没有此救济渠道，这种因为犯不同的罪而区别看待，不一视同仁的做法对犯罪嫌疑人而言，是不公平的"② 。还有学者认为，从实际情况看，"人民监督员的监督内容全面扩充至检察机关行使检察权的各个层面尚待时日，但至少在以下三个方面仍有扩大空间：一是对消极行使检察权的监督。人民检察院对公安机关应当立案而不立案不进行监督的，对人民法院确有错误的判决、裁定应当抗诉而不抗诉的，可以列入人民监督员的监督范围；二是对非法权力干预的监督。人民监督员应对外部权力干预办案的行为进行监督，帮助人民检察院排忧解难；三是对人民检察院本身不正当行使权力进行监督，加大对检察

---

① 左卫民、吴卫军：《人民监督员：理念与制度的深化和发展》，载《人民检察》2005 年第 1 期。

② 袁志：《人民监督员制度与日本检察审查会比较研究》，http：//review. jcrb.com/zyw/n98/ca179602. htm，2009 年 5 月 5 日访问。

人员在侦查活动中违法行使职权的监督"①。无论扩大论的立论基点如何，均是突破主要针对"三类案件"和"五种情形"的监督。

与此相对应的是，也有学者主张缩小监督范围，其针对的主要是将"犯罪嫌疑人不服逮捕决定的案件"从监督范围中剔除。理由为：（1）逮捕只是刑事诉讼中的一个程序。而且从性质上看，逮捕是一种强制措施，实施逮捕的目的仅仅是为了防止犯罪嫌疑人的后续犯罪和脱逃，不会对实体的最终处理产生影响；（2）对不服逮捕决定的案件进行监督属于事中监督，会对后续的刑事诉讼程序产生消极的影响，因为只有人民检察院作出逮捕决定并交付执行后，才会产生犯罪嫌疑人不服的情况，但这时侦查部门根据逮捕决定已经进入了下一个诉讼程序；（3）由于逮捕条件的复杂性，人民监督员难以把握。如逮捕条件中的是否可能判处徒刑以上刑罚、以及是否有逮捕必要，这涉及侦查技术、法律适用等很多专业问题，人民监督员难以胜任②。

无论是"扩大论"或是"缩小论"，其主张理由均有合理的一面，但是又存在狭隘与片面之处。

首先，两种主张均是从某一个角度对监督范围的审视。如"扩大论"主要是基于刑事诉讼参与人的"诉权平等"理念，对人民监督员的实际运行土壤与人民监督员监督范围拓展后的制度衔接问题缺乏考虑，理想化色彩浓厚；而"缩小论"则是强调制度实际运行中的困境，但运行的困难并不是否定一项制度的根本原因。从本质上看，"缩小论"者对人民监督员制度监督范围的疑问是制度如何操作的问题，而不是是否应该变更监督范围的问题。相信通过制度的优化，此种困境会得到更好的解决。

其次，两种质疑主张缺乏对人民监督员制度的性质予以准确定位。"扩大论"者是基于对刑事诉讼参与人诉权的全面维护，希冀

---

①　但伟：《正确认识人民监督员制度切实推进检察改革》，载《人民检察》2004 年第 5 期。

②　参见程德文、王洪男：《人民监督员制度监督范围探析》，载《方圆法治·人民监督员专刊》2006 年第 2 期。

"构建一个全面的完善的监督体系，既保证每个犯罪嫌疑人在刑事诉讼中享有平等的救济权利，又保证犯罪被害人享有平等的救济权利，实现社会的公平和正义"①。但诉讼参与人的诉权内涵如何界定？是维护当事人所有的诉权还是获取救济权？诉权的维护与社会监督的关系该如何把握？社会监督对于诉权保障的边界和效力程度如何？这种设想不仅要突破现行的刑事诉讼法律体系的基本框架，也会使社会对监督权的正当性基础提出质疑。而"缩小论"者将"不服逮捕决定"从监督范围中剔除，与保障人权的基本理念相违背，导致人民监督员制度对逮捕问题无法监督，使人民监督员的监督性大大降低。因此，综合考量"扩大论"和"缩小论"自身存在的理论和现实上的弊端，在现阶段还不宜改变监督范围。

二、人民监督员范围确立之原因分析

为了解决人民监督员监督范围之争论，要在现阶段确立以《最高人民检察院关于实行人民监督员制度的规定（试行）》第 13 条、第 14 条、第 15 条所明确的监督范围作为后续立法活动的参照。究其缘由，既是制度性质的使然，也是尊崇制度本身所蕴含的发展规律。

（一）从制度的产生原因与存在目的来看，不宜改变监督范围

根据我国《宪法》第 129 条规定："中华人民共和国人民检察院是国家的法律监督机关。"这种法律监督权在刑事诉讼体系中又体现为侦查监督权与审判监督权。即通过批准逮捕、监督立案对公安机关进行侦查监督和通过行使抗诉权和审判监督权对人民法院进行审判监督。可见，对检察机关的公诉权，法院可以通过审判活动予以法律判断。与此同时，检察机关对职务犯罪的侦查，处于一种不受外部监控的状态。不受监督的权力会导致权力的滥用，基于保护人权、确保司法公正的考虑，最高人民检察院决定设立人民监督员制度，由人民监督员对检察机关查办职务犯罪案件进行外部监

---

① 徐前权：《人民监督员监督范围的若干问题》，载《郧阳师范高等专科学院学报》2009 年 2 月第 29 卷第 2 期。

督。可以说，人民监督员制度既在一定意义上体现了法治精神和宪政价值取向，也是检察机关为了解决其权力不受监督的真空状态而产生的一种新的制度创新。

人民监督员制度是检察机关为了平衡其检察权行使的不受限制而产生的，其制度产生的起点是针对自侦案件，通过对检察机关的自侦案件予以社会监督，弥补了原来的监督空缺，达致了一种外部监督与内部制度监督、权利监督与权力监督的有机结合。如果在现阶段要突破人民监督员制度是针对自侦案件而产生，拓展人民监督员的监督范围，那么这种拓展的现实依据是什么？在已经存在法定监督的环节中，引入社会监督，是否必要？

（二）从制度运行的效果来看，不必改变监督范围

从前文对人民监督员制度的定位来看，作为一种权利监督的形式，其效力必然缺乏实体上的刚性，地位要低于法律所规定的职权监督，监督的效果也不如国家机关之间的监督。那么监督范围的扩大，表面上是扩大了对相关案件的监督力度，使社会监督扩充到已经具备法定监督的领域，但实质是一种资源的浪费，反而只会使监督活动流于形式而丧失实际功效。

（三）改变人民监督员监督范围存在"程序正义"与"实体正义"的冲突

"在刑事证明标准讨论中，作为对传统的批判工具，程序正义理论受到了越来越多的青睐。程序正义理论以过程的正当性为着眼点，强调了诉讼过程（包括证明过程）对事实认定的决定性作用"①。程序正义理论的确立和进一步发展，使其已经在某种程度上成为了司法正义的代名词。但是，程序正义的价值实现必须植根于实体正义，没有实体正义作为指引的程序正义是一种虚假的、不完全的正义。改变人民监督员监督范围的主张者认为不同性质的犯罪嫌疑人在刑事诉讼活动中的诉讼权利不平等，形成了一种实质上的权利差别，因此必须拓展人民监督员的监督范围，赋予犯罪嫌

---

① 吴宏耀：《刑事证明标准的基点：程序正义抑或实体正义》，载《法制日报》2001 年 4 月 16 日。

人一种程序上的平等权利。

但是，对于除检察机关自侦案件以外的其他刑事案件的侦查活动，按照《刑事诉讼法》的规定应由公安机关负责。对于公安机关的侦查活动，已有检察机关通过立案监督、侦查监督等法定监督方式予以施行，而对于检察机关的其他职能活动，也存在审判机关和上级检察院的法定监督形式。对这些诉讼活动如果引入人民监督员制度予以监督，将会使这类案件产生两套法律监督机制，而对检察机关的职务犯罪侦查案件，却仍然只有人民监督员监督这一种监督机制，势必会导致新的程序不公正出现，进而影响到对实体结果的判断，出现新的差别对待。

（四）从制度发展的规律来看，须遵从制度变革的渐进性

"制度变迁过程与技术变迁过程一样，存在报酬递增与自我强化的机制，这种机制使制度变迁一旦走上了某一路径，它的既定方向会在以后的发展中得到自我强化……一项制度的创设与运行，需要遵循模式设计、样本试验、模型校正、有序规范、启动运行等五个阶段。"① 将经济学领域里的"路径依赖"理念引入法律制度的变迁中，尽管其切入点尚待进一步商榷，但是制度的这种发展渐进性的特征是同一的。尊重制度发展本身所具有的规律，将极大地减少制度运行过程中所遭遇的阻力。

人民监督员制度的创设是基于对检察机关的自侦案件缺乏监督机制而产生，如果将其监督范围拓展到整个刑事诉讼领域，涉及所有的案件，那么首要面临的难题是对法律监督机制的一种全新定位，既要重新配置现行人大监督权、检察权与审判权之间的一种有序的权力秩序，同时要思考人民监督员的监督权在现行的法律框架中如何定位。从制度层面来看，拓展监督方式不是一种简单的法律技巧，而是要通过法律修改、法律解释的方式在刑事基本法律里面予以阐释，其社会成本是巨大的，而社会收益却尚不明确。而暂时维系人民监督员的监督范围，在其表现出相应的社会价值后，再对

---

① 徐汉明：《人民监督员制度概念与特征的经济学分析》，载《方圆法治·人民监督员专刊》2005 年第 12 期。

制度的监督范围予以调整，符合制度发展的渐进性演变规律。

三、结论

通过分析人民监督员监督范围的运行原因、运行效果，我们认为在现阶段还是以维系现有的监督范围为宜。这既有制度设计上的考虑，也是基于维系现有监督体系平衡的需要。但是本书并非否认人民监督员制度监督范围的根本发展方向，从长远来看，在整个司法程序中引入社会监督、并使司法活动进一步透明化是一种必然发展趋势，相信通过重新设计法律监督与社会监督的权限配置机制，会使社会监督取得更加良好的社会效果。

第四节　人民监督员的监督程序

在目前的立法策略中，对人民监督员的监督范围还暂不宜全面拓宽，应还是以对"三类案件"和"五种情形"的监督为主。尽管人民监督员监督两种案件类型的方式大体相同，但是由于监督"三类案件"的过程是一种结果判断，侧重于个案的监督，而监督"五种情形"是对检察机关司法活动的评价，侧重于对行为的监督。基于此种考虑，在今后的人民监督员制度规范体系中，也还是应将两种程序分开规定。

一、三类案件的监督程序设计

从人民监督员介入案件发展的逻辑进程来看，可以将监督程序设定为监督的提起程序、监督的前置程序、监督的评议与表决程序、监督结果的处理程序、监督结果的反馈程序以及复核程序。

（一）监督的提起程序

本书拟构建的监督提起程序，是一种由人民监督员提起、检察机关予以配合的启动方式。

针对犯罪嫌疑人不服逮捕决定的监督启动程序，可借鉴《最高人民检察院关于实行人民监督员制度的规定（试行）》的做法，设定为附带条件的监督程序。即犯罪嫌疑人不服逮捕决定的，首先设定侦查监督部门的重新审查程序。如果犯罪嫌疑人认同了逮捕决定或者是侦察监督部门在另行指派承办人员审查后撤销原逮捕决定的，就不必启动人民监督员监督程序，此种做法的出发点是充分利用检察机关的内部办案纠错机制来节约诉讼资源①。如果检察机关重新审查后维持逮捕决定的，先设定告知程序，即告知犯罪嫌疑人或者其代理人、辩护人可以申请人民监督员监督，通过人民监督员启动监督程序。

设定人民监督员通过人民监督员办公室向检察机关启动监督程序的机制。通过设定人民监督员知情权保障机制，检察机关要在对"三类案件"作出最后的处理决定前（对不服逮捕决定的监督除外，因其从方式上看属于事后监督），将案件的详细材料，通过具体的方式定期向各人民监督员呈送，由人民监督员来主导启动监督程序②。或者人民监督员依照犯罪嫌疑人及其近亲属、代理人、辩护人的反映，在了解案情后的基础上针对"三类案件"启动监督程序。为了更好地建立人民监督员和社会的沟通机制，应当通过新闻媒体公布人民监督员的联系方式，便于人民群众的投诉。人民监督员依照职权启动监督程序后，人民监督员办公室应通知相关案件承办部门将案件材料移送至该办公室，准备接受监督。

（二）监督的前置程序

人民监督员的确定程序。在启动监督程序后，是对人民监督员的确认程序。目前根据相关规定，人民监督员的确定有两种方式，一是随机抽取，二是排序确定。我们认为，相对排序的方式而言，依照随机抽取的方式更能体现人民监督员监督的公正性。因如果依

---

① 由于犯罪嫌疑人不服逮捕决定具有普遍性，因此设计此种附条件提请人民监督员监督的方式，可以在很大程度上避免监督的盲目性，提高监督的效率。

② 但由人民监督员启动监督程序存在技术性的难题，即具体由哪些人民监督员来启动还是任何一名人民监督员都可以启动。我们认为，应赋予任何一名人民监督员依职权主动启动监督机制的权利以实现制度的效能，同时对人民监督员没有启动监督程序的，以检察机关相关部门主动向人民监督员办公室移交材料并接受监督作为补充。但需要指出的是，如果检察机关不切实履行义务以保障人民监督员的知情权，人民监督员启动程序的设定也变得毫无意义。

照排序的方式确定人民监督员，实际上对下次案件的监督者已经可以预判，会使监督的公正性受到影响。而随机抽取尽管存在概率上的高低，但能最大限度地保证结果的公正。因此，人民监督员办公室应以随机抽取的方式在人民监督员名单中确认个案的监督者。确认的人数应当为单数，可参照相关规定，一般为 3 名，重大复杂案件或者是疑难案件可以确定为 5 名。确定的时间为人民监督员启动监督程序后的 2 日之内，并应至少在正式监督前 2 日内将监督的时间、地点通知相关的人民监督员。同时，案件承办部门在确定监督员人选后 24 小时内应告知相关当事人及其代理人①，并告知其有自行或者委托代理人申请人民监督员回避的权利。

申请回避程序。在确立人民监督员后，人民监督员可自行提出回避，犯罪嫌疑人或者相关利害关系人也可向检察机关申请人民监督员回避。申请回避的主体应该是犯罪嫌疑人及其法定代理人、辩护人，申请回避的时间是在人民监督员监督之前。针对回避提请主体提出回避的方式和时间在现行制度体系中缺乏具体规定的问题，可设计专门的征求回避意见程序，即具体的案件承办人在监督开始前向相关当事人告知回避权利时，询问其是否申请回避，并将犯罪嫌疑人本人或者其代理人、辩护人的书面意见及时反馈给人民监督员办公室。

同时，申请回避的理由可采纳《最高人民检察院关于实行人民监督员制度的规定（试行）》第 23 条规定②。对此，有学者提出"参照最高人民法院 2000 年颁布的《关于审判人员严格执行回避制度的若干规定》，在最高人民检察院现有规定的基础上，增加下列三种情形：（1）私下会见本案当事人、法定代理人及其委托的

---

①　相关时间的规定，主要参考了周永年主编：《人民监督员制度概论》，中国检察出版社 2008 年版，第 210 页。

②　该条规定，参加案件监督工作的人民监督员具有下列情形之一的，应当自行回避，当事人及其法定代理人也有权要求其回避：（1）是本案的当事人或者当事人的近亲属的；（2）本人或者其近亲属与本案有利害关系的；（3）担任过本案的证人、鉴定人、辩护人、诉讼代理人的；（4）与本案有其他关系，可能影响公正履行案件监督职责的。

人；（2）接受本案当事人、法定代理人及其委托人的财物、其他利益；（3）接受本案当事人、法定代理人及其委托人的宴请，或者参加由其支付费用的各项活动的"①。但是我们认为此种做法不妥，一是人民监督员与审判人员从法律性质上看存在差异。二是人民监督员行使的是权利，案件的最终决定权在检察机关；而审判人员行使的是司法权，属于权力的范畴，具有终决权。三是与"本案有其他关系，可能会影响本案公正"的条款已经对其他情形予以了概括。因此，不必增设应回避的情形。

回避的决定机关应设定为人民监督员办公室，并在监督开始之前将是否同意回避的决议以书面形式反馈给申请主体。

（三）监督的评议与表决程序

在监督评议阶段，首先是要沿袭现行的规定，由参与监督的人民监督员推选出一名主持人，使后续的评议、表决等事务性工作得到更好的衔接。

其次在主持人的主持下，进入正式的监督程序。从时间的先后可以分为意见听取程序、评议程序和表决程序。

意见听取程序，是指设定案件承办人就案情的基本事实、主要证据情况、法律适用的意见和相关法律条文的含义以及拟处理的意见向人民监督员说明的程序。在此阶段人民监督员可以向案件承办人提出问题，同时设定人民监督员认为有必要时，既可以旁听案件承办人员讯（询）问犯罪嫌疑人、证人、辩护人，也可以增设直接询问程序，就案件事实直接询问相关案件参与人员。对此，有的学者进一步指出应当在监督中引入检察机关和犯罪嫌疑人的"抗辩式"审查程序。即在人民监督员听取意见的过程中，引入审判机关的审理模式，由人民监督员居中审核，检察机关和犯罪嫌疑人、代理人或辩护人针对案件的事实和适用法律情况展开辩论②。但在此阶段我们认为还不宜将改革的步子迈得过大，首先从性质上

---

① 程为钢等：《完善人民监督员制度相关程序之设想》，载《法学》2006年第6期。

② 参见李卫东：《人民监督员制度的实践思考》，载《人民检察》2005年第2期。

看，人民监督员不具备居中裁量的法律属性；其次，"抗辩式"也存在如何与检察机关的法定职权相衔接的问题。因此，在现阶段的立法设计中，只可设定人民监督员如果认为有必要的，可以就案件事实听取犯罪嫌疑人及其委托的人的意见。可在立法采用"人民监督员认为有必要的，可以在检察机关的配合下进入羁押场所询问犯罪嫌疑人，或者询问犯罪嫌疑人的委托人、证人等相关人员"，以便对案件事实有更清晰的了解。

评议和表决程序要在主持人的主持下独立展开，其他人员不得在场。从评议内容来看，主要围绕案件事实是否清晰、适用法律是否正确、证据是否充分、程序是否合法等而展开。主持人可以指定一名人民监督员负责记录评议过程。

表决程序采用无记名投票的方式，以少数服从多数的原则形成最终的表决意见，即同意或不同意对"三类案件"的处理结果。最终的表决意见由主持人统一移交给人民监督员办公室。

整个监督程序的期限可从人民监督员收到参与监督的通知开始计算。在监督过程中，如果案情清楚，人民监督员没有旁听讯（询）问或直接询问相关当事人的，可采用现行的规定，不得超过7日。如果人民监督员参与了旁听或者直接询问了犯罪嫌疑人及其委托人的意见的，可经检察长批准，延长到15日，延期申请在正常监督期限届满前由人民监督员报请人民监督员办公室，由检察长决定。

（四）监督结果的处理和反馈程序

监督结果的处理程序，可借鉴《最高人民检察院关于实行人民监督员制度的规定（试行）》第25条规定，即"检察长或者检察委员会应当分别根据职责权限，对人民监督员的表决意见和有关检察业务部门的意见进行审查，必要时可以听取人民监督员和有关检察业务部门的意见。审查后同意人民监督员表决意见的，有关检察业务部门应当执行；检察长不同意人民监督员表决意见的，应当提请检察委员会讨论；检察委员会不同意人民监督员表决意见的，应当依法作出决定"。其中，应增加"检察委员会讨论时，应当邀请参加监督的人民监督员参加会议，并听取人民监督员的意见"的规定。在检察委员会作出决定后，应当及时向人民监督员反馈处理结果，可由人民监督员办公室将处理情况书面告知启动监督程序和参与评议监督的人民监督员。

（五）复核程序

参加案件监督的多数人民监督员对检察委员会的决定持有异议的，可以通过人民监督员办公室向上级人民检察院申请复核。在复核期限上，可参考现行规定，即人民监督员提出复核申请 3 天后，检察机关必须向上级人民检察院移交相关材料以供审查，上级院必须在 15 日之内提出复核意见，并将处理结果向人民监督员反馈。

二、"五种情形"的监督程序设计

相对于"三类案件"的类型化区分而言，"五种情形"侧重于检察机关查办职务犯罪中的行为范式。因此尽管在监督评议和提请复核的程序上有共性，但是在程序的设计上更应抓住两类案件的差异性。

（一）启动监督程序

对"五种情形"的监督启动程序，也应采用对"三类案件"的做法，由人民监督员来启动。针对此，在启动阶段，应设计信息知悉程序，以保障人民监督员的询问权和知情权。首先是在立法策略上要明确检察机关的义务，定期向人民监督员通报已立案、已起诉案件的基本情况，并要通过媒体向社会宣传"五种情形"的基本内容，公布人民监督员的联系方式，便于社会群众的检举。同时，检察机关查出涉及"五种情形"问题时，应当主动邀请人民监督员参加与此有关的会议，拓展人民监督员了解相关案情的路径。

其次，要建立告知程序。设立检察机关在立案侦查职务犯罪案件的过程中，应当在第一次讯问犯罪嫌疑人时书面告知其如在后续的刑事诉讼过程中存在"五种情形"的，可通过其近亲属、辩护人向人民监督员反映。如果没被羁押的，也可自行反映。

（二）实行分流程序

在《最高人民检察院关于人民监督员监督"五种情形"的实施规则（试行）》中，针对人民监督员提出对"五种情形"的监督，设定了分流处理程序①。此种程序相对"三类案件"直接进入评议表决程序的做法而言，在评议表决前先由检察机关相关业务部门对人民监督员的提请的监督意见予以审核，对事实清楚、情节轻微的被监督情形，提出处理意见报请检察长决定，并在提请监督

---

① 在该实施规则第5条规定：人民监督员办公室负责统一收转人民监督员的监督意见材料，审查提出拟办意见报检察长批准，不属于本院管辖的，移送有管辖权的人民检察院按照本规则办理；属于本院管辖的，按照下列分工移送有关部门办理：

（1）人民监督员对人民检察院应当立案而不立案或者不应当立案而立案的情形提出监督意见的，由侦查监督部门承办。

（2）人民监督员对人民检察院有关部门在办案中超期羁押的情形提出监督意见的，由监所检察部门承办。

（3）人民监督员对人民检察院有关部门在办案中违法搜查、扣押、冻结等情形提出监督意见的，由侦查监督部门会同财务部门承办，涉嫌违法违纪的，由纪检监察部门承办。

（4）人民监督员对人民检察院办理的职务犯罪案件应当给予刑事赔偿而不依法予以确认，或者不执行刑事赔偿决定提出监督意见的，由刑事赔偿工作部门承办。

（5）人民监督员对检察人员在办案中有徇私舞弊、贪赃枉法、刑讯逼供、暴力取证等违法违纪情况提出监督意见的，由纪检监察部门承办。

（6）人民监督员反映的情况不属于"五种情形"的，由人民监督员办公室根据业务分工情况报分管检察长批准后移送有关部门处理。

承办部门收到人民监督员办公室移送的材料后，应当在规定期限内将调查结果通报人民监督员办公室。规定期限内不能调查清楚的，应当在期满前报经检察长批准适当延长期限，同时向人民监督员办公室书面说明理由及调查进展情况。人民监督员办公室应当跟踪督办。

第6条规定：人民检察院对人民监督员提出的监督意见应当及时办理。人民监督员提出的监督情形事实清楚、情节轻微的，承办部门收到材料后，应当及时指定专人进行审查和调查核实，提出处理意见报请检察长决定，并在10日内将答复意见移送人民监督员办公室。

人民监督员提出的监督情形情况复杂、影响较大的，承办部门应当在收到材料之日起30日内，及时指定专人进行审查和调查核实，提出拟处理意见，做好接受监督的准备。

人民监督员办公室根据法律、司法解释以及有关工作规定，结合具体情况，对人民监督员提出的监督情形是否启动评议程序提出意见，报请检察长决定。

10 日内将答复意见移送至人民监督员办公室。此种分流处理程序，在于甄别一般违规情形与重大违规，有利于提高监督的效率，也是促进检察机关自我规制与自我完善效能的有力创新。但是，针对这种"简单案件"的处理决定，也会存在人民监督员不认同的情况。首先，"是否清楚"、"是否情节轻微"只是检察机关的判断而不是人民监督员的判断，由于检察机关和人民监督员视角的不同，具有很大的主观性。其次，针对此类案件的异议，人民监督员是不能启动评议表决程序的，只能要求人民检察院复议，也不能向上级院提起复核。因此，我们认为对分流处理程序的设计，应在借鉴最高检实施细则的基础之上，规定人民监督员对人民检察院的处理决定有异议的，应当与"情况复杂"、"影响较大"的案件一样，进入到监督评议程序。

（三）监督评议与表决程序

在人民监督员的确认程序和相关案件参与人申请回避程序上，可以借鉴"三类案件"的相关程序。

在评议程序上，主持人的产生和主持人的工作程序也可以沿袭"三类案件"的相关程序。在意见听取程序上，主要是听取案件承办人员介绍调查情况以及拟处理的意见，并回答人民监督员的提问。相对"三类案件"而言，主要是就"五种情形"本身提问，不涉及相关联的案件情况和适用法律情况。在必要时，也可以询问犯罪嫌疑人或者其委托的人，是否有"五种情形"的问题出现。

在提出监督意见上，不存在简单"同意"或者"不同意"的结果，而是通过综合评议，形成集体的监督意见。就此监督意见，参与评议的人民监督员应写明理由，签字后交人民监督员办公室存档。

（四）监督结果的处理和反馈程序

针对人民监督员的监督意见，检察长应当及时处理，必要时交检察委员会讨论，并应当在 15 日之内将处理结果反馈给提起监督和参与监督的人民监督员。并规定"人民检察院调查核实或者研究处理人民监督员监督'五种情形'时，应当邀请本院人民监督员列席有关会议"。

（五）复核程序

参加案件监督的多数人民监督员对检察长、检察委员会的处理意见持有异议的，可以通过人民监督员办公室向上级人民检察院申请复核。应进一步规定人民监督员提出复核申请 3 天后，检察机关必须向上级人民检察院移交相关材料以供审查，上级院必须在人民监督员提请复核意见 15 日之内作出处理意见，并将处理结果向人民监督员反馈。

其中人民监督员对人民检察院办理的职务犯罪案件应当给予赔偿而不依法予以确认的，经人民监督员监督后，检察长批准或者检委会讨论拟作不予确认决定的，刑事赔偿工作部门应当按照《关于人民检察院办理刑事赔偿确认案件拟作不予确认决定报上一级人民检察院批准的规定》办理，直接将不予确认意见书、案卷材料和人民监督员意见一并报上级人民检察院审核批准，无须经过人民监督员的申请复核程序①。

第五节　人民监督员制度的效力机制探析

论及人民监督员的效力机制，我们首先必须界定何为"效力"。与人民监督员的监督活动相联系的常有"有效"、"有效力"、"产生效力"、"无效"、"没有效力"等表述形态，但什么是有效？什么是无效？有效和无效的对象和边界分别是什么？有效指的是实然形态的效果还是制度上的拘束力，是一种政治概念还是一种法律概念？均没有一个准确的限定标准，使得对人民监督员制度的效力机制的探讨缺乏一种准确的定位，进而导致对人民监督员制度效力的认定往往在不同的层面进行，缺乏同质性。

制度运行中的效力及其与效力相关的所有问题是研究一项制度是否具有存在价值的基本标准。从制度所具有的权威来看，"我们所说效力，意思就是指规范（norm）的特殊存在。说一个规范有

① 参见《最高人民检察院关于人民监督员监督"五种情形"的实施规则（试行）》第 8 条。

效力就是说我们假定它的存在，或者就是说，我们假定它对那些其行为由它所调整的人具有约束力"①。制度的效力从本质上看是一种拘束力，其产生的原因或者是因为政治上的统治，或是法律本身基于其"合法性效能"所生成的社会成员对其的一种认同性。在法治社会中，效力的常态体现为法律上的效力，而"法律效力通常有两种理解：一种泛指法律约束力。另一种是指法律的生效范围，即法律对什么人、在什么地方和在什么时间适用的效力"②。因此，我们探究人民监督员制度的效力机制，主要是研究人民监督员制度是否具备法律上的效力，是否具备法律效力的客观性、恒定性的特点。从广义上讲，是指人民监督员制度的法律拘束力。从狭义上讲，主要指的是人民监督员的监督意见对什么主体在什么情况下是否具有拘束力的问题。因此，人民监督员制度的效力机制可以分解为在立法中是否应当赋予其具备法律效力——应当具备什么样的法律效力——如何实现法律效力三个层次，即制度的宏观拘束力与制度的微观拘束力的结合。在人民监督员制度的立法探讨中，也必须对这些问题予以明确。

一、立法应赋予人民监督员制度法律效力

目前有学者认为，"从人民监督员制度实行的情况看，该制度只是一个建议、咨询程序，没有实体功能，不具有法律上效力，在实践中其发挥效力也必须依托检察机关自身的决定，因此人民监督员的监督不应当被赋予法律上直接的效力，这样不仅会干扰司法，而且还可能导致更加的不公"③。因此，在立法中主张将人民监督员的监督定位为一种建议权，是一种柔性监督。此种观点的理由在于如果赋予人民监督员监督效力，势必会导致人民监督员异化为权

---

① ［奥］凯尔森：《法与国家的一般理论》，沈宗灵译，中国大百科全书出版社1996年版，第32页。

② 沈宗灵主编：《法学基础理论》，北京大学出版社1994年版，第382页。

③ 薛盘霖：《宪政视野下的人民监督员制度》，载《中国检察官》2008年第3期。

力滥用的又一牺牲品。同时根据宪政国家权力分立和权责相统一的观点，法律监督权也只能由相应的国家机关行使。

应该说这种担忧对于防止人民监督员制度异化为权力监督具有警示作用。"但是从监督本身所具有的特质来看，虽然监督的性质、类型不同，但所有监督都是具有效力的。不存在没有任何效力的监督，没有效力的监督就不是监督。"① 监督是不同主体间的制衡与督促的集中体现，无论监督主体的性质如何，监督的核心在于监督者对于被监督者的一种拘束力，尽管这种拘束力的体现呈一种多样化的态势。如果不承认人民监督员的监督效力，那么人民监督员制度就丧失了其存在的价值，按照社会监督、新闻监督等手段也可以对检察机关行使批评建议权，也可能会使检察机关的工作得以改进，最高检提出人民监督员制度就根本没有必要，人民监督员制度的系统性和独特性也无法体现。同时，人民监督员的监督效力具备宪法和法律上的合法性。因此，在立法中考虑赋予人民监督员的监督效力是毋庸置疑的。需要进一步考量的是赋予这项制度什么效力的问题，而不是是否该赋予效力的问题。当然，从立法技术上讲，不一定要在文本中明确宣示该制度具备法律效力，而是可以间接通过规定人民监督员的监督对检察机关所具有的拘束力体现出来。

二、应赋予人民监督员程序约束力

前文已经谈到了人民监督员的监督结果只能具有程序的拘束力，不能具有实体性的拘束力，其监督结果只能经由检察机关的接受而具有刚性拘束力。因此，在立法设计中，对于这种监督效力的性质将不再赘述，而是着墨于如何体现这种程序约束力。

（一）现行制度体系中的效力机制

在现行的高检院的相关规定中，对于"三类案件"，必须全部启动人民监督员的监督。检察长同意人民监督员意见的，有关部门

---

① 李建明：《人民监督员监督意见的效力探讨》，载《人民检察》2005 年第 8 期。

必须执行；检察长经审查不同意的，应提请检委会讨论决定；检委会同意人民监督员监督意见的，有关检察部门应当执行，不同意的，应当由人民监督员办公室向人民监督员作出说明；参加监督的多数人民监督员对检察委员会的决定有异议的，可以要求提请上一级人民检察院复核，上一级人民检察院的决定，下级人民检察院应当执行。这种效力机制，基本上可以概括为提请检察长审查——检委会讨论——上级院复核，人民监督员起到的是一种督促审核、重新决议的程序，呈现出检察机关主导的一种机制，其中检察长审查、检委会讨论属于具备条件必须启动，上级院复核属于可以启动。对于"五种情形"，人民监督员不同意拟处理意见的，报请检察长决定，必要时检察长可以提交检委会讨论决定。其中，对情节轻微的案件处理结果人民监督员可以要求检察院复议，对其他案件可以要求上级院复核。

可见，现行的效力机制主要是一种针对检察机关自侦案件的程序效力，对于"三类案件"是提请逐级审核，对于"五种情形"是根据案件的复杂程度分别由同级检察院复议和上级院复核。尽管从性质上界定人民监督员的监督效力具备程序上的刚性，高检院的规定中也有"应当审查"、"应当认真研究"、"应当反馈"等强行性字眼，但这种程序拘束力是一种不完备意义上的程序提请权，人民监督员监督效力的最终实现尚待通过检察机关的认可和决议转化为一种事实效力，而人民监督员对这种转化是否有序进行没有进一步监控的权利。因此，对人民监督员效力机制的思考，关键在于"认清人民监督员的监督意见既不应当作为一般的人民群众提意见，也不能代替人民检察院的专业处理和认定，不应当赋予强制约束力。如何让人民监督员的监督效力介于二者之间，既能防止滥用，又能充分发挥作用，仍是有待探索的问题"①。

（二）人民监督员监督效力机制的构建

为强化人民监督员制度程序拘束力的刚性，限制检察机关随意

---

① 陈桂明：《让人民监督员成为人民的眼睛》，http：//theory. people. com. cn/GB/49150/49153/5465358. html，2009 年 6 月 10 日访问。

接受监督结果的出现，在立法中可从程序设计、加强与检察机关权力监督的衔接等方面进一步加强。

1. 由人民监督员启动监督程序，设定合理的监督启动机制

在立法设计中规定由人民监督员直接启动监督程序。根据相关规定，对"五种情形"的监督启动是在人民监督员发现后，由人民检察院启动。而对"三类案件"的监督，均是由人民监督员办公室通知人民监督员参加监督，实际上监督的启动权在人民检察院。这样的监督启动方式，难以保证人民监督员介入所有可能的案件，使检察机关对被监督案件具有选择权。针对此，可以进一步完善相关监督案件的启动程序。具体修改建议为：增加针对"三类案件"由相关案件当事人直接向人民监督员提出申请，进而由人民监督员启动监督程序的规定，弥补直接由检察机关来通知人民监督员予以监督之不足。其中，"不服逮捕决定的犯罪嫌疑人、辩护人及其近亲属可以向人民监督员提出监督申请，撤销案件及不起诉案件的控告人、被害人可以向人民监督员提出监督申请，人民监督员依照职权决定启动监督程序，人民检察院必须接受监督"①。针对"五种情形"，也可采用类似的规定，由人民监督员依职权启动。

2. 设立上级院介入机制，提高程序刚性

《中华人民共和国人民检察院组织法》第10条规定："最高人民检察院领导地方各级人民检察院和专门人民检察院的工作，上级人民检察院领导下级人民检察院的工作。"在人民监督员的监督工作中，将监督意见与上级院的领导职能更好地衔接，是完善效力机制的一种合理选择。针对人民监督员与同级检委会的意见如果存在分歧的前提下，人民监督员可以提请上级院复核的规定，可考虑在立法文件中改为"人民监督员对于检察院的最终处理有异议的，应将异议结果提交上级人民检察院。上级人民检察院应当启动复核程序"。进而使上级院的监督具有启动上的刚性。同时，引入上级

---

① 崔桂英：《浅谈人民监督制度的监督范围及效力》，http：//www.js.jcy.gov.cn/readnews.asp？nid＝9958，2009年6月10日访问。

院的问责机制，对人民检察院检察长针对人民监督员的不同意见"应当"提请检委会讨论没有提请的，检委会"应当"依法处理没处理的，由上级院按照相关规定对责任人予以纪律和行政处分。

同时，可考虑按照人民监督员表决效果的不同来区分上级院介入的方式。在"三类案件"中，如果人民监督员在表决中全票通过表决意见而检委会不同意的，由检察机关直接申请上级院复核，即应当依职权启动复核程序。对于其他表决通过而检委会不同意的，由人民监督员申请启动复核程序。①

3. 引入权力机关监督，完善效力机制

各级权力机关是监督机关，人民检察院也必须对同级人大负责。因此，为提高人民监督员的程序刚性，可考虑引入同级人民检察院的救济机制，使人大的宏观监督与人民监督员的个案监督有机结合。因此，可在相关法律文本中考虑增加人大机关的救济机制，即针对上级院的复核结果进一步予以程序效力的保障。可规定"如果上级人民检察院不同意人民监督员意见，复核维持检委会意见的，人民监督员可向同级人大常委会申请启动人大监督机制"，由权力机关来介入。此种做法，既可以解决人民监督员制度与人大监督制度的衔接问题，也提升了人民监督员效力的刚性。

4. 设立"监督意见进卷宗"的机制

可考虑将人民监督员的监督意见归入案件卷宗。以"三类案件"为例，如果在案件的卷宗中没有人民监督员监督意见的，对此种类型的案件的处理决定就不会产生最后效力，这对检察机关也是一种极大的规制。同时，审判机关在审理检察机关查办的职务犯罪案件时，也会审阅与参考人民监督员的监督意见。此种做法会增强人民监督员监督意见的可接受性，提升其监督效果。

---

① 有学者认为，对于人民监督员以 2/3 以上绝对多数票通过的第一次表决意见，检察长应当确认，并指令有关部门执行，无须提交检察委员会决定。参见谢鹏程：《论强化人民监督员制度实效的措施》，http://www.hxjcy.gov.cn/Read-News.asp? NewsID=217，2009 年 6 月 15 日访问。但这种确认人民监督员的表决效力是一种实质上的权力判断，而不是程序上的效力，与宪法和法律规定的检察机关独立行使检察权的基本指导思想是相违背的。

第六节　人民监督员制度保障机制

制度设计的关键在于制度运行的效果。① 人民监督员制度自诞生以来，对于促进检察机关公正行使检察权、促进司法正义和提升司法效率起到了明显的推动作用。但是在制度运行的过程中也遭遇了瓶颈，制约了制度向规范化和法制化的进一步发展。其中关键的缘由在于在现行的各种制度规程中，对人民监督员的监督权和监督方式宣扬性的表述多，而保障性的规定较少。使得人民监督员的监督权限、监督力度和监督目的还停留在一种理想化的应然状态，缺乏系统地向实然状态转化的保障机制。因此，在人民监督员制度的法制化进程中，构建完整科学的保障体系，使制度设计的初衷能与制度运行的实际效能相吻合也是一个重要而又艰巨的命题。

在《最高人民检察院关于实行人民监督员制度的规定（试行）》和各地制定的人民监督员制度规范中，一般都设立了专门的章节对人民监督员履行职责的保障作出了规定，比较典型的是涉及监督条件的保障、独立监督的保障、人身保障和经费保障②。但总体而言，保障的线条较粗，缺乏可操作性，诸如很多人民监督员可以被邀请参加"有关活动"、"有关会议"的规定，还存在"依法处理"等不确定的概念；宣扬性规定多，惩戒性规定少；"体制内"的保障方式多，"体制外"的保障方式少。因此，现行人民监督员制度的保障机制在后续的立法活动中有必要进一步予以细化和完善。

一、人民监督员权利保障机制的构想

（一）知情权保障机制

如前所述，人民监督员对职务犯罪案件的监督要么靠检察机关

---

① 关于人民监督员制度的效力保障机制已在前文"人民监督员的效力机制"中有涉及，本章节主要是针对人民监督员的权利保障机制和人民监督员的条件保障机制而展开。

② 如《最高人民检察院关于实行人民监督员制度的规定（试行）》第29～34条。

通知，要么靠自己去"发现"，监督的效果大打折扣，出现了信息掌握的有限性和需要监督意见的正确性之间的矛盾。因此，对人民监督员行使监督活动的知情权保障成为保障机制必须关注的首要问题。我们认为，构建知情权保障机制，可从构建定期通报机制、监督权利告知机制、人民监督员与检察官联系机制以及强化和规范监督过程中案件承办人介绍和回答问题的程序等方面着手。

构建定期通报机制。在各地的实践中，有的地方采用书面简报的形式，每月送达人民监督员《工作简报》，有的采用的是在相关检察机关工作人员的陪同下，到相关部门查阅职务案件犯罪侦查中的相关材料和卷宗①。我们认为，在中央层面的立法中，考虑到中央立法的抽象性和原则性的特点，不宜对定期通报制度的具体方式作出限定，关键在于设定定期通报机制的相关内容。具体而言，可考虑规定必须通报被监督案件基本信息（包括案件的数量、类型、所处阶段、拟处理的意见等内容），案件承办部门和承办人的基本信息，处理过程的证据材料，处理的程序记录材料，处理结论作出的分析材料等，并同时规定通报的具体方式由各地人民检察院根据自身条件灵活设定。

构建监督权利告知机制。告知机制分为两个层面，一是告知犯罪嫌疑人知晓有提请人民监督员监督的权利；二是保障人民监督员对相关犯罪嫌疑人是否被告知有知情权。如江苏省南通市的各基层检察院通过安排人民监督员即时旁听观看告知犯罪嫌疑人权利的全过程，或者将告知笔录复印件提供给人民监督员随时查阅均是一种有意义的尝试。② 同构建定期通报机制一样，中央立法也不宜对具体告知方式作出规定，只需要在立法中明确"把对职务犯罪嫌疑人的告知作为办案人员的应尽义务确定下来，在第一次讯问犯罪嫌

---

① 参见李进军：《关于保障人民监督员知情权的思考》，http：//www. haj-cy. gov. cn/disp. asp？ id＝416&rulasp＝llyj. asp&rulname＝% E7% 90% 86% E8% AE% BA% E7% A0% 94% E7% A9% B6，2009 年 6 月 15 日访问。

② 参见何启明等：《畅通信息渠道确保监督实效——南通市检察机关从四个环节保障人民监督员的知情权》，载《方圆法治·人民监督员专刊》2006 年第 3 期。

疑人时应告知，并应制作相应的告知文书"。同时规定人民检察院
要设定让人民监督员知晓权利被告知的相关机制。

构建旁听列席机制和人民监督员与检察官联系机制。一是对人
民监督员列席会议的不明确规定，可考虑对相关会议具体化。对人
民监督员不同意检察长审查意见的而提交检委会讨论的情形，可规
定人民检察院应当邀请人民监督员列席检察委员会的讨论。对案件
承办部门对案件作出处理的相关会议，也可以邀请人民监督员列席
并可发表意见。二是可以规定凡是在检察机关办理职务犯罪案件的
程序中，人民监督员都有权要求旁听（涉及国家机密的除外）。还
可在立法中原则性规定检察机关要针对人民监督员进一步公开检察
业务，建立起检察机关和人民监督员沟通的长效机制，具体联系办
法由各人民检察院自行规定。

（二）监督权保障机制

监督权是指人民监督员为实现监督目的所必须具备的权限。从
监督过程来讲，监督权是建立在人民监督员对受监督案件的知情基
础之上的，是关系到监督结果的关键。完整的监督权保障机制既包
括对监督权行使的外部条件保障，也包括对干涉与阻扰人民监督员
行使监督权的行为的规制与惩戒。

构建监督权时间保障机制。在目前的人民监督员的监督过程
中，往往出现有些人民监督员无法正常保证参与监督的时间，导致
监督权虚置的情况。如有的人民监督员在任期内没有参加一次案件
的监督，有的人民监督员因为自身的工作性质，难以保证完整地对
一件案件予以监督。前种情形属于解职机制调整的内容，后种情形
属于监督保障机制的范畴。因此，可在立法中规定应保障人民监督
员参与监督的时间，建立起检察机关与人民监督员工作单位的协调
机制。在立法策略上可模糊处理每位监督员参与监督的时间，而是
可考虑反向规定人民监督员所属单位应支持人民监督员的工作，将
监督工作时间视为工作时间，并合理安排人民监督员的工作性质和
工作时间。

构建独立监督机制。一是沿袭现行规定关于独立监督的内容，
规定"人民检察院不得控制、诱导、规避人民监督员监督，不得

干扰人民监督员对案件的评议和表决，不得泄露人民监督员的评议、表决情况"。二是强化惩戒机制，规定干涉人民监督员独立评议工作的，根据情形分别处以行政处分和法律惩戒。

（三）人身权保障机制

一是沿袭《最高人民检察院关于实行人民监督员制度的规定（试行）》第31条规定，对"打击报复或者阻碍人民监督员履行职责的，应当交有关部门依法给予处理，构成犯罪的，依法追究刑事责任"。二是可参照对人大代表人身保障的相关规定，赋予人民监督员言论豁免权。按照相关法律的规定，全国人民代表大会代表、全国人民代表大会常务委员会的组成人员，在全国人民代表大会和全国人民代表大会常务委员会各种会议上的发言和表决，不论发表的观点如何，都不受法律追究。由于人民监督员产生的人民性特点，在监督过程中，可能由于专业水平的限制，出现言论上的侵权行为，如出现对犯罪嫌疑人人格权的侵犯。如果严格按照法律的规定，要求人民监督员承担相应的民事或者是刑事责任，势必影响人民监督员监督活动的主动性和积极性。因此，可考虑在立法中赋予人民监督员享有在监督案件时的言论不受法律追究的权利，同时也必须限定仅指人民监督员在履行监督职责中的相关言论。

二、人民监督员物质条件保障机制

就目前的试点情况来看，人民监督员的活动经费大都列入了各级人民检察院的业务经费，并由检察机关向同级财政部门协调，纳入政府财政预算。但此种做法只是检察机关单方面的规定，没有相应的法律来支持，往往得不到当地财政部门的认可，使人民监督员的监督工作难以得到经费保障。因此，在立法中必须明确人民监督员监督工作的物质条件保障机制。

设立办公条件保障机制。人民监督员的监督工作细致而又繁琐，在监督过程中涉及获取案件信息、评议、表决等诸多环节，而在实践中却往往没有固定的监督场所，比较常见的是监督活动在有关业务部门的办公地点进行。因此，为了保障监督效果的中立性和公正性，应规定各级人民检察院设立人民监督员履行监督职责的专项活动场所，为履职需要配备专门的办公地点和必要的办公用品。

设立监督经费保障机制。在立法中要绕开人民监督员工作经费列入检察机关业务经费并由检察机关申报的模式，明确规定将各级检察机关人民监督员的工作经费纳入当地政府财政预算，由当地政府部门统筹规划并确保经费保障落到实处，由人民监督员的选任机关——人大常委会负责监督实施。

设立监督人员工作补助机制。一是实际支出补助。参照《最高人民检察院关于实行人民监督员制度的规定（试行）》第33条规定，对人民监督员因履行职责所支出的交通、住宿、就餐等费用，应当由人民检察院给予补助，标准参照本级人民检察院工作人员补助标准。二是对无固定收入的人民监督员参加监督活动的，由人民检察院参照本级人民检察院工作人员的当地日平均工资计算发给①。三是针对有工作单位的人民监督员，人民检察院应与人民监督员所在单位建立沟通机制，要求有关单位不得克扣或者变相克扣其工资、奖金以及其他福利待遇。

---

① 《最高人民检察院关于实行人民监督员制度的规定（试行）》采用的是参照当地职工日平均工资发放的，但考虑到人民监督员的工作性质和检察机关工作人员的工作性质的一致性，我们建议参照检察机关工作人员日平均工资标准。

主要参考文献

中文著作：

1. 周永年主编：《人民监督员制度概论》，中国检察出版社2008年版；

2. 韩大元主编：《中国检察制度宪法基础研究》，中国检察出版社2007年版；

3. 王鹏翔著：《美国刑事诉讼法》，北京大学出版社2005年版；

4. 邓正来、[英] 亚历山大编：《国家与市民社会：一种社会理论的研究路径》，中央编译出版社2002年版；

5. 王莉君著：《权力与权利的思辨》，中国法制出版社2005年版；

6. 童之伟著：《法权与宪政》，山东人民出版社2001年版；

7. 秦前红、叶海波著：《社会主义宪政研究》，山东人民出版社2008年版；

8. 夏勇著：《人权概念起源》，中国政法大学出版社2001年版；

9. 周叶中主编：《宪法》，高等教育出版社、北京大学出版社 2001 年版；

10. 郑贤君著：《基本权利研究》，中国民主法制出版社 2007 年版；

11. 李龙著：《李龙文集》，武汉大学出版社 2006 年版；

12. 王人博著：《宪政的中国之道》，山东人民出版社 2003 年版；

13. 陈兴良主编：《刑事法评论》（第 18 卷），北京大学出版社 2006 年版；

14. 许崇德著：《学而言宪》，法律出版社 2000 年版；

15. 刘军宁著：《共和·民主·宪政——自由主义思潮研究》，三联书店 1998 年版；

16. 许亚文著：《程序正义论》，山东人民出版社 2004 年版；

17. 江国华著：《立法：理想与变革》，山东人民出版社 2007 年版；

18. 周旺生著：《立法学》，法律出版社 2004 年版；

19. 孙笑侠、夏立安主编：《法理学导论》，高等教育出版社 2004 年版；

20. 陈新民著：《德国公法学基础理论》（下），山东人民出版社 2001 年版；

21. 孙国华、沈宗灵著：《法学基础理论》，法律出版社 1982 年版；

22. 李龙主编：《法理学》，武汉大学出版社 1996 年版；

23. 姚建宗著：《法理学——一般法律科学》，中国政法大学出版社 2006 年版；

24. 张文显主编：《法理学》，高等教育出版社 2003 年版；

25. 苏力著：《道路通向城市——转型中国的法治》，法律出版社 2004 年版；

26. 宋冰编：《程序、正义与现代化：外国法学家在华讲演录》，中国政法大学出版社 1998 年版；

27. 蔡彦敏等著：《正当程序法律分析》，中国政法大学出版社

2000 年版；

28. 马贵翔著：《刑事司法程序正义论》，中国检察出版社 2002 年版；

29. 饶艾主编：《比较司法制度》，西南交通大学出版社 2003 年版；

30. 李游等著：《走向理性的司法：外国刑事司法制度比较研究》，中国政法大学出版社 2001 年版；

31. 陈光中等主编：《中德不起诉制度比较研究》，中国检察出版社 2001 年版；

32. 何勤华等著：《日本法律发达史》，上海人民出版社 1999 年版；

33. 韩强著：《程序民主论》，群众出版社 2002 年版；

34. 钟海让著：《法律监督论》，法律出版社 1993 年版；

35. 汤唯、孙季平著：《法律监督论纲》，北京大学出版社 2001 年版；

36. 蔡定剑著：《国家监督制度》，中国法制出版社 1991 年版；

37. 王广辉等著：《通向宪政之路——宪法监督的理论和实践研究》，法律出版社 2002 年版；

38. 范进学著：《权利政治论：一种宪政民主理论的阐释》，山东人民出版社 2003 年版；

39. 陈云生著：《民主宪政新潮——宪法监督的理论与实践》，人民出版社 1988 年版；

40. 中共中央委员会编辑：《列宁论检察制度与监察工作》，新华书店 1949 年版；

41. 宋英辉等编：《刑事审判前程序研究》，中国政法大学出版社 2001 年版；

42. 左卫民著：《在权利话语与权力技术之间——中国司法的新思考》，法律出版社 2002 年版；

43. 孙长永著：《侦查程序与人权：比较法考察》，中国方正出版社 2000 年版；

44. 最高人民检察院办公厅编：《最高人民检察院工作报告

集》，中国检察出版社 1999 年版。

中文译著：

1. ［日］松尾浩也著：《日本刑事诉讼法》（上卷），丁相顺译，中国人民大学出版社 2005 年版；

2. ［日］松尾浩也著：《日本刑事诉讼法》（下卷），张凌译，中国人民大学出版社 2005 年版；

3. ［美］爱伦·豪切斯特·斯黛丽、南希·弗兰克著：《美国刑事法院诉讼程序》，陈卫东、徐美君译，中国政法大学出版社 2002 年版；

4. ［英］马丁·洛克林著：《公法与政治理论》，郑戈译，商务印书馆 2002 年版；

5. ［美］C. H. 麦基文著：《宪政古今》，翟晓波译，贵州人民出版社 2004 年版；

6. ［美］埃尔金等编：《新宪政论：为美好的社会设计政治制度》，周叶谦译，生活·读书·新知三联书店 1997 年版；

7. ［奥］凯尔森著：《法与国家的一般理论》，沈宗灵译，中国大百科全书出版社 1996 年版；

8. ［德］卡尔·施米特著：《宪法学说》，刘锋译，上海人民出版社 2005 年版；

9. ［英］休谟著：《人性论》（上册），关文运译，商务印书馆 1980 年版；

10. ［美］罗伯特·达尔等著：《宪政与民主》，佟德志译，江苏人民出版社 2008 年版；

11. ［美］约瑟夫·熊彼特著：《资本主义、社会主义与民主》，吴良健译，商务印书馆 1999 年版；

12. ［美］艾尔斯特等著：《宪政与民主：理性与社会变迁研究》，潘勤等译，生活·读书·新知三联书店 1997 年版；

13. ［日］棚濑孝雄著：《纠纷的解决与审判制度》，王亚新译，中国政法大学出版社 2004 年版；

14. ［法］托克维尔著：《论美国的民主》（上卷），董果良译，商务印书馆 1988 年版；

15. ［法］古斯塔夫·庞勒著：《乌合之众——大众心理研究》，冯克利译，中央编译出版社 2005 年版；

16. ［美］约翰·V. 奥尔特著，杨明成、陈霜玲译：《正当法律程序简史》，商务印书馆 2006 年版；

17. ［美］约瑟夫·威勒著：《欧洲宪政》，程卫东等译，中国社会科学出版社 2004 年版；

18. ［英］霍布斯著：《利维坦》，黎思复等译，商务印书馆 1996 年版；

19. ［美］罗尔斯著：《正义论》，何怀宏等译，中国社会科学出版社 1988 年版；

20. ［美］迈克尔·D. 贝勒斯著：《法律的原则——一个规范的分析》，张文显等译，中国大百科全书出版社 1996 年版；

21. ［美］道格拉斯·C. 诺斯著：《经济史中的结构与变迁》，陈郁等译，上海三联书店、上海人民出版社 1994 年版；

22. ［法］托克维尔著：《论美国的民主》，董果良译，商务印书馆 1991 年版；

23. ［英］丹宁勋爵著：《法律的正当程序》，李克强等译，群众出版社 1984 年版；

24. ［美］格斯顿著：《公共政策的制定：程序和原理》，朱子文译，重庆出版社 2001 年版；

25. ［美］汤普森编：《宪法的政治理论》，张志铭译，生活·读书·新知三联书店 1997 年版；

26. ［英］维尔著：《宪政与分权》，苏力译，生活·读书·新知三联书店 1997 年版。

论文：

1. 《方圆法治·人民监督员制度专刊》系列论文；

2. 正义网人民监督员专题系列论文；

3. 韩大元、王晓滨：《人民监督员制度的宪法学思考》，载《国家检察官学院学报》2005 年第 1 期；

4. 莫纪宏：《人民监督员制度的正当性基础》，载《国家检察官学院学报》2009 年第 1 期；

5. 周安平：《人民监督员制度的正当性与有效性质疑》，载《南京师范大学学报》（社会科学版）2007 年第 2 期；

6. 徐昕：《人民监督员制度批判》，摘自 2005 年 11 月 29 日西南政法大学司法研究中心"人民监督员制度研讨会"发言整理稿；

7. 周永年：《关于人民监督员制度法律定位的思考》，载《法学》2006 年第 6 期；

8. 陈正云：《法律监督与检察职能改革》，载《法学研究》2008 年第 2 期；

9. 陈瑞华：《司法权的性质》，载《法学研究》2000 年第 5 期；

10. 蔡定剑：《司法改革中检察职能的转变》，载《政治与法律》1999 年第 1 期；

11. 龙宗智：《试论检察官的定位》，载《人民检察》1999 年第 7 期；

12. 左卫民、吴卫军：《人民监督员：理念与制度的深化和发展》，载《人民检察》2005 年第 1 期；

13. 王江华、李新：《检察机关职务犯罪案件侦查权及监督制约机制》，载《云南大学学报》（法学版）2006 年第 4 期；

14. 赵秀敏：《宪政视野中的权力与权利关系》，载《甘肃政法学院学报》2004 年第 6 期；

15. 严海良：《"国家尊重和保障人权"规范的民主意义阐释》，载《学习与探索》2007 年第 2 期；

16. 陈幅宽：《人民监督员制度的适用及规则》，载《法学》2008 年第 12 期；

17. 马长山：《人民监督员的法治价值及其实现》，载《国家检察官学院学报》2006 年 4 月第 14 卷第 2 期；

18. 高一飞：《人民监督员制度的正当性探讨》，载《贵州民族学院学报》（哲学社会科学版）2005 年第 1 期；

19. 龙宗智：《关于人民监督员制度的几个问题探讨》，载《人民检察》2005 年第 4 期（下）；

　　20．季卫东：《人民监督员制度的实践思考》，载《人民检察》2005 年第 2 期（下）；

　　21．谢晖：《法律规范之为法学体系的核心》，载《学习与探索》2003 年第 6 期；

　　22．林来梵、翟国强：《有关社会科学方法论的反思》，载《浙江社会科学》2006 年第 5 期；

　　23．喻中：《法学方法论视野中的规范分析方法及其哲学基础》，载《新疆社会科学》2004 年第 3 期；

　　24．秦前红：《宪政视野下的中国立法模式变迁——从"变革性立法"走向"自治性立法"》，载《中国法学》2005 年第 3 期；

　　25．周旺生：《论中国现行立法体制》，载《北京大学学报》（哲学社会科学版）1989 年第 3 期；

　　26．李林：《关于立法权限划分的理论与实践》，载《法学研究》1998 年第 5 期；

　　27．周旺生：《关于地方立法的几个理论问题》，载《行政法学研究》1994 年第 4 期；

　　28．许俊伦：《地方立法的特征》，载《法律科学》1996 年第 5 期；

　　29．蔡定剑：《地方人大立法的发展、成就和问题》，载《人大工作通讯》1994 年第 4 期；

　　30．张中秋、张明新：《对我国立法权限划分和立法权运行状况的观察与思考》，载《政法论坛》2000 年第 6 期；

　　31．应松年：《〈立法法〉关于法律保留原则的规定》，载《行政法学研究》2000 年第 3 期；

　　32．薛盘霖：《宪政视野下的人民监督员制度》，载《中国检察官》2008 年第 3 期；

　　33．程为钢等：《完善人民监督员制度相关程序之设想》，载《法学》2006 年第 6 期；

　　34．但伟：《正确认识人民监督员制度切实推进检察改革》，载《人民检察》2004 年第 5 期；

35. 周士敏：《人民监督员制度的性质和功能》，载《国家检察官学院学报》2004 年第 4 期；

36. 姚强、梅屹松：《人民监督员制度争议问题探讨》，载《法学》2005 年第 3 期；

37. 童建明：《人民监督员制度的法律依据与监督性质》，载《检察日报》2005 年 11 月 9 日；

38. 彭慧玲：《人民监督员制度的性质和社会价值》，载《海南师范学院学报》（社会科学版）2004 年第 4 期；

39. 韩铁：《美国陪审团废止权的历史演变——民主与现代化的矛盾》，载《美国研究》2008 年第 1 期；

40. 宋英辉：《日本刑事诉讼制度最新改革评析》，载《河北法学》2007 年第 1 期；

41. 陈玉忠：《论日本刑事诉讼中的起诉便宜主义》，载《日本问题研究》1997 年第 4 期；

42. 忻佩燕：《人民监督员制度的比较分析与实践评价——以域外公众参与检察权的一般特征为参照》，载《中国司法》2008 年第 5 期；

43. 黄河：《人民监督员制度的定位——从法律监督分类的角度》，载《行政与法》2006 年第 4 期；

44. 刘杰：《我国警察权的宪法控制》，载《北京人民警察学院学报》2005 年第 4 期；

45. 徐国平：《人民监督员制度的三个完善》，载《检察实践》2004 年第 4 期；

46. 贾朝阳：《人民监督员制度研究》，载《国家检察官学院学报》2005 年第 1 期；

47. 白赣涛：《对检察机关实施人民监督员制度的理性思考》，载《黑龙江省政法管理干部学院学报》2005 年第 2 期；

48. 刘铁鹰：《关于检察机关执法社会化的思考》，载《国家检察官学院学报》2005 年第 2 期；

49. 宋远升：《论侦查行为的社会监督——以专门化为视角》，载《河南省政法管理干部学院学报》2008 年第 2 期；

50. 陈瀚：《法律化·社会化·程序化：人民监督员制度发展前瞻》，载《广东海洋大学学报》2007 年第 5 期；

51. 许卫林：《关于人民监督员制度法治化的理性思考》，载《湖北社会科学》2007 年第 12 期；

52. 青格勒图、乌云巴特尔：《人民监督员制度与人大监督衔接之设想》，载《人民检察》2005 年第 3 期；

53. 牛宝成：《人民监督员制度需纳入立法规划》，载《人民检察》2004 年第 9 期；

54. 王磊：《论人民监督员制度的法律化》，载《人民检察》2006 年第 8 期（上）；

55. 许卫林：《关于人民监督员制度法治化的理性思考》，载《湖北社会科学》2009 年第 3 期；

56. 柴春元：《推进立法，彰显人民监督员制度的生命力》，载《人民检察》2006 年第 8 期（上）；

57. 余锋、谢小剑：《人民监督员制度的冷思考》，载《江西社会科学》2005 年第 10 期；

58. 关保英、张淑芳：《市场经济与立法模式的转换研究》，载《法商研究》1997 年第 4 期；

59. 罗长喜、周建高：《关于人民监督员制度的立法思考》，载《人民检察》2005 年第 1 期；

60. 柯汉民：《人民监督员制度立法可分三步走》，载《检察日报》2005 年 11 月 7 日；

61. 江国华、易赛键：《论立法民主》，载《中南民族大学学报》（人文社会科学版）2007 年第 4 期；

62. 张友渔：《我国社会主义法制的立法原则》，载《东岳论坛》1980 年第 1 期；

63. 肖金明、尹凤桐：《论中国立法基本原则》，载《文史哲》1999 年第 5 期；

64. 刘清生：《人民监督员选任和管理制度改革研究》，载《湖南社会科学》2008 年第 6 期；

65. 戴中祥：《人民监督员制度探讨》，载《探索与争鸣》2005

年第 8 期；

66. 张浪：《关于人民监督员制度理论和实践问题的探讨》，载《中国司法》2005 年第 3 期；

67. 李建明：《人民监督员监督意见的效力探讨》，载《人民检察》2005 年第 8 期；

68. 李建良：《基本权利的理念变迁与功能体系——从耶林内克"身份理论"谈起（下）》，载《宪政时代》第 29 卷第 2 期；

69. 许恒达：《"实体真实发现主义"之知识形构与概念考古——以中世纪至现代初期之德国刑事程序发展史为中心》，载《政大法学评论》2008 年第 101 期。

后　记

　　本书由秦前红、宦吉娥、周伟、吕红波四位作者合作而成。具体写作分工如下：第一章：秦前红、宦吉娥、周伟；第二章：宦吉娥；第三章：秦前红、周伟；第四章：吕红波；第五章：周伟。

　　本书是 2008 年湖北省人民检察院资助课题的结项成果。课题设计思路、书稿的编写大纲都由课题主持人秦前红提出，书稿由秦前红修改定稿。

　　本书得以出版发行要感谢湖北省人民检察院常务副检察长徐汉民先生、汉阳区人民检察院检察长金鑫的鼎力支持。同时本书能够入选武汉大学人文社会科学学术丛书，也得益于武汉大学社会科学部对武汉大学人文社会科学研究的一贯倡导与支持。在此，著者一并致以最衷心的感谢。

秦前红

2009 年冬于武昌珞珈山

武汉大学学术丛书　书目